考虑行为因素影响的
双渠道供应链成员最优策略研究

李庆华　著

Research on the Optimal Strategies of
Members in a Dual-channel Supply
Chain Considering Members' Behaviors

ZHEJIANG UNIVERSITY PRESS
浙江大学出版社

图书在版编目（CIP）数据

考虑行为因素影响的双渠道供应链成员最优策略研究／李庆华著. —杭州：浙江大学出版社，2018.8
ISBN 978-7-308-18189-1

Ⅰ.①考… Ⅱ.①李… Ⅲ.①购销渠道—供应链管理—研究 Ⅳ.①F713.1②F252

中国版本图书馆 CIP 数据核字(2018)第 085922 号

考虑行为因素影响的双渠道供应链成员最优策略研究
李庆华　著

责任编辑　樊晓燕
责任校对　陈静毅　陈　宇
封面设计　黄晓意
出版发行　浙江大学出版社
（杭州市天目山路 148 号　邮政编码 310007）
（网址：http://www.zjupress.com）
排　　版　杭州中大图文设计有限公司
印　　刷　虎彩印艺股份有限公司
开　　本　710mm×1000mm　1/16
印　　张　12
字　　数　209 千
版 印 次　2018 年 8 月第 1 版　2018 年 8 月第 1 次印刷
书　　号　ISBN 978-7-308-18189-1
定　　价　36.00 元

浙江大学出版社市场运营中心联系方式：0571－88925591；http://zjdxcbs.tmall.com

前　言

21世纪是信息化、知识化的时代，信息是实践生活中不可或缺的生产要素。随着经济全球化和市场一体化的发展，消费者需求日趋多样化，企业之间的竞争越来越激烈，供应链上各自为政的成员企业面临着巨大的挑战。近年来，电子商务已成为中国经济新的增长点。依据中国电子商务研究中心最新的监测数据，2015年中国电子商务市场整体交易规模将达到16.2万亿元人民币的水平[1]。越来越多的现象表明，中国经济发展的“电商化”趋势日益明显，电子商务交易规模和创新应用再创历史新高，互联网交易量呈井喷式发展。2016年天猫“双11”购物狂欢节，全天总交易额达到了1207.49亿元，远超2015年的912.17亿元；全天总交易笔数达10.5亿笔，其中移动交易额占比82%，交易覆盖235个国家和地区。只有在电子商务领域才能在短短24小时之内创造出如此规模巨大的销售量。发生在电子商务领域的一切，正在引发传统零售业、制造业的一系列变化。在电子商务环境下，信息传播速度加快，但是不对称信息给企业造成的影响也巨大，虚假信息给企业造成的损失不容小觑。双渠道营销模式已经成为越来越多的品牌制造商的主要运营模式。如国际商业机器公司(IBM)、苹果(Apple)、戴尔(Dell)、耐克(Nike)和雅诗兰黛(Estee Lauder)等除了传统的零售渠道外，还开设了直销渠道作为销售产品的新渠道。由于网络销售渠道的开设，制造商与零售商之间不仅存在传统渠道的纵向博弈，而且还存在着传统零售渠道与网络销售渠道之间的横向竞争。这种激烈的竞争和需求环境的不确定性，可能会引发供应链成员的公平关切行为或风险规避行为。已有文献的研究成果表明，成员的这种行为因素会对决策策略产生很大的影响。

本书致力于研究供应链中各个成员的行为因素，并结合双渠道供应链的应用背景，进一步研究决策者的决策策略。这不同于大多数文献中成员是完全理性的传统假设，本书研究的问题更接近于现实情况，拓展了供应链管理问题的研究范畴，研究成果对供应链系统中的决策问题来说有着重要的理论指导意义。通过理论分析、模型构建和仿真实验，揭示供应链成员竞争和合作的内在机理，研究在集中式决策和分散式决策两种基本模式下供应链成员企业的最优定价策略、最优广告策略等对供应链绩效的影响方式、作用路径与提升对策。

本书通过建立供应链成员企业竞争与合作的基本模式以及提高供应链企业利润和绩效的研究框架，丰富和发展了供应链优化理论、双渠道供应链理论的研究成果，揭示了不同模式对供应链企业绩效的作用路径、方式等内在机理。通过探讨供应链成员的决策策略来提升成员的利润和绩效，分析不同供应链模式对企业利润和绩效的作用方式和基本流程，为供应链成员决策和协调能力的提升提供实践指导，从而加快企业在互联网背景下的经济增长和发展方式转变。本书的研究内容有助于帮助决策者提高供应链企业的决策能力，减少供应链运作中的成本，增加供应链成员的利润；可以为企业的决策和生产管理等提供高质量的信息服务，而适时准确的信息有助于促进企业提高效率；同时还可为企业的合作伙伴和消费者提供及时、有效的信息资源，通过信息共享提升他们的价值。企业要想抓住机遇、领先对手，关键就是通过信息共享获得有价值的准确信息，从而做出快速决策。本书具有面向广大供应链节点企业的决策参考价值，可以为国内企业的管理者推荐有效的采购与生产计划的制订策略，促使他们在供应链协同过程中做出最优的决策，有利于贯彻落实国家出台的“互联网＋”“中国制造2025”“工业4.0”等行动计划，大力推进信息化与工业化的深度融合，实现我国由制造大国向制造强国的转变，对我国实施创新驱动发展战略、加快经济转型升级、实现百年强国梦具有十分重要的战略意义。

本书的研究过程和出版得到了浙江省科技厅软科学重点项目“‘互联网＋’驱动下的中国（杭州）跨境电商生鲜农产品供应链质量安全与协调优化问题研究”（2016C25028）、国家自然科学基金青年基金资助项目“基于需求响应的高科技产品供应链协同研究”（71602045）、国家自然科学基金面上项目“供应商入侵下考虑成员风险规避行为的供应链决策与协调研究”（71472133）、2016年度浙江省哲学社会科学研究基地规划课题（16JDGH104）和2016年度杭州电子科技大学人文社会科学研究基金课题（2015B012）、2016年杭州电子科技大学管理科学与工程浙江省高校人文社科重点研究基地项目（ZD04－2016ZB2）的大力资助。另外，本书也受到浙江省信息化与经济社会发展研究中心的鼎力支持。本书在写作和出版过程中得到了许多专家、教授的帮助和支持，作者在此向他们表示衷心的感谢。首先，要感谢杭州电子科技大学陈畴镛、周青、雒兴刚、钱昇、方刚等诸位教授，以及杨伟、曾鸣、魏洁等副教授在我进行科学研究和工作的过程中给予的关心、爱护和帮助。其次，要感谢天津大学李波教授在我学业上的淳淳教诲、无私指导和生活上的悉心关怀。还要感谢浙江大学出版社特别是樊晓燕编审等对本书出版给予的大力支持和细致周到的安排。最后，我要感谢父亲李超明先生和母亲马仁臻女士，是您们在物质和精神上无私支持我，鼓励我勇于攀登科学高峰。在此，我对所有关心和帮助过我的人一并表示衷心的感谢！

由于作者水平有限，书中难免存在一些不足之处，恳请读者批评指正。作者邮箱地址：liqinghua@hdu. edu. cn.

李庆华

2017 年 9 月于杭州电子科技大学力行楼

目 录

第1章

绪 论

目前，随着选择在网络上购物的消费者越来越多，制造商的渠道策略从传统实体销售渠道向网络电子渠道扩展和转移，传统零售渠道与电子渠道相结合的双渠道供应链模式成为重要的销售模式。对于电子商务环境下的双渠道供应链定价等决策问题，部分学者已经从基础理论、竞争机制和契约设计等不同的角度进行了研究。其中市场需求信息无疑对决策双方乃至整条供应链都有着重要意义，远离市场也是制造商不可避免的劣势。本书将尝试在供应链成员完全理性和具有行为因素影响的假设下，研究双渠道供应链成员之间的定价策略及相关决策问题。

在日益激烈的行业竞争下，供应链企业既要面对产品价格竞争和服务质量提高所带来运营压力，又要面对网络化带给客户的在便利性基础上的需求个性化和不确定性压力。基于这些实际背景，本书考虑供应链中各个成员的行为因素，研究双渠道供应链的定价策略和博弈均衡策略，对供应链管理理论的完善和发展具有重要的理论意义，而对于应用于企业的生产与服务实践也具有重要的实践意义。

1.1 双渠道供应链

随着人们生活需求的不断变化，电子商务快速发展，越来越多的制造商选择网络直销渠道作为产品的新的销售渠道。尤其是近年来，传统零售渠道和网络直销渠道相结合的双渠道运营方式已经成为许多品牌制造商的主要销售模式，如国际商业机器公司(IBM)、苹果(Apple)、柯达(Kodak)、联想(Lenovo)、惠普(HP)、先锋电子(Pioneer Electronics)、耐克(Nike)、雅诗兰黛(Estee Lauder)等都迅速在传统零售渠道的基础上增设了网络直销渠道，而戴尔(Dell)除了在 dell.com 网站上为消费者提供电脑的在线销售和定制外，还开辟了传统门店销售其产品。再比如，新华书店可以通过其遍布全国的连锁实体书店销售图书音像制品，但消费者也可以在网店 winxuan.com（文轩网）来选购所有实体店铺的产品。还有，消费者既可以通过各航空公司的机票销售代理窗口来购买机票，又可以在各航空公司的门户网站或者各家在线机票预订网站（如去哪儿网、去啊(阿里旅行)、携程网、艺龙网等）进行在线购票。

以上多个行业的实例都表明，电子商务环境下的双渠道供应链在现实生活中是普遍存在的。与此相对应的是，越来越多的消费者选择在具备双渠道的供应链中购物。与传统零售渠道相比，网络直销渠道的优势在于：营销成本低，不需要实体门店和大量员工；商品相关信息在网络上的传播速度快，不需要支付广告和促销的大额费用；消费者也可以方便、快捷地查询和保存商品信息；支付方式电子化，大多数银行都提供快捷支付和网上银行服务；方便了数据搜集和消费者信息管理，很多信息可以在联网数据库里查询。制造商通过开设网络直销渠道，使得消费者可以根据自身偏好和需求选择购物渠道，可以增加制造商的潜在市场需求，提高供应链运行的效率。更重要的是，制造商可以通过直接控制分销和定价来获取高额利润。当一个制造商同时运用网络直销渠道和传统零售渠道来满足客户的需求时，这种供应链结构称为双渠道供应链（dual-channel supply chain)，或混合渠道供应链（hybrid/mixed channel supply chain)。本书将基于这种双渠道供应链背景来进行成员之间的竞争定价、收益合作等均衡策略的研究。

显然，电子商务的快速发展使得各企业在市场上的竞争更加激烈。为了取得竞争优势，企业采取了多种运作模式，如定价、渠道、广告和增值服务等。而其中价格是最为灵活的因素，也是影响产品市场需求最有效的工具之一。在双渠道供应链环境下，两条渠道各自的定价策略及两渠道间定价策略的互相影响成为近几年研究者们关注的热点问题之一。如何为产品制定一个合理的价格，对企业和消费者来说都非常重要。麦肯锡在对财富1000 家企业 2001 年的成本结构研究中发现，与可变成本、固定成本和销售量相比，定价是能使得收益提升的更加有力的杠杆。在定价方面，1%的改进平均可以提高8.6%的营业毛利[1]。

双渠道供应链中的定价决策策略有多种形式，其中最主要的有集中式决策和分散式决策两种。集中式决策是指制造商和零售商之间以最大化整体利润为目标进行合作；分散式决策是指制造商和零售商之间保持竞争与合作的双重关系，双方根据对方的策略进行博弈，从而制定最优的价格策略，做出最有利于自身利润的决策。其中集中式决策实现的重要条件是制造商在供应链中占主导地位，或者制造商和零售商之间存在充分的信任和信息交流。

在分散式供应链中，每个企业都是基于自己利润最大化原则，通过与上下游制造商和零售商的信息交流来独立定价的。比如：在制造商主导的市场环境下，产品的批发价格等决策权掌握在制造商手中，零售商是定价策略的接受者。随着产品差异化的程度变得越来越明显，消费者的需求种类也变得越来越多，可供消费者选择的商品也是种类繁多，市场逐步转变为需求方主导的市场，制造商和零售商在市场中的地位逐渐产生了变化，从很大的程度上来说，零售商成为能对需求产生影响的价格决策者。

消费市场的日益成熟和分销体系的逐步完善，使得市场上涌现出一大批的零售巨头，乐购、沃尔玛、家乐福、苏宁、国美电器等大型零售商已成为制造商销售的核心渠道。随着大型零售商的崛起，供应链中制造商和零售商之间的关系开始发生变化，这主要体现在讨价还价能力的对比上。供应链中批发价格的决策已经不能完全由制造商来控制，而是基于双方讨价还价能力的博弈结果。相对于制造商来说，零售商更加了解消费者的需求发展趋势和消费动机，因此零售商可以通过设定合理的价格的方式来满足消费者的需求。总之，合理定价不仅影响商品的销售量，还影响着制造商的利润。特别地，由于双渠道的构建，制造商增加了网络直销渠道，制造商和零售商相互影响，出于利润最大化的目的，制造商和零售商都会制定不断变化的价格，因此他们之间的定价博弈也愈演愈烈。

关于供应链定价决策的研究成果虽然很丰富，但大多数的研究工作都是基于供应链成员是完全理性的假设，换句话说，供应链中的成员总是以自身利益最大化为决策目标和准则。但行为研究发现，实际决策中的决策者是有限理性的，在市场交易中往往受不同行为习惯的影响，比如公平关切行为和风险规避行为。在公平关切行为作用下，当决策者感到不公平时可能会采取行动，尽管这可能会损失自己的利益，但能达到惩罚对方的目的。另外，目前外部市场环境具有很强的不确定性，消费者的需求波动也很大，供应链成员在运营过程中承担着一定的风险，所以成员可能会担心运营风险而出现风险规避行为。当前已有文献针对完全理性的决策策略和有限理性的决策策略进行了比较，发现有限理性下的研究结果会偏离完全理性下的结果。因此，虽然成员行为在完全理性下得出的结果可以很好地指导实践中的管理问题，但受到决策者的行为偏好心理影响，当成员具有公平关切行为因素影响或风险规避行为因素影响时，供应链成员将如何决策且这些决策策略对供应链各方和整体的影响如何，这些是需要进一步去研究的问题。因此，研究考虑供应链成员行为因素影响下的决策策略更加具有现实意义。

鉴于上述情况，本书提出以下研究问题：在制造商营销渠道选择策略中引入供应链成员的行为因素，并分析供应链不同的营销渠道模式、供应链成员的公平关切和风险规避行为，以及信息不对称之间的相互影响关系，探讨不同的供应链权力结构和供应链成员的不同行为倾向影响下的双渠道供应链的定价和服务策略，分析不同情况下行为因素对供应链成员的利润和供应链绩效造成的影响。

供应链成员的理性是有限的，很难对所有关于市场和环境的信息进行恰当的处理。渠道运作时的环境是动态和随机的，渠道冲突在渠道运作过程中在所难免。渠道冲突是指某个渠道成员意识到另一个渠道成员正在损害、威胁其利益，或者从事以牺牲其利益为代价获取稀缺资源的活动，从而在他们之间引发争执、敌对和报复行为。渠道冲突的根源在于渠道成员的相互依赖。建立在资源上的相互依赖关系就产生了彼此的权力关系。

按照渠道成员的关系类型，可把渠道冲突分为水平冲突、垂直冲突和多渠道冲突。水平冲突是指同一渠道中同一层次的零售商之间的冲突。这种冲突可能出现在同类零售商之间，如两家百货公司之间；也可能出现在同一渠道层次的不同类型的零售商之间，如超级市场和百货公司之间。垂直冲突是指同一渠道中不同层次成员之间的冲突，如批发商与零售商之间的冲突、批发商与制造商之间的冲突等。多渠道冲突是指当某个制造商建立了两条或两条以上的渠道向同一市场出售其产品（服务）时，发生于这些渠道之间的冲突。

使得渠道之间产生冲突的主要原因包括：(1)价格、折扣原因。(2)存货水平。由于季节性原因，企业产品的销售往往存在淡旺季的问题。(3)服务问题。对部分消费者来说，服务体验比价格更加重要。(4)渠道权力。渠道权力是渠道管理的重要内容。渠道权力是指一特定渠道成员控制或影响另一渠道成员行为的能力。渠道权力的本质是一种潜在的影响力。渠道权力将最终取决于各成员渠道实力的大小。企业之间渠道权力分布的不均衡可能导致冲突。

本书用到的主要理论和方法为:博弈理论方法、行为运作管理理论和最优控制理论。本书的研究内容主要采用运筹学中的Kuhn-Tucker条件以及Lagrange条件等;博弈论中的Stackelberg博弈、微分博弈;合同理论中的信息不对称理论;变分法中不同约束条件下的动态优化方法;最优控制原理中的最优控制方法和Bellman原理、最大值原理、Hamilton-Jacobi-Bellman方程等理论与分析方法。

1.2 博弈理论

Stackelberg主从对策博弈问题即具有主从递阶结构的决策问题。Stackelberg博弈模型是基于数量竞争的博弈,进行了与经济现实中厂商的行为相符的领导者与追随者的二元划分。双寡头模型要求两厂商彼此知悉对方的成本和市场需求信息,追随者将领导者的产量视为给定,并依此确定自己的产量。领导者则将追随者的反应视为给定,并依此确定自己的产量。本书在第3章研究考虑成员公平关切行为的双渠道供应链最优定价决策问题和第4章研究体验式服务合作的双渠道供应链最优定价问题时都用到了Stackelberg博弈,其中博弈中主导者的权力要比跟随者的权力大,这是由于主导者可预先估计到跟随者的反应形式,并据此提前做出相应的决策。

越来越多的学者开始重视研究微分博弈理论及其在经济、管理、军事和工程等各个领域的应用。非合作博弈首要关注的是参与者如何在博弈中做出决策。微分博弈论方面的学者在初始阶段主要研究的是博弈均衡解法的存在性等问题上,例如开环纳什均衡解和闭环纳什均衡解等。对于合作微分博弈的研究,主要集中在Pareto最优均衡解的存在性问题。早期的微分博弈主要应用于具有高度保密性的领域,比如航空、航海和军事等领域,后来逐渐应用于经济学、管理学和生产与运营管理、创新与研发等多个领域。

微分博弈的定义是:若博弈每个阶段的时差收窄到最小极限,则成为一个具有连续时间的动态博弈,具有连续时间的无限动态博弈即称为微分博弈。微分博弈不仅可以是序贯开始的，如广告投放博弈、产品定价博弈和新市场进入博弈等，而且也可以是同时开始的，如资源开采或产品研发等。参与者行动的顺序并非是微分博弈的决定因素，往往更多考虑的是时间的连续性及策略的无限性双重角度。在微分博弈中，纳什均衡解法包括开环、闭环和反馈纳什均衡等三种解法。本书第 6 章研究了考虑动态合作广告的微分 Stackelberg 博弈问题。对于任何一个博弈来说，若博弈中某个参与方在某时间点的行动依赖于其之前的行动，则该博弈就是一个动态博弈。离散动态博弈一般都具有两个或两个以上的阶段。

1.3 最优控制理论

实质上，寻找微分博弈均衡解的过程是一个博弈的所有参与者进行各自动态最优化的过程。本书除了涉及动态规划和最优控制这两个动态最优化技术外，还用到了动态规划方法中的拉格朗日乘子法。动态规划是用于解决动态最优化问题的重要技术方法，是由贝尔曼给出的。其具体内容如下：

最优控制的最大值原理是由庞特里亚金等人建立的。在最优控制理论中，动态最优化问题是由时间变量、状态变量及控制变量三种变量组成的，最后一种变量给出了最优控制理论的命名。本书第 6 章通过建立系统的 Hamilton 值函数和 HJB 方程来求解时间变量、状态变量及控制变量。

在最优控制系统中，由于受控对象是一个动态系统，所有变量都是时间的函数，所以这是动态最优化问题。这时目标函数不再是普通的函数，而是时间函数的函数，称为泛函。研究最优控制的前提条件是：

(1)给出受控系统的动态描述，即状态方程；

(2)明确控制作用域；

(3)明确初始条件，通常 t_0 给定，若 $x(t_0)$给定，称为固定始端，若 $x(t_0)$任意，则称为自由始端；

(4)明确终端条件、固定终端、自由终端、可变终端；

(5)给出目标泛函即性能指标。

1.4 本章小结

本书在考虑成员行为因素的影响下，主要针对双渠道供应链中的定价机制及其相关策略进行研究，如服务合作策略、信息共享策略、合作广告策略等。本书的主要研究内容如下：

(1)第1章提出了本书研究的问题背景，阐述了目前双渠道供应链已经成为越来越多品牌制造商的主流营销模式，分析了这种供应链结构下存在的问题。在此基础上，提出了本书的主要研究内容、技术路线、主要研究方法及创新点。

(2)第2章全面综述了国内外文献中双渠道供应链结构、定价策略、协调机制等问题的研究现状，分析了在考虑供应链成员公平关切和风险规避行为的影响下，国内外文献的主要成果，总结了已有文献中常用的测量公平关切行为和风险规避行为的主要方法，如汇总了表述公平关切行为的几种效用函数和度量风险行为的方法，并探讨了如何在供应链定价机制设计中建模应用等问题。

(3)第3章研究当零售商提供增值服务且考虑零售商具有公平关切行为情形下双渠道供应链的均衡策略。作为比较的标准，同时还考虑了零售商完全理性的情形。本章研究了在垂直整合(集中式)和分散式供应链决策下，零售商的增值服务策略对于供应链成员定价策略和双方利润的影响，以及零售商的公平关切行为和零售渠道的消费者忠诚度对供应链成员定价策略的影响，还分析了零售商为了与直销渠道竞争而提供增值服务的激励措施。研究发现：随着传统零售渠道消费者忠诚度的增加，零售商将提高传统零售渠道的价格，然而制造商将通过降低批发价格来培养零售渠道的公平效果，则渠道效率得到提升。然而，随着零售商公平关切程度的增加，制造商的利润将会降低，但是零售商的利润却在逐步增加，整个供应链的绩效会下降。最后，通过比较利润可以得到结论：当零售商为消费者提供增值服务且具有公平关切行为时，不能通过一个常数批发价合同来协调整个供应链。

(4)第4章引入了消费者的搭便车行为和线上线下合作两种模式，研究了一个由制造商和一个独立的零售商组成的双渠道供应链，其中拥有实体店的零售商为消费者提供体验式服务的定价策略问题。本章建立了制造商领导的 Stackelberg 博弈模型。为了实现线上和线下合作，本章假设制造商共担零售商的一部分服务成本，给出了供应链双方服务合作的均衡策略，包括双方的最优定价策略和最优服务水平及其服务合作给双方成员带来的利润等。本章提出了两个能够测量服务合作程度的比例和免费搭便车行为的指标。研究发现，在服务合作机制下，制造商比零售商的收益更高，但制造商的利润随着免费搭便车程度的增加而降低，而与非合作服务策略进行比较，服务合作策略给双渠道供应链带来了竞争性优势，且进一步随着服务合作程度的增加，双方利润都将增加。

(5)第 5 章考虑了不对称信息下具有风险规避零售商的双渠道供应链的决策问题。本章假设市场需求不确定、制造商开设了直销渠道且零售商具有风险规避行为，制造商和零售商之间存在需求信息的不对称。因为零售商更接近市场，假设其预测出真实的市场规模，即市场需求信息是零售商的私有信息，而制造商自己不知道真实的市场需求，而是通过零售商的订货量来对其进行预测。本章把市场需求设定成高、低两种类型，零售商出于风险规避意识和自身利益最大化目的可能会向下故意扭曲订货量。本章讨论了零售商这种扭曲信息的行为给制造商、零售商的最优决策和利润或效用带来的影响，并给出了制造商辨识零售商真实需求信息的阈值，求解了博弈模型，给出了均衡解，探索了哪些情形下供应链双方收益的得失，并进行数值实验来进一步分析讨论其管理意义。

(6)第 6 章针对一个动态的双渠道供应链系统，其中供应链是由一个制造商和一个独立的传统零售商构成的。制造商生产产品，并通过传统零售渠道和网络直销渠道进行销售。为了提升销量，制造商投资全国性广告，零售商投资地方性广告。供应链成员间的竞争采用 Stackelberg 微分博弈的模型来描述，其中制造商是起主导作用的，零售商作为一个跟随者。因为制造商和零售商的市场份额随着时间而发生变化，这依赖于当前和过去的广告效应。假设两个渠道的需求都受到广告效应的影响，建立了广告微分博弈模型，并考虑 Nerlove-Arrow 广告方程约束，求解了 Stackelberg 微分博弈模型。基于求解结果，分析了动态广告策略对供应链双方成员的影响，最后研究了基于两步收益共享合同来协调双渠道供应链问题。

(7) 第 7 章重点阐述了全文的研究内容及创新点，并指出本书存在的不足和后续研究扩展，给出了未来值得展开研究的问题及对未来研究方向进一步探索的思路。

本书是在前人研究的基础上，考虑双渠道供应链的问题背景和多种竞争环境、心理行为和运作策略等因素的影响，来探索供应链成员决策策略和协调机制问题。本书的创新性主要体现在以下几个方面：

(1)以往双渠道供应链的研究工作大多基于成员是完全理性的假设，对成员的行为因素考虑较少，但心理学和行为经济学家却发现，决策者具有有限理性。因此，深入研究供应链系统运作中成员的各种行为偏好给供应链带来的影响是相当重要的。

本书在第3章就考虑了双渠道供应链下成员的行为因素，即零售商的公平关切行为。在第3章中假设零售商提供增值服务，分别研究了不考虑和考虑零售商的公平关切行为两种情况下对应的供应链均衡解，并且比较了集中式决策和分散式供应链决策，分析研究零售商的增值服务策略对供应链成员的定价策略和利润的影响，还进一步研究了零售商变现出来的公平关切行为以及零售渠道的顾客忠诚度对供应链成员的定价策略产生的影响。得出的结论是：随着传统零售渠道顾客忠诚度的增加，零售商将提高传统零售渠道的价格；然而制造商将降低批发价格来达到零售渠道平等的结果，此时渠道效率得到提升。另一方面，随着零售商的公平关切程度增加，制造商的利润降低，零售商的利润逐步增加，整个供应链的绩效下降。因此，整个供应链不能通过一个批发价合同来进行协调。

(2)消费者购买产品的意愿一般主要取决于两个因素：价格和服务。除了定价策略，其中服务策略也非常重要。目前在双渠道供应链中，零售渠道和直销渠道都在积极提供增值服务来吸引消费者，以提升自身渠道的消费需求，进而提高自己的利润。常见到的企业服务包括：直达送货、退换货、维修、售后支持或其他能增加消费者效用的服务内容等。事实上，目前已有很多商家开设了体验式服务，如Apple体验店。这种服务更为关注售前服务，如对消费者来说，体验意味着知识获取、参与情感交流等。在零售店，消费者可能愿意尝试体验产品，然后在网上下单购买产品。消费者看重的是能够触摸和体验产品从而对产品的质量进行感知，以便在做出购买决策之前消除不确定性。这种现象在消费者购买耐用品时尤为突出，比如家具、数字产品和平板电脑等。

目前侧重这种体验式售前服务的研究主要在实证分析方面。本书从理论建模分析角度研究了该问题。通过引入消费者的搭便车行为和线上线下合作两种模式，研究一个由制造商和一个独立的零售商组成的双渠道供应链中，拥有实体店的零售商为消费者提供体验式服务的定价策略问题。建立双方博弈的 Stackelberg 模型，且给出了其均衡解。通过分析比较，发现在服务合作机制下，制造商比零售商收益更大。若消费者免费搭便车的程度增加，制造商的利润会随之降低。同时，与非合作服务策略比较，服务合作策略会给双渠道供应链带来竞争优势，且随着服务合作程度的增加，供应链双方的利润都将增加。

(3)现实生活中市场需求是动态变化的，是不确定的。市场需求的不确定性会直接影响供应链成员的决策和协调策略，这将会加大成员的销售风险。本书第 5 章研究了在双渠道供应链中市场需求的波动具有高、低两种类型时，引入零售商的风险规避行为，探索需求信息不对称下两方决策策略的问题。这里假设零售商在收集市场数据方面具有相对的优势，比如直接面对消费者、在预测市场需求方面的长期经验等。因此，与制造商相比，零售商能更加准确地分析波动和市场需求的变化。由于制造商直销渠道的引入，新的网络渠道在零售市场上对于长期处于垄断地位的零售商构成了巨大的威胁。为了误导制造商，零售商会故意扭曲其订货量，导致制造商误判市场规模，进而可能使得制造商对其直销渠道做出错误的决策。

第 5 章采用均值—方差方法来度量零售商的风险规避行为，建立了博弈模型，证明了存在唯一的贝叶斯均衡解，并证明存在一个阈值，制造商可以根据该阈值来帮助其准确判断真实的市场规模大小，即当零售商的订货量大于该阈值时，制造商认为市场规模为高；否则认为市场规模为低。还求出了零售商的最优订货量与制造商的最优直销量，使供应链各成员的利润或效用达到最优。研究发现，制造商设定的阈值随着制造商风险规避程度的增加而增加，随着零售商风险规避程度的逐步增加而减小。最后通过数值分析展示了信息不对称对制造商入侵情况下的供应链成员的期望利润/效用的影响。

(4)为了缓解渠道冲突，制造商在广告方面可能会选择与零售商进行合作。在双渠道供应链中合作和竞争是共存的。已有的关于合作广告方面的研究大多是用静态模型对供应链中的广告合作进行分析，没有从动态建模的角度进行研究。并且大多数文献都是在单渠道供应链情况下分析的，从双渠道供应链的角度进行研究的文献很少。

不同于先前的研究，本书第 6 章考虑了动态双渠道供应链中的合作广告问题，通过建立广告微分博弈模型，考虑 Nerlove-Arrow 广告方程约束，运用

Stackelberg 微分博弈研究广告对最优决策的影响。另外不同于先前文献主要关注不同博弈均衡的情况，本书关注的是如何协调双渠道供应链，通过两步收益共享合同使得供应链达到了协调。另外，第 6 章还引入了成员的行为因素，考虑了零售商具有公平关切行为情况下的最优广告策略。研究发现，当制造商开设网络渠道之后，双方成员都获益。这也说明了双渠道运营模式成为当今许多制造商的新选择的原因。

综上所述，本书考虑了双渠道供应链中成员的公平关切和风险规避行为对于供应链定价决策机制带来的变化，并引入成员的行为因素，具有一定的创新性，丰富和拓宽了供应链行为运作管理领域的研究成果，并对企业的决策具有实际意义上的指导价值。

第2章

双渠道供应链最优策略的行为科学研究

本章将对双渠道供应链的概念、定价及其订货量等决策问题的相关文献进行综述，同时还对本书用到的相关理论，如供应链的协调、供应链成员行为运作管理及不对称信息下的供应链博弈等进行了详细阐述。

2.1 双渠道供应链的定价策略与协调机制

双渠道供应链是指消费者可以通过零售和网络两种渠道获得产品。采用双渠道供应链进行销售可以获得更多潜在消费者，增加产品市场份额。但采用双渠道供应链的营销模式会导致产品需求结构发生变化，这就需要供应商和零售商进行相应的策略调整。

不同的文献对双渠道供应链的结构模式有不同的分类方法，可参考许垒和李勇建对零售和网络渠道供应链结构的分类[2]。本书采用的是图 2-1 所示的混合模式，其中，制造商与零售商相互独立，零售商控制零售渠道，制造商开设网络直销渠道，两个渠道销售制造商生产的同一种产品，并相互竞争。

具体而言，零售渠道与直销渠道为争夺消费者而在价格、服务等方面展开激烈的竞争。对零售商而言，制造商开设直销渠道之后，其可能会抢走部分原本属于零售渠道的消费者，网络渠道的低成本运营也会挤压传统零售

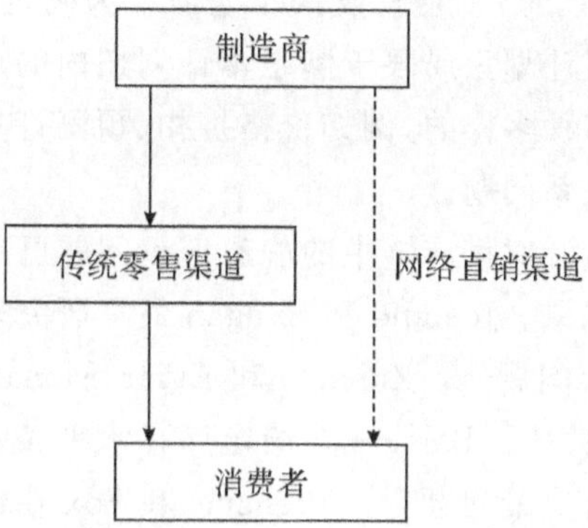

图 2-1 本书的双渠道供应链结构模式

商的利润空间。由于网络直销的一些天然优势,比如没有时间、地点的限制,消费者可以更加方便地进行搜索与比价,更由于制造商新开设了网络直销渠道,零售渠道和网络直销渠道之间会产生直接的竞争。另外,除了直接竞争的存在,还会存在搭便车现象。一方面这是指网络渠道的消费者在购买产品前,会选择先到实体零售店试用产品,然后到网络渠道以较低的价格下订单,这时零售渠道就演变成为网络渠道的试衣间;另一方面也可能存在一部分消费者通过在网络渠道搜索、比价之后而到实体店购买产品,这在某种程度上更加剧了渠道竞争。

2.1.1 双渠道供应链定价策略问题

双渠道供应链定价策略问题的研究,本质上是从供应链中各企业的角度,以自身利润最大化为目标,根据它们所掌握的信息来确定最优定价。对于制造商而言,最优定价一般是指产品的批发价格以及直销渠道价格。对于零售商而言,最优定价一般是指产品的零售价格。无论是制造商还是零售商,都希望通过合理定价来达到自身的最大利润。具体的,供应链中的定价策略问题可以分为静态定价和动态定价两种。

1.静态定价

静态定价一般仅考虑单一时间段内与价格相关的决策问题,是一个单周期最优决策问题。也就是说,静态定价中只研究一个计划周期的问题,类似于经典的报童问题[3]。一般假设本时期需求为确定性或随机性的，决策者制订生产或者购买计划只局限于满足本计划期内的市场需求。静态定价问题研究的内容是多种多样的，例如价格折扣、预测订货等问题。价格折扣涉及数量和定价的关系问题。

目前国内外学者针对供应链中的静态定价问题已经做了很多研究并取得了一些重要研究成果。Jeuland 和 Shugan 最早研究了一对一的两层供应链结构下的协调定价问题[4]。Zusman 和 Etgar、Monahan 研究了多阶层供应链系统的定价策略[5,6]。Balvers 在给定库存水平条件下使用 Bayes 更新模型研究了最优定价决策问题[7]。Trehame 和 Sox 在信息交易的条件下研究了供应链中的产品定价决策问题[8]。Li 等研究了在横向竞争条件下供应链产品的定价问题，即在单一制造商和多个零售商参与横向竞争的条件下，供应链产品的定价问题[9]。柳键等在考虑时间对价格和需求带来影响的基础上，对供应链的供需关系及供应链成员的定价决策做了定量研究[10]。马祖军在合作博弈情况下研究了单产品静态定价问题[11]。牟德一等也是在合作博弈情况下研究了需求是价格敏感情形下的单周期定价问题[12]。Dai 等运用博弈方法研究了提供同样服务的多个零售商竞争情形下的定价策略[13]。崔元锋运用乘法和加法两种定价方法，研究了处于不同市场权力假设下的供应链两节点企业的定价决策[14]。于少强和杨华龙分析了电子商务环境下制造商和零售商定价机制的运作原理和要求，涉及收益管理和采购管理中的定价问题[15]。Li 等通过建立几个理论模型验证了供应链成员的定价策略、退货策略和产品质量对消费者购买和退货决策的影响[16]。从目前已有的研究来看，供应链中定价问题的研究主要集中在两层链的供应链结构上。以上文献都是单渠道情况下的定价问题的研究，没有涉及双渠道。Chiang 等基于消费者效用理论对双渠道的定价问题进行了研究，通过建模的方法证明了直销渠道带来的销售可以间接地使得零售渠道的销售量得到提升，供应链成员双方的利润都会得到提高，并且可以有效减弱双重边际化效应[17]。Dumrongsiri 等研究了双渠道供应链背景下的成员定价决策问题和订货量决策问题[18]。晏妮娜等在服务—价格敏感需求下研究了双渠道供应链存在的条件和渠道协调的问题[19]。陈云等在双渠道结构下对电子商务零售商和传统零售商的价格竞争问题进行了研究[20]。

目前关于双渠道供应链中的静态定价问题的研究，主要还是围绕着直销渠道的加入和双渠道下的制造商和零售商双方的定价策略问题展开的。

针对双渠道下的静态定价，本书拟从考虑增值服务以及决策者行为的角度展开分析。一方面，考虑双渠道供应链成员之间进行服务合作，从而为消费者提供增值服务问题。对于一个给定产品，消费者决策是否购买，主要取决于价格和服务两个因素，而服务变得越来越重要[18]。另一方面，一些证据表明现实生活中的决策者一般都具有公平关切行为特征。事实上，传统供应链的研究一般建立在决策者完全理性的假设上，体现为分散决策情况下决策者总是以自身利益最大化作为决策准则。但当考虑供应链成员行为因素时，在集中式和分散式供应链中双方成员最优的定价决策是最近研究的热点问题。他们不仅关注自身利润，还关心自身是否得到了公平的待遇。

在双渠道下，制造商能够通过网络直销渠道的模式与终端消费者进行沟通和交易，可以更清楚地了解消费者的需求，从而提供个性化的产品（或服务）。双渠道供应链的构建使得制造商和零售商由供应链上下游之间的合作关系转变为网络直销渠道和传统零售渠道间的竞争关系。[19,20]零售商面临直销渠道的挤压，很难通过价格优势获取更多的利润。因为两个渠道都可以通过给消费者提供增值服务的方法来提升实际需求，一般而言，这样的服务包括送货、退换货、维护、维修、售后支持、定期更新等。

与直销渠道相比，传统零售渠道的优势在于：传统零售渠道的零售商可以直接面对消费者，其可以为消费者提供直销渠道无法提供的增值服务，比如产品的在店体验和便捷的售后服务等。

家用电器行业大多数企业都采用双渠道供应链营销体系。家电制造商不仅采用传统零售渠道销售产品（如超市、商场等），也选择网络直销渠道直接向消费者出售产品。例如格兰仕就是通过网络直销渠道（egalanz. com）和第三方平台（京东商场、天猫电器城、拍拍网等）进行销售。长虹、春兰、创维、TCL 等品牌制造商也都采用双渠道的运营战略模式。双渠道战略可以满足需求偏好不同的消费者，网络直销和第三方平台以及传统零售渠道之间都存在竞争，这可以促使传统渠道改善服务质量。不同渠道服务水平的提高都可以提高竞争力，扩大需求，从而获得更高的利润回报。在笔记本电脑行业，消费者在选购产品时往往会综合考虑产品价格、质量、性能、售后服务等，其中服务越来越受到消费者的高度重视。Dell 将物流、呼叫中心、售后维修等业务都外包给第三方服务供应商或者分销商。两个渠道提供的不同服务会影响消费者的选择，实证表明服务已经成为影响消费者渠道选择的一个重要因素[21]。因此研究双渠道供应链中成员的服务竞争与合作策略也是十分重要的研究方向。

2.动态定价

动态定价一般是指多计划时间周期问题，如价格决策、生产数量或者库存量等的决策是按照逐个周期做出的，每个时期都要做出类似几个问题的决策。区别在于，每时期的需求都是随机的，企业需要根据以前各期的市场需求和当期的随机需求造成的库存波动不断地做出决策，以便确定最优的当期生产量或者当期销售价格。这是一个反复进行的决策过程，许多研究者对相关问题进行了研究，特别是多阶段定价决策问题。

关于定价和库存产品数量控制的一些研究，特别是关于零售业的研究，被称为收益管理(revenue management)。收益管理起源于20世纪70年代美国的航空业，现已得到广泛应用。收益管理的核心是动态定价。在现实的市场中，零售商们必须面对的是动态的大环境，其中以前的销售量和定价决策有可能会对将来的利润产生影响[22]。当考虑到市场中存在动态效应的时候，即在当前决策可能影响未来收益(销售量)的时候，定价决策变得更加复杂，更具有挑战性。随着互联网的发展和电子商务的出现，制造商和零售商通过观察消费者对于产品价格的反应，及时根据市场需求信息调整价格。制造商和零售商还可以通过消费者的购买情况和偏好情况进行分析，为动态定价的实施奠定良好的基础。

科学技术的高速发展极大地促进了定价模式的进展。对于供应链成员来说，在整个销售周期中动态地调整商品价格，既是相当重要的，又是可以实现的。Elmaghraby 和 Keskinocak 认为动态定价得以广泛应用的根本原因在于以下三个方面：(1)大量的销售数据有利于指导决策者来制定决策；(2)新技术的引入使价格的动态调整变得更可行；(3)需求数据和动态定价的决策支持工具逐渐增加[23]。但是确定正确合理的价格仍是非常复杂的，因此动态定价策略也受到越来越多的学者关注。Bitran 和 Caldentey 建立了一个一般的动态定价模型，对当时的研究成果进行了综述[24]。Heching 和 Leung 的书籍和 Narahari 等的报告对电子商务环境下的动态定价研究进行了评述[25,26]。大量学者致力于产品的生产者以及服务的提供者之间的动态定价策略的研究[27,28]。Gallego 和 Ryzin 分析了多阶段的动态定价问题，他们假设价格是库存数量和剩余销售期长度的函数。需求随机，但是不允许补充库存[29]。Bitran 和 Mondschein 也把价格看作时间的函数，他们把自己求解的最优策略结构与实际情况进行了比较，并且讨论了不同的经济意义[30]。Federgruen 和 Heching 研究了最优定价和库存控制问题，提出了“订货到”目标(order up to)，即每期应该向生产商提交的最优订购数量[31]。现有大部分研究都关注于垄断或寡头垄断的供应链成员在受到动态因素影响下的动态定价问题[32-34])，少数研究者考虑了存在垂直竞争的供应链情形，研究供应链成员间产生的交互作用，即在考虑特定的某些动态因素的情况下，研究双边垄断供应链中的动态定价决策问题[35,36]。

2.1.2 双渠道供应链中的协调问题研究

随着供应链管理领域的国内外学者对供应链的协调问题展开的研究的逐步深入，供应链协调的模式主要可分为两类：第一类为信息协调，针对信息对称与不对称情形展开研究；第二类则是供应链契约/合同模式。本书重点讨论的是双渠道供应链的协调问题，即供应链合同或供应链契约机制。供应链契约协调是指通过有效的信息和激励使得供应链双方成员在分散式决策下的利润之和等于集中供应链决策情形下的利润，并且各自利润达到帕累托最优。

Pasternack 于 1986 年首次提出了供应链合同理论。常见的合同包括批发价合同和收益共享合同等。下面分别针对这两类合同的研究进行文献评述。

1.批发价合同

批发价合同是指制造商设定产品的批发价格，零售商根据制造商的批发价格和市场需求情况来决定订货量，与此同时，制造商会根据零售商的订货量组织生产。批发价格合同执行起来比较简单，产生的费用较少，所以可以广泛应用于实际的社会实践。在具体的研究工作中，通常会把批发价合同看作是研究其他合同的参考对象。

Lariviere 和 Porteus 给出了报童问题中批发价合同的详细分析[37]。Keser 和 Paleologo 对批发价合同进行了一个实证调查[38]。Gerchak 和 Wang 采用批发价合同对具有随机需求的供应链系统进行协调，并且进行了比较，给出了收益共享合同在什么条件下占优于批发价格合同[39]。

Dong和Zhu使用两个批发价格的批发价合同来处理push和pull合同，从而研究采用push、pull和提前购买折扣等三种方法进行Pareto改进的可行性[40]。Zhao等研究了引入合同值风险之后的批发价合同的效率，这为供应链合同的分析和设计提供了新的视角[41]。Li和Liu使用了三种不同的合同，即批发价合同、成本共享合同和Two-Part Tariff合同来协调供应链，还比较了三种不同合同情形下的均衡解[42]。

Spengler首次提出了双重边际化效应，即制造商和零售商双方都是以自身的效益最大化为目标，而不考虑整条供应链的效益最大化，从而导致供应链的失调[43]。但是批发价合同仍然值得进行研究，这是因为在实践中批发价合同易于管理和方便实践，许多企业还是倾向于采用批发价合同。

2.双向收益共享合同

收益共享合同是指制造商给零售商设定一个较低的批发价格，同时，从零售商处分得部分销售收入的合同。收益共享合同比较简单，在录像带出租行业已经得到广泛运用。

Cachon和Lariviere研究了供应链中的各种合同，其中就包含收益共享合同[44]。Wang等在一个收益共享合同下，研究表明渠道整体的绩效和公司个体的绩效完全依赖于零售商的渠道成本分担以及需求的价格弹性[45]。Cachon和Lariviere给出了收益共享合同协调供应链的优点和缺点，把收益共享合同与其他供应链合同，如回购合同、价格折扣合同等进行比较，研究发现，收益共享在报童模型下等同于回购合同[46]。Yao等采用收益共享合同进行供应链的协调[47]。作为Stackelberg博弈主导者的制造商，提供合同给两个面临随机需求的竞争性零售商。研究表明，收益共享合同受到需求可变性和价格敏感性因素的影响。Cao和Hong在一个两阶段的报童问题中使用收益共享合同研究了渠道协调问题，讨论了如何决定收益共享的比例和批发价格来实现渠道协调[48]。研究发现，批发价格低于零售价格，最优的收益共享比例是随着批发价格线性增加的[48]。Xu等在一个双渠道供应链中，考虑了成员的风险容忍度，提出一个two-way收益共享合同来协调具有成员风险规避行为的双渠道供应链[49]。Heese和Eda在需求对于供应商来说是不确定和不可观察的情况下，当零售商存在机会主义行为和制造商有能力获知真实的销售收益的情况下研究了收益共享合同对利润带来的影响[50]。Tang 和 Kouvelis 的研究表明，回购和收益共享合同的组合式合同可以协调供应链[51]。

在已有的关于供应链合同的文献中，主要的研究都集中在单供应商/制造商和零售商的二级供应链系统，但在现实供应链中的结构要复杂得多。因此，本书将针对双渠道供应链系统中的定价和协调机制展开研究。

2.2 供应链成员的行为因素

行为运作是结合认知和心理学两方面来研究运作管理问题的新方法。第3章研究了供应链成员的公平关切行为，第4章研究了成员的搭便车行为，第5章研究了成员的风险规避行为。上述研究都打破了“个人理性”的传统经济学假设，考虑了供应链成员的行为因素影响。

本书针对供应链成员的行为因素的相关研究集中在以下两个方面：一方面是考虑博弈过程中供应链决策者存在公平关切行为；另一方面则是考虑供应链成员自身的风险偏好行为对渠道本身的结构以及定价策略等方面的影响。

2.2.1 成员的公平关切行为

公平关切行为主要是指供应链决策成员可能不仅关注自身金钱利益的得失，也会关注与竞争对手的相对收益。当决策者感受到不公平时，他们可能会采取措施来惩罚对方，哪怕牺牲自己的利益。公平关切的行为偏好可能与我们传统的利益最大化理论假设相违背，因为此时决策者更关心的是效用最大化而不是纯粹的利润最大化。公平关切行为广泛存在于各类市场活动中。传统供应链的研究一般建立在决策者完全理性的假设之上，认为人是理性的、自利的个人利益最大化者。然而，实验经济学以及心理学的实验室和现场研究经常会发现，人们做出的决策行为并不是与完全自利的模式相符合的，实际上，人们不仅仅关注自我利益的提升，同时也关心他人的利益。一系列博弈实验，如最后通牒博弈[52]、独裁博弈实验[53]、公共物品博弈[54]、礼物交换博弈[55]和信任博弈[56]等的研究均表明：人们在关注自身收益的同时还会关注收益分配或行为动机是否公平，即人们存在公平关切(公平偏好)

行为倾向。公平在消费者决策过程中起到重要的作用[57-60]。例如，Fehr 和 Schmidt 从理论和实验两个方面证明，成员宁可牺牲部分金钱收益来达到他们所认为的更公平的结果[61]。同样，Kaufmann 和 Stern 的研究也发现，公平在发展与维护供应渠道关系方面起到重要作用[62]。已经有许多实证研究表明，由于公平关切的影响，制造商和零售商都愿意牺牲自身利润来提高双方的利润[63-66]。Cui 等的研究表明，在供应链合同的环境下，制造商和零售商双方之间的利益分配比例会引发公平关切的行为倾向产生影响作用[67]。刘作仪和查勇指出，将公平关切引入供应链管理中是行为运作的一个重要研究方向。因此，把公平关切引入供应链决策分析中进行研究是非常必要的[68]。接下来，将介绍公平关切理论模型的分类和效用函数。

最早关于公平关切行为的研究是从经济学和心理学等方面进行的。Rabin 开创了将公平关切行为引入到经济学分析框架中的先河[69]，随后经济学家们一直在不断地探索用于描述公平关切行为的理论模型。现有理论模型分为三类：(1) 基于结果的公平关切模型，这类模型强调收益分配的公平；(2) 基于动机的公平关切模型，这类模型以心理博弈论为分析工具，看重的是行为后面的动机，认为人们可能会因为报答善意的行为或者是报复敌意的行为而不惜牺牲自身的部分收益；(3) 基于结果以及行为动机的公平关切综合模型，这类模型不仅强调收益分配公平，同时也强调行为动机的对等，用行为导致的收益分配结果和实施行为的心理动机同时来判断公平与否。许多研究人员，比如，Tversky 和 Kahneman、Hogarth，Barberis 和 Thaler 等从认知心理学的角度来解释人类的行为[70-72]，这超出了新古典主义和新经济体制理论的理性假设，却丰富了经济理论。其后陆续出现了一些很有价值的研究成果。

基于结果的公平偏好理论认为，动机不重要，同一个结果不存在差别。而基于动机的公平偏好则认为，动机对参与人的行为起重要作用，同一个结果可被解读为不同的动机。基于动机的公平偏好比较复杂，目前还处于实验论证和建立效用函数的探索阶段，大多数学者是基于结果的公平偏好进行研究的。

在供应链管理研究中，通常把成员的公平关切行为在效用函数中引入，来分析其对成员收益的影响和刻画其中参数之间的关系。效用函数的文献总结如表 2-1 所示。

表 2-1 考虑供应链成员公平关切行为下的效用函数表示

作者(年份)	带有公平关切行为的效用函数	参数解释
Fehr 等[61]；Cui 等[67]；Katok 等[73]	假设供应链成员的收益正和负差异都会给成员的效用带来一定损失。若两方 i、j 的收益组成向量为 $\boldsymbol{\pi}=(\pi_i,\pi_j)$，则第 i 个成员的公平关切效用函数定义为 $U_i(\boldsymbol{\pi})=\pi_i-\alpha_i\max\{\pi_i-\pi_j,0\}-\beta_i\max\{\pi_i-\pi_j,0\},i\neq j$	π_i、π_j 分别为成员 i、j 的收益函数，α_j 和 β_j 为不平等厌恶系数
Bolton 和 Ockenfels[74]	第 i 个成员的公平关切效用函数定义为 $v_i=v_i(y_i,\sigma_i)$ $\sigma_i=\sigma_i(y_i,c,n)=\begin{cases}\dfrac{y_i}{c},c>0\\ \dfrac{1}{n},c=0\end{cases}$	σ_i 是成员 i 收益的相对份额，$c=\sum_{j=1}^{n}y_j$ 是总支付
Bruyn 和 Bolton[75]	$U(\sigma)=\begin{cases}c\left[\sigma-\dfrac{b}{2}\left(\sigma-\dfrac{1}{2}\right)^2\right], & \sigma<\dfrac{1}{2}\\ c\sigma, & \sigma\geqslant\dfrac{1}{2}\end{cases}$	c 是收益饼图的大小，σ 是博弈者分到的比例，b 是偏离公平分配的相对重要性
杜少甫等[76]	零售商的效用函数为 $u_r(\pi)=\pi_r-\lambda(\pi_s-\pi_r)$	$\lambda>0$ 为公平关切系数，π_r 和 π_s 为供应链中零售商和供应商的收益函数
杜婵[77]	Nash 讨价还价框架下公平关切的零售商和制造商效用分别为 $u_r=(1+\lambda_r)\pi_r-\lambda_r\bar{\pi}_r$ $u_s=(1+\lambda_s)\pi_s-\lambda_s\bar{\pi}_s$	$\lambda_r>0,\lambda_s>0$ 分别是零售商和制造商的公平关切系数，$\bar{\pi}_r$、$\bar{\pi}_s$ 分别是双方认为对自己公平的解
张岳平和石岿然[78]	零售商的效用函数为 $U_R{}'=\begin{cases}\Pi_R,\Pi_R\geqslant 0\\ \lambda\Pi_R,\Pi_R\leqslant 0\end{cases}$	$\lambda=1$ 表示风险中性；$\lambda>1$ 表示因有损失规避倾向而产生的不公平程度，且 λ 越大不公平程度越高

Konrad 和 Lommerud 最早从经济学视角引入公平关切效用函数[79]，他们建立的第 i 个成员的效用函数为

$$U_i = v(\pi_i) + \alpha w(\pi_i - \overline{\pi})$$

其中：π_i 表示第 i 个成员的收益函数；$\overline{\pi}$ 表示所有成员收益函数的平均值；$w(\pi_i - \overline{\pi})$ 表示第 i 个成员的不公平效用；α 表示不公平厌恶系数。

Cui 等提出反映成员的公平关切行为的效用函数表达式为[67]

$$U_i(\pi) = \pi_i - \alpha_i \max\{\pi_i - \pi_j, 0\} - \beta_i \max\{\pi_i - \pi_j, 0\}$$

其中：第二项表示当 i 的收益低于他人的收益时，其感受到的嫉妒负面效应；第三项表示当 i 的收益高于他人的收益时，其遭受的愧疚负面效应；α_i 和 β_i 为不平等厌恶系数，且 $\alpha_i > \beta_i$ 表示自己的收益低于他人时的嫉妒程度大于自己的收益高于他人时的愧疚程度；π_i、π_j 分别反映负差异和正差异带来的成员效用损失率。

进一步，Fehr 等将效用函数扩展到 n 个成员[61]，表示为

$$U_i = \pi_i - \frac{\alpha_i}{n-1} \sum_{j \neq i} \max\{\pi_j - \pi_i, 0\}$$

Cui 等将零售商效用函数表示为[67]

$$u(w, y) = \pi(y, w) + f_r(w, y)$$

这里 y 为零售商的订货量；w 为制造商的批发价格。该效用函数包含零售商的利润 $\pi(y, w)$ 及零售商考虑公平带来的负效用 $f_r(w, y)$。

Katok 和 Pavlov 提出了另一种直观的零售商效用函数形式[73]：

$$U(\pi_r, \pi_s | \alpha, \beta) = U_r - \alpha[\max(\pi_s - \pi_r, 0)] - \beta[\max(\pi_r - \pi_s, 0)]$$

这种形式类似于 Cui 的形式[67]，但一个考虑收益减去两个表示不公平的式子，而另一个是用效用来实现减法。

Loch 和 Wu 提出简洁的公平关切效用函数[64]：

$$U_i(\pi) = \pi_i + \theta_i \pi_j$$

其中 θ_i 被称为关注对方参数（other-regarding parameter）。

涉及公平关切行为的供应链管理研究中最典型的两个模型分别是由 Fehr 和 Schmidt 提出的 FS 模型[61]、由 Bolton 和 Ockenfels 提出的 ERC 模型（equity, reciprocity and competition）[74]。公平偏好由同情偏好、自豪偏好和嫉妒偏好这三种偏好所组成。当他人收入高于自己的收入时表现出嫉妒，当他人的收入低于自己的收入时表现出同情或自豪。

FS 模型认为，人们不仅关注自身的利益，同时还具有不公平厌恶心理，

会把自身的收益与他人的收益做比较，当自身收益低于他人的收益时会产生嫉妒负效用，高于他人的收益时会产生同情负效用。在公平关切行为影响下，零售商确定订货量不再是以自身利润最大化为决策原则，而是以效用最大化为原则。因此，把公平关切行为引入供应链契约与协调中显得十分必要，具有一定的理论价值和实践意义。

FS模型认为，人们为判断出收益分配是否是公平的，会把自己的收益逐一地与参考群体范围内的其他所有人的收益进行比较，以自己的收益与他人的收益相比较的相对大小高低来反映收益分配方面的不公平程度。与之相反，ERC模型则认为人们不仅关心自己的收益，而且关心收益的相对水平。人们为了做出收益分配是否公平的判断，只把自身的收益与参考群体范围内的平均收益水平进行比较，以自身收益与平均收益进行比较得出的相对大小来表示收益分配是否公平。在信息的完全性上，FS模型假设收入信息是完全的，ERC模型假设收入信息可以是不完全的。与ERC模型相比，FS模型只强调收益分配公平，以博弈论作为分析工具，能够解释全部博弈实验结果，只存在唯一的均衡结果，结构简单且容易操作。

因为双重边际化问题的存在，所以将公平性概念引入供应链渠道研究是十分重要的。在供应链中，制造商（或供应商）和零售商之间的利益分配会引发公平关切行为倾向产生作用。Cui等将公平关切行为引入报童问题来研究其对供应链合同的影响，发现在批发价格合同下供应链能达到协调状态[67]。Fehr等通过实验证明公平关切在合同设计方面起到重要的作用，也表明不公平厌恶模型能描述合同选择预期[80]。Ho和Zhang将公平关切行为引入供应链合同中进行研究，证明了公平关切行为的存在性[81]。Katok和Pavlov在理论与实证研究的基础上研究了公平关切对供应链协调的影响，认为成员的公平关切行为属于私有信息，指出理论上可协调的契约在实证中无法协调的主要原因是信息不完全[73]。肖玉明讨论了供应商公平关切行为对零售商最优订货决策和收益水平的影响。建立了公平熵的概念，并用其度量供应链利润分配的公平性。还指出，随着供应链利润分配公平程度的提高，供应商自身的收益降低，但供应链的收益逐渐接近供应链协调时的水平[82]。杜少甫等考虑由一个公平中性供应商和一个公平关切的零售商所组成的两级供应链，认为零售商的公平关切行为不会改变供应链的协调状态，但是会使零售商和供应链的效用发生变化，改变程度则由公平关切系数来决定[76]。杜婵等通过引入参考点依赖来构建公平关切效用体系，证明了无论协调的目的是系统利润最大化还是系统效用最大化，零售商的公平关切行为不会改变供应链的协调状态[77]。

邢伟等以双渠道供应链为背景，分析了渠道公平对生产商和零售商均衡策略的影响。研究发现：渠道公平可以有效改善“双重边际化”效应，特别是当两个渠道市场份额相对均衡时，效应的作用不明显[83]。Chen 等首次将垂直公平关切引入供应链管理中，文章考虑了垂直公平对特定的多成员供应链的影响，供应链由一个主导性的制造商和两个从属性的基本供应商和一个候补供应商组成。与基本供应商相比较而言，候补供应商可能更关注公平[84]。Ma 等考虑了消费者的返利，研究了公平关切行为对供应链协调的影响[85]。Yang 等考虑了一个制造商和一个零售商组成的分散式渠道，把零售商的公平关切行为引入分散式渠道的合作广告的研究中。当零售商有公平关切行为的时候，渠道可以被确定条件下的合作广告所协调。研究表明，零售商的公平关切可能提高或降低合作广告对制造商的有效性[86]。谭佳音和李波基于渠道竞争和品牌竞争同时存在的双渠道供应链结构，研究了零售商的公平关切行为给供应链协调问题带来的影响[87]。在供应链公平关切行为方面的研究中，大部分文献都是考虑两个成员的供应链。

除了常见的两个成员的供应链结构，实践中还有另一个常见设置就是一个购买者和两个销售者的多成员供应链结构（triadic）。在多成员的供应链中，水平的公平可能在销售者之间产生。邱国斌基于政府对节能汽车的补贴政策，在零售商具有公平关切行为的情况下，从消费者和企业的角度分别分析了政府补贴和公平关切对于需求以及供应链成员绩效的影响[88]。Elena 等在成员的公平关切是私有信息的情况下，研究了批发价格的绩效。研究发现，当公平关切足够强烈的时候，尽管信息不对称，但批发价合同也可以协调供应链[89]。Wei 和 Yin 将公平关切引入回购合同中来调查主导性供应商是如何决定批发价的。研究发现，最优批发价格随着零售商的公平关切程度的增加而降低，随着供应商的公平关切程度的增加而增加[90]。Wang 等在物流服务供应链中引入了公平关切行为。结果表明，批发价合同在一定条件下可以协调供应链[91]。Du 等考虑了制造商和零售商都具有公平关切行为的情况。研究表明行为偏好的影响导致了渠道效率的降低[92]。牛占文等将公平关切分类为利己和利他两种，研究了公平关切与旁支付函数的关系[93]。Ho 等研究了零售商在不同情况下分别具有同行导入的（peer-induced）公平关切和分布式（distributional）公平关切行为，并研究了公平关切行为对于供应链中的经济结果的影响作用[94]。丁雪峰和魏芳芳在闭环供应链中考虑了制造商与零售商的公平关切行为对供应链利润和回收率的影响[95]。

目前,关于供应链决策的研究成果是非常丰富的,但大部分研究都假设成员是风险中性的,即决策者是完全理性的。实际上,决策者具有有限理性,经常表现出不同的行为偏好。基于决策者是风险中性假设下得出的研究结果在决策者是风险偏好情形下可能发生变化。近年来,很多学者针对这一问题进行了研究,下面综述供应链成员具有风险偏好行为的研究进展情况。

2.2.2 成员的风险规避行为

由于目前越来越多的制造商开始采用双渠道营销策略,供应链环境变得更加复杂和不确定。一般的供应链研究文献中通常会假设成员是风险中性的。但是,由于不确定性的存在,供应链成员可能会因为害怕利润损失而表现出风险规避行为,也可能会因为追求更大的利润而表现出风险追逐行为。

1. 单一渠道下考虑供应链成员风险偏好的研究现状

本节综述传统单一渠道下考虑供应链成员风险偏好的研究现状,具体分成供应链某一方成员风险偏好的研究现状和双方成员均具有风险偏好的研究现状。

数值研究已经证明供应链成员具有行为偏好[64],很多先前的研究最早是考虑供应链成员一方具有风险规避行为。如 Tsay 在由风险规避制造商和风险规避零售商组成的供应链框架中,基于不同的权力情况研究了风险对于制造商—零售商渠道关系的敏感性影响。研究发现,忽略风险敏感性带来的惩罚是重大的[96]。进一步,Gan 等的调查表明了一个供应商和一个风险规避零售商组成的供应链能通过一个风险分担合同达到协调,合同可以为零售商提供期望的保护[97]。Wang 和 Webster 考虑了不确定需求情况下的易逝品供应链,假设零售商是下行风险规避的。研究表明,标准的回购或收益共享合同可能不能协调供应链。他们设计了一个风险共享合同,实现了渠道协调,其中为零售商提供所需的下行保护,为代理商保留利润[98]。Xiao 和 Yang 建立了不确定需求下的两条供应链的价格—服务竞争模型,每条供应链均由一个风险中性的供应商和一个风险规避的零售商构成。研究表明，一个零售商的风险敏感度越低，其最优服务水平和销售价格越低，竞争对手对其决策的影响则取决于两种产品的可替代性[99]。Wu等将条件风险值的概念引入供应链中，分析了随机需求下制造商的风险规避行为对其最优决策的影响。研究表明，制造商的最优策略不仅受到其风险规避行为的影响，还受到成本、售价和期权价等因素的影响[100]。Chiu等研究了不确定需求情况下零售商具有风险规避行为的供应链。他们采用均值—方差方法进行分析。研究表明，目标销售回扣合同可协调供应链[101]。Ozgun等考虑了制造商的消费者返利和零售商返利，假设零售商是风险规避的，采用CVaR(条件风险值准则)对风险进行度量，在随机和价格依赖相结合的需求环境下，分析了制造商的数量折扣决策以及零售商的联合库存与定价决策，证明了Nash均衡解的存在性[102]。Ma等假设零售商是风险规避的，在需求随机的情况下，求得Nash均衡解，并指出，零售商的议价能力对供应链利润造成的影响是随着其风险规避程度的增加而增加的[103]。Li等在双渠道供应链背景下，建立了Nash讨价还价的博弈模型，采用CVaR准则来度量零售商的风险规避行为，研究风险规避行为对合作模式下的均衡解的影响情况[104]。

相比于国际学者的研究现状，国内学者对于风险规避行为的研究不是很多。杨德礼和郭琼研究了随机需求下供应商和零售商具有不同风险偏好组合情况下的供应链协作方式[105]。叶飞在随机需求下，分析了零售商为风险中性及风险规避情况时的收益共享系数协商区间。结果表明，在收益共享契约机制中，供应商制定的批发价格低于其生产成本，当零售商表现出风险规避行为时，会期望较低批发价格，也会将较大份额的销售利润让给供应商[106]。陈菊红和郭福利研究了由风险规避型零售商与风险中性供应商组成的两级供应链，考虑了下行风险约束。研究表明，收益共享契约下双方成员的收益都提高了，并且供应商主动为零售商提供风险保护[107]。秦娟娟和赵道致考虑了损失规避信息对称和非对称两种情况，分析了供应商风险偏好信息的反映机制，证明了信号博弈的分离均衡和混同均衡的存在。但文中没有考虑供应商的风险偏好类型为连续分布时的信号博弈模型[108]。罗春林等探讨了风险偏好对供应链成员的定价与订货策略的影响。研究表明，适度的风险偏好可以使供应链效益增加甚至接近协调时的效益[109]。禹海波等应用随机占优理论来研究零售商的风险偏好和不确定需求对于供应链系统的影响。零售商的风险偏好是通过混合 CVaR 进行刻画的。研究得出了风险偏好系数与协调供应链所用的合同的相互关系[110]。禹海波和王莹莉在零售商具有风险规避的情况下，运用随机占优理论研究了需求的不确定性给最优利润以及最优订货量带来的影响[111]。曹文彬和左慧慧假设零售商具有风险规避行为，在双渠道供应链中讨论了风险规避系数对于均衡策略的影响[112]。以上文章只是考虑了制造商或零售商某一方成员具有风险偏好行为，并没有考虑两者均有风险偏好行为的情况。

涉及两方成员均具有风险偏好的研究，也有一些成果。如 Dong 和 Liu 建立了 Nash 博弈模型，采用均值—方差方法来测量供应商与制造商的风险规避行为，研究了成员的市场能力(market power)对均衡契约的作用[113]。Choi 等在需求随机情况下，使用均值—方差方法研究各成员不同风险偏好(风险追逐、风险中性、风险规避)对批发价合同的影响[114]。Nagarajan 和 Sošić在考虑成员的风险偏好的情况下调查了几种合作博弈模型[115]。Wei 和 Choi 使用均值方差模型做出了关于一个时装零售商的库存决策[116]。Zhao 等假设需求随机，研究了成员的风险偏好和谈判能力对最优决策的影响[117]。叶飞和林强考虑了零售商与供应商都具有风险规避行为的情况，使用均值方差理论来建立双方的效用函数，分析了风险规避行为对价格和效用的影响[118]。侯玲等考虑供应商和零售商都具有风险规避行为的情况，分析了风险规避程度对于双方定价和质量水平的作用。研究表明，竞争在某种程度上能减弱风险规避行为给供应链成员决策带来的影响，使得成员的定价提高，从而达到增加收益的目的[119]。闻卉等假设需求随机，供应链成员均具有风险规避行为，并使用 CVaR 度量风险规避行为，研究了回购策略的优化与协调问题[120]。张晓林和李广研究了一个鲜活农产品供应链，假设零售商和生产商都是风险规避的，引入新鲜度因子分析了供应链成员风险规避行为对最优定价策略的影响[121]。

上述文献都探讨了单渠道供应链中的成员，即制造商、供应商、零售商或消费者的风险偏好行为对最优决策的影响，但并没考虑双渠道下风险因素对各成员最优决策的作用。

2.双渠道供应链下考虑成员风险偏好的研究

目前关于双渠道环境下考虑成员风险偏好的文献并不多，国外有 Dholakia 等从消费者的角度出发，分析了转换成本、风险规避对购买行为

（订单大小、商品退货）的影响[122]。由于选择的数据是特定某个零售商的，所以其研究结果不具有普适性。Xiao 和 Choi 假设制造商和零售商都是风险规避的，建立了两个制造商、两个零售商的动态博弈模型，研究了制造商的营销渠道选择策略和批发价格对零售商的风险敏感度和定价能力的依赖程度[123]。其不足之处在于，文中假设两个制造商是同时做出决策的，没有考虑风险规避程度是私有信息的情况。

而在国内，王虹和周晶采用均值—方差方法，研究了双渠道供应链下具有风险规避行为的制造商和零售商，探讨了最优定价策略。结果表明，在一定条件下，风险规避行为的存在反而会减小分散决策下的双边际效用，提高系统总收益，实现 Pareto 改进。但是他们没有考虑信息不对称的情况[124]。

王虹和周晶在双渠道供应链中，针对具有风险规避行为的制造商和零售商，分析了非竞争环境和存在替代产品竞争的情况下，产品在不同渠道的最优定价策略，并探讨了风险规避度对定价决策的影响，研究表明，一定程度的市场竞争会减弱风险规避对决策产生的影响。提高价格，从而增加利润[125]。但是文中假设需求信息是成员双方的共同知识。王虹等探讨了零售商的风险规避度为完全信息和私有信息两种情况下的供应链最优决策问题，通过采用均值—方差方法得出了直销渠道价格不受风险规避度是否为私有信息的影响[126]。李书娟等构建了基于双源渠道的 Stackelberg 博弈模型，比较了网络渠道由制造商单独控制以及制造商和零售商合作的两种不同模式，探讨了风险态度对双方利润和运作模式选择的影响。研究表明，最优的零售价和直销价只受到成员的风险规避程度的影响，不受运作模式的影响[127]。王虹等在双渠道供应链中，假设制造商和零售商均具有风险规避行为，分析了风险规避信息对称和不对称情况下，成员的最优定价策略[128]。

目前已有的关于风险规避行为的研究大多集中于单渠道供应链，本书将研究双渠道供应链背景下成员的风险规避行为。但是在已有的双渠道供应链文献中，大部分文献都假设决策者是风险中性的，少数文献考虑了供应链成员的行为因素。本书第 5 章考虑了零售商的风险规避行为对不对称的市场需求信息情形下的双渠道供应链中成员的最优决策机制进行研究，存在一定的创新性，与已有研究相比，本书的研究问题考虑了需求信息不对称的情况，这就更加接近于现实情况，可以扩展供应链管理领域和行为运作管理领域的研究成果，对企业的决策来说具有实际指导价值。

3.成员风险偏好的均衡方差度量方法

在供应链的定价、订货量及投资等领域，链成员的风险评估在他们的决策过程中起到重要作用。事实上，一些研究领域(如经济、金融领域)通常假设决策者是风险规避的，Markowitz 首次提出了均值—方差方法来评估决策者的风险规避水平[129]。到目前为止，均值—方差方法已经成为资产定价理论及组合投资模型的理论基础，并在许多世纪领域中都得到了广泛应用。在已有文献中，均值—方差方法常被表示为

$$U(\pi)=E(\pi)-k\sqrt{\mathrm{Var}(\pi)} \tag{2-1}$$

其中：k 是期望利润均值与方差(风险相关)之间的定量平衡，可以表示决策者的风险规避程度，$k=0$ 是表示决策者是风险中性的，$k>0$ 即表示风险规避型的决策者，且 k 越大表示决策者的风险规避程度越大。

关于供应链管理的文献中也是采用均值—方差方法来进行风险规避评估的。如 Lau 和 Lau 分析了一个由垄断的供应商和零售商组成的存在退货政策的供应链，双方成员都具有均值—方差的目标函数，供应商制定最优的批发价及退货信用以最大化自己的效用[130]。Choi 等利用均值—方差方法分析了单一供应商和单一零售商销售报童模型产品的供应链，指出对供应链成员风险规避行为的忽略可能会对供应链达到协调产生影响[131]。Wei 等基于均值—方差方法制定了一个批发价和利润分配策略，使供应链达到协调[116]。Xu 等建立了一个均值—方差模型，研究了一个具有风险规避型零售商的时尚供应链，并得出收入共享契约和双向定价契约可以协调此类供应链[132]。Xu 等分析了双渠道供应链中制造商和零售商都具有风险规避行为时的定价决策问题，他们在集中式和分散式两种供应链模式下采用均值—方差方法衡量供应链成员的风险容忍度[49]。王虹和周晶采用均值—方差方法，研究了双渠道供应链环境下具有风险规避特征的制造商和零售商的 Stackelberg 博弈模型，探讨了集中决策和分散决策下的最优定价策略及零售商的最优附加值[125]。总之，均值—方差分析方法是评估供应链成员风险规避程度的重要方法。

2.3 信息不对称下的供应链博弈研究

目前对供应链中不对称信息的研究涉及需求信息、成本结构等多个方面，下面将综述国内外学者对供应链中需求或成本等信息不对称的研究工作，为以后模型建立与求解提供支持。

供应链是由相互独立的决策成员构成的分布式系统，各个供应链成员根据自身所掌握的信息来做出使得自身利润最大化的决策。因此，共享准确的信息是提高供应链运作绩效的关键。对此，很多学者从不同角度对消除供应链中的信息不对称、提高供应链绩效开展了大量研究。

Atkinson 是第一个在随机需求的环境下建立和研究不对称需求信息模型的学者[133]。Porteus 和 Whang 在长期合同和随机需求方面研究了关于需求的信息不对称模型[134]。Burnetas 等假设在需求分布方面，购买者拥有比供应商更多的信息。研究发现，在不对称需求信息的环境下，一个数量折扣合同可以完全地消除双重边际化效应[135]。Zhou 假设需求是价格敏感的需求，需求是零售商的私有信息。文章提出了四种数量折扣定价策略，并通过数值实例来阐述每个策略的效率[136]。Hsieh 等假设零售渠道的需求是随机的，对零售商来说，需求潜在的概率分布是已知的，但是对供应商来说是未知的。他们研究了协调努力是如何影响每方的策略行为和供应链利润的，发展了三种协调模型，比较了三种情况下供应链的利润，并且进行了敏感性分析[137]。Gan 等在一个代发货供应链中在零售商拥有更多市场需求信息的情况下，假设零售商没有库存，研究在信息不对称的背景下承诺惩罚合同的最优设计问题[138]。Kalkanci 等假设需求随机且服从一个均匀分布、需求均值是买方的私有信息、供应商只知道需求均值这三种类型，即买方在终端消费者需求方面比供应商拥有更多的私有信息。在此情况下，文章研究了合同的复杂性和不对称信息对于供应链绩效的影响[139]。Lai 等研究了需求信息不对称情况下最优库存策略的制定[140]。Lei 等假设供应商不知道市场需求，与此同时，零售商也不知道生产成本，提出了包括生产计划调整和生产定价的风险管理策略，调查了不对称信息对供应链干扰管理(disruption management)的影响[141]。Li 等考虑了供应商入侵情况下的需求信息不对称。研究发现，开通直销渠道后，当市场规模较小时零售商会减少订货量，这种向下的订单扭曲将扩大双重边际化效应[142]。在此基础上，Li 等采用非线性合同研究供应商入侵给供应链带来的影响。研究发现，除了通常的向下扭曲效应(downward distortion effect)，也即合同中设定的零售商订货量少于有效量(efficient quantity)，也会存在向上的扭曲行为[143]。Hua 等表明，当购买者不可信地共享信息时，不对称信息下的均衡价格可能增加[94]。Li 等在市场需求信息不对称的情况下，得出供应商提供给零售商的均衡合同菜单，发现均衡合同菜单的选择依赖于哪一种供应商—零售商配对可产生更高的供应链利润，以及供应商需要支付多少信息租金[144]。Wei 等在一个闭环供应链的环境中研究了零售商拥有关于市场需求的私有信息的情况，考虑了共享需求信息的机制、数量折扣还有退货策略三种协调模型，通过数值方法分析了关键模型参数和相应的管理学意义[145]。

2.4 本章小结

本章先综述了国内外学者对双渠道供应链中的定价与服务策略研究现状，还综述了本书用到的批发价格合同和双向收益共享合同，总结了目前学者们对供应链成员公平关切行为进行描述的效用函数及其相关研究情况，进一步针对供应链成员具有风险规避行为的研究进行了分析，包括单一零售渠道下和双渠道供应链下的研究，还对测量成员风险规避行为的工具均值—方差方法的研究现状进行了回顾，最后，对需求信息不对称下的供应链博弈研究现状进行了阐述。本章的文献综述为后续各章的理论研究奠定了基础。

第3章

考虑公平关切行为的双渠道供应链定价策略

3.1 问题背景

随着电子商务的快速发展，越来越多的制造商，例如国际商业机器公司(IBM)、苹果(Apple)、戴尔(Dell)、耐克(Nike)和雅诗兰黛(Estee Lauder)等都开设了网络直销渠道作为销售产品的一个新的渠道[146,147]。对于零售商来说，网络直销渠道的出现导致了激烈的竞争[148]。在一个双渠道供应链中，制造商与零售商进行竞争，零售商可能会抱怨制造商直销渠道上的订单原本是属于零售商自己的[17]，这必然会引起渠道冲突，因为直销渠道的销售在很大程度上剥夺了零售商的市场份额，而渠道冲突会弱化制造商和零售商之间长期的合作伙伴关系。为此，零售商为了提高自身的竞争力，不得不为消费者提供额外的增值服务。显然，由于制造商的渠道入侵和零售商不得不提供额外的增值服务，零售商感觉其受到了不公平的对待。就是在这种背景下，本章研究在零售商具有公平关切行为情况下双渠道供应链中的定价策略问题。

与制造商相比，零售商的优势在于可以直接面对消费者，通过提供增值服务来扩大其销售量。增值服务是指立即的消费者支持、退货服务、技术上和购物方面的帮助、维修服务和其他能增加消费者效用的服务。对供应链的研究人员来说，公平关切是一个关键的问题，增值服务也同样是一个关键的问题。实证研究表明服务质量是消费者渠道选择策略中的决定性因素[149,150]。本章把服务局限于那些直销渠道不能提供或者不能完全提供的服务，例如消费者立刻拥有的期望、从购物过程中获得的社交体验、购物过程中产生的经验等[151]。

本章考虑了一个双渠道供应链结构，由一个制造商和一个独立的零售商组成。假设制造商生产唯一一种产品，并且通过传统零售渠道和新开设的直销渠道进行销售。零售商具有公平关切行为，且零售商为消费者提供增值服务。这里使用制造商主导的 Stackelberg 博弈来建立数学模型，因为电子和计算机行业的许多制造商(例如 IBM、Apple 等)有资金支持来开设网络渠道，所以这些制造商在设定批发价格方面拥有主动权。然而，零售商必须接受制造商设定的批发价格，然后决策零售价格和零售商提供的增值服务的服务水平。即在博弈过程中，制造商是领导者，零售商是跟随者。本章研究了当零售商提供增值服务时，在不考虑零售商的公平关切行为以及考虑零售商的公平关切行为两种情况下，供应链双方成员的均衡解。

本章提出了下面两个问题：在垂直整合以及分散式供应链决策下，零售商的增值服务策略是如何影响供应链成员的定价策略和利润的？零售商的公平关切行为和零售渠道的消费者忠诚度对供应链成员的定价策略有什么影响？通过分析零售商为了与直销渠道竞争而提供增值服务的激励措施，得到结论：随着传统零售渠道的消费者忠诚度增加，零售商将提高传统零售渠道的价格；然而，制造商将降低批发价格来满足零售商公平关切的需要，从而使渠道效率得到提升。但是，随着零售商公平关切程度的增加，制造商的利润将降低，零售商的利润将逐步增加，整个供应链的绩效下降。因此，当零售商具有公平关切行为且为消费者提供增值服务时，不能通过单一批发价合同来协调整个供应链。

3.2 问题描述与模型建立

3.2.1 数学符号和假设

模型用到的数学符号和假设如下所述。

a:潜在的市场规模;

δ:零售渠道的消费者忠诚度,$1-\delta$ 则表示直销渠道的消费者忠诚度,$0<\delta<1$;

b:需求的价格敏感度系数,即单位价格带来的边际需求;

c:制造商生产单位产品的生产成本;

w:制造商批发产品给零售商所收取的批发价格;

p_d:制造商的直销渠道价格;

p_r:零售商设定的零售价格;

s:零售商的服务水平,反映了服务带来的价值,p_r-s 是消费者在传统零售渠道购买产品并享受增值服务时候的价格;

$c_r(s)$:给定服务水平 s 下零售商的服务成本函数;

η:服务成本系数;

θ:消费者察觉到 p_d 和 p_r-s 之间存在区别时的转化率,其中 $0<\theta<1$;

D_r:零售渠道的需求函数;

D_d:直销渠道的需求函数;

π_i:$i=r$、m、d、c 分别表示零售商的利润、制造商的利润、分散式决策下整个供应链的利润以及集中式决策下整个供应链的利润;

π_i^k:k 取值可能为 c^*、d^* 和 f^*,这三种取值分别表示集中决策下的最优利润,不考虑零售商的公平关切行为时分散决策下的最优利润,以及考虑零售商的公平关切行为时的分散决策下的最优利润;

f_r:考虑零售商具有公平关切行为时,零售商的效用函数;

U_r:考虑收益和公平关切因素综合影响的零售商的总的效用函数;

γ:根据 Cui 等[67],反映零售商的公平关切程度的因子;

α:反映了当零售商面临不利的不公平情况时,每一单位制造商的收益和零售商的收益的差额的影响；

β：反映了当零售商面临有利的不公平情况时，每一单位制造商的收益和零售商的收益的差额的影响；

w^k、s^k、p_j^k：k 情况下的批发价格、服务水平和零售渠道销售价格，$j=r$ 代表零售渠道，$j=d$ 代表直销渠道，上标 k 取值为 c^*、d^* 和 f^*，分别表示集中式决策，不考虑公平关切行为影响的分散式决策，还有考虑公平关切行为影响的分散式决策的情况。

模型中用到的假设条件为

A1：制造商和零售商只销售一种产品；

A2：相比于零售商，制造商拥有足够的权力；

A3：消费者是同质化的，即对于产品的初始价值评价是相同的；

A4：制造商和零售商的信息是完全共享的。

3.2.2 模型描述

考虑一个双渠道供应链，用(R,D)表示，见图3-1。

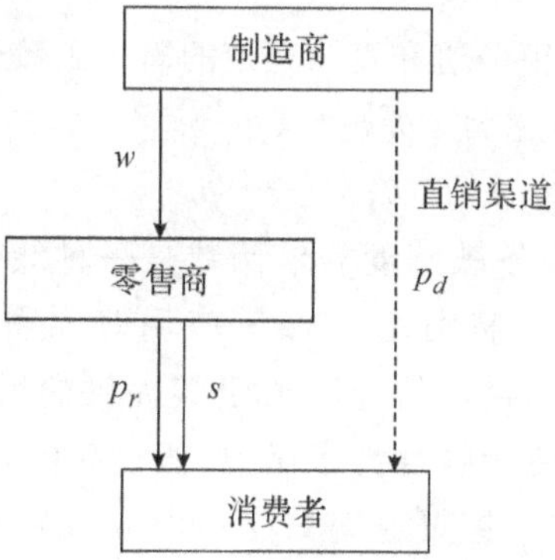

图3-1 零售商提供增值服务的双渠道供应链结构

供应链由一个制造商和一个零售商构成。制造商生产可无限细分的同质化的产品，通过传统零售店或者直销渠道来进行销售。显然两个渠道之间存在竞争，竞争中零售商的优势在于为消费者提供增值服务，服务产生相应的成本。

通过建立 Stackelberg 博弈的数学模型来分析问题，制造商是博弈中的主导者。其中,零售商具有公平关切行为,而制造商是完全理性的。首先,制造商决定直销渠道的价格 p_d 和批发产品给零售商的批发价格 w。然后,基于制造商的决策,零售商做出关于服务水平 s 和零售价格 p_r 的决策,每一单位服务水平产生的成本是 $c_r(s)$。令 $c_r(s)=\frac{\eta s^2}{2}$,其中 η 表示服务成本系数。

在本书中,下标"r"代表传统零售渠道,下标"d"代表直销渠道,上标"$*$"代表最优的情况;π_m 为制造商的利润,π_d 为制造商从直销渠道获取的利润,π_r 为零售商的利润。

本章建立的博弈模型的时间顺序是:

(1) 制造商设定批发价格和直销价格来达到最大化自身期望利润的目的;

(2) 零售商有关于制造商的决策 w 和 p_d 的完全信息,根据制造商的决策,零售商通过最大化自身利润,做出 s 和 p_r 的最优决策。

3.2.3 两个渠道的需求函数

基于上述假设,零售渠道和直销渠道的需求函数分别为

$$D_r=\delta a-b(p_r-s)+\theta[p_d-(p_r-s)] \tag{3-1}$$

$$D_d=(1-\delta)a-bp_d+\theta(p_r-s-p_d) \tag{3-2}$$

上述两个价格—服务敏感度需求函数是一种线性模型,已经得到了许多研究者的关注[152,153]。特别地,Yao 等应用线性需求函数研究了在什么条件下零售商有动机向制造商分享关于其提供的增值服务成本的私有信息[154]。类似地,本章使用线性需求函数,假设总的基本需求被划分为两部分,即零售渠道需求和直销渠道需求(δa 和 $(1-\delta)a$)。公式(3-1)和(3-2)的第二部分代表由于价格的增加给自身需求函数带来的影响,而第三部分代表渠道间交叉价格的影响,即两个渠道间消费者转移行为的影响,当消费者察觉到价格 p_r-s 和价格 p_d 之间存在明显区别的时候,消费者会转移到低价格的渠道进行购买。

为了反映两个渠道间的水平竞争,在传统零售渠道中用 $p_d-(p_r-s)$ 来反映竞争的激烈程度。同理,在直销渠道中用 $(p_r-s)-p_d$ 来反映直销渠道的竞争程度。如果零售价格和增值服务之间的差别 (p_r-s) 大于直销渠道的

价格 p_d，这意味着直销渠道拥有价格方面的优势，即 $p_d-(p_r-s)>0$，反之亦然。当消费者察觉到两个渠道之间的价格存在区别的时候（考虑了增值服务在内），消费者将选择转移到价格低的渠道购买产品，转移率是 θ。进一步，如果本章的需求函数不是线性的，而是其他类型的需求函数，不管是非线性函数还是局部的线性函数，本章的管理意义都是成立的。

因此，供应链总的需求为

$$D=D_d+D_r=a-(b+\theta)(p_r-s)-(b+\theta)p_d$$

很明显，有必要增加一些必要的不等式约束来保证。

(1) $w\leqslant p_r$ 和 $w\leqslant p_d$，即批发价格不应该高于两个渠道的产品销售价格，否则，如果 $w>p_d$，则零售商可以用低价从直销渠道直接购买产品，而不是从制造商处批发产品。

(2) $w+c_r(s)\leqslant p_d$，这是因为制造商鼓励零售商为产品提供增值服务来增加两个渠道销售的产品的差异化程度。

(3) 批发价格必须超过制造商的生产成本。

(4) D_r 和 D_d 必须是非负的。

基于上述概念，零售商的利润函数为

$$\pi_r=D_r[p_r-c_r(s)-w]$$

根据 $D_d\geqslant 0$，$D_r\geqslant 0$ 和 $\pi_r\geqslant 0$，以及约束条件(1)～(4)，得到

$$w+\frac{\eta s^2}{2}<p_r\leqslant s+\frac{(b+\theta)\delta a+\theta(1-\delta)a}{b(b+2\theta)},\quad w+\frac{\eta s^2}{2}\leqslant p_d\leqslant p_{d\max}$$

其中：

$$p_{d\max}=\frac{\delta a\theta+(1-\delta)a(b+\theta)}{2b(b+2\theta)}+\frac{c}{2}$$

制造商的利润函数可以表示为

$$\pi_m=(w-c)D_r+(p_d-c)D_d$$

不同于先前的已有研究，本章同时考虑零售商提供增值服务和具有公平关切行为的情况。第3.3节将研究集中式和分散式决策下最优的定价和服务策略。第3.4节将研究双渠道供应链的均衡问题，将零售商的公平关切行为引入分散式供应链中，并研究公平关切行为对最优定价和利润产生的影响。

3.3 不存在公平关切行为时的均衡策略

3.3.1 考虑零售商提供增值服务时的分散式决策

本节考虑分散式双渠道供应链的情况，但不考虑成员的公平关切行为，制造商和零售商都是通过最大化自身利润做出最优决策。制造商作为Stackelberg的主导者，首先决定直销渠道的价格 p_d 和批发价格 w，然后作为跟随者的零售商设定最优的零售价格 p_r 和增值服务水平 s，则零售商的利润函数为

$$\max_{p_r,s} \pi_r = D_r[p_r - c_r(s) - w] \tag{3-3}$$

因此，给定零售价格 p_d 和批发价格 w，零售商的反应函数为

$$p_r = \arg\max \pi_r = \frac{\delta a + \theta p_d}{2(b+\theta)} + \frac{3}{4\eta} + \frac{w}{2} \tag{3-4}$$

$$s^{d*} = \frac{1}{\eta} \tag{3-5}$$

容易证明Hessian矩阵是负定的，通过求解式(3-3)关于 p_r 和 s 的一阶导数，可以得到三个不同的均衡解。由于 $s \geqslant 0$，所以只有一个均衡解是可行解。

同样，制造商的决策问题为

$$\begin{aligned} &\max_{p_d,w} \pi_m = (w-c)D_r + (p_d - c)D_d \\ &\text{s. t. } w + c_r(s) \leqslant p_d \end{aligned} \tag{3-6}$$

为了解决上述问题，这里首先定义一个关于消费者忠诚度的阈值 δ_1，满足约束 $\delta_1 \triangleq \frac{1}{2} = \frac{3(b+2\theta)}{4\eta a}$。这里，注意到当 $a > \frac{3(b+2\theta)}{2\eta}$，$\delta_1 > 0$ 时，上述不等式成立。所以，如果 $0 \leqslant \delta \leqslant \delta_1$，则 $w + c_r(s) < p_d$；但是，如果 $\delta_1 < \delta \leqslant 1$，则 $w + c_r(s) = p_d$。另一方面，为了保证直销渠道销售量为正数，定义 $p_{d\max} = \frac{\delta a\theta + (1-\delta)a(b+\theta)}{2b(b+2\theta)} + \frac{c}{2}$，$p_d \leqslant p_{d\max}$。

在这种情况下，制造商的利润函数 π_m 是直销价格以及批发价格的凹函

数。这里，把分散式决策下的最优价格和服务水平的均衡结果总结为表 3-1。

表 3-1　分散式决策情况下各成员的均衡解

决策变量	$0\leqslant\delta\leqslant\delta_1$	$\delta_1<\delta\leqslant 1$
价格	$w^{d*}=\frac{1}{4}\left(R+T+2c+\frac{1}{\eta}\right)$ $p_d^{d*}=\frac{R[\theta+(1-\delta)b]}{2(b+2\theta)}+\frac{c}{2}$ $p_r^{d*}=\frac{1}{8}\left[2(R+T)+4c+\frac{7}{\eta}+\frac{2(\delta a-bc)}{b+\theta}\right]$	$w^{d*}=H+\frac{c}{2}$ $p_d^{d*}=H+\frac{c}{2}+\frac{1}{2\eta}$ $p_r^{d*}=\frac{1}{8}\left[2(R+T)+4c+\frac{7}{\eta}+\frac{2(\delta a-bc)}{b+\theta}\right]$
s^*	$\frac{1}{\eta}$	$\frac{1}{\eta}$
π_m^*	$\frac{a^2}{8b}+\frac{bc^2-ac}{2}+\frac{(T-R)^2}{8(b+2\theta)}+\frac{b+\theta}{32\eta^2}-\frac{(\delta a-bc)^2}{8(b+\theta)}+\frac{\delta a-bc}{8\eta}$	$\left(\frac{1}{2}+H+\frac{1}{2\eta}\right)\left[(1-\delta)a-\frac{b+\theta}{2\eta}\right]-c(1-\delta)a+\left(\frac{1}{2}-c+H\right)\left[\delta a-b\left(\frac{1}{2}+H+\frac{1}{2\eta}\right)\right]+\frac{1}{8}\left[\frac{2a}{b}-\frac{1}{\eta}+4c+\frac{2(\delta a-bc)}{b+\theta}-\frac{2(1-2\delta)a}{b+2\theta}\right]\times\left(\frac{\theta}{2\eta}-\frac{b}{2}+bc-bH\right)$
π_r^*	$\frac{[b+\theta+2\eta(\delta a-bc)]^2}{64\eta^2(b+\theta)}$	$\frac{1}{8}\left[4c-4-8H+\frac{2a}{b}+\frac{3}{\eta}+\frac{2(\delta a-bc)}{b+\theta}-\frac{2(1-2\delta)a}{b+2\theta}\right]\times\left[\delta a+\frac{1}{\eta}(b+\theta)\right]+b\left(\frac{1}{2}+H+\frac{1}{2\eta}\right)^2-\frac{1}{8}b\left(\frac{1}{2}+H+\frac{1}{2\eta}\right)\times\left[\frac{2a}{b}+4c+\frac{7}{\eta}+\frac{2(\delta a-bc)}{b+\theta}-\frac{2(1-2\delta)a}{b+2\theta}\right]-\frac{1}{64}(b+\theta)\left[4-4c+8H-\frac{2a}{b}-\frac{3}{\eta}-\frac{2(\delta a-bc)}{b+\theta}+\frac{2(1-2\delta)a}{b+2\theta}\right]^2$

其中：$\delta_1=\frac{1}{2}-\frac{3(b+2\theta)}{4\eta a}$

$$H=\frac{b+\theta}{b(3b+4\theta)}\left[\left(1-\frac{1}{2}\delta\right)a+\frac{\theta}{2(b+\theta)}\left(\delta a-\frac{b}{\eta}\right)-\frac{3b}{4\eta}\right]$$

$$R=\frac{a}{b}$$

$$T=\frac{a(-1+2\delta)}{b+2\theta}$$

命题 3.1 在一个分散式供应链中，当参数 a、b、θ、η 给定时，存在零售渠道消费者忠诚度的一个关键阈值，即 $\delta_1=\frac{1}{2}-\frac{3(b+2\theta)}{4\eta a}>0$。最优均衡策略如下：

(1)当 $0<\delta<\delta_1$ 时，最优的直销价格和批发价格为

$$p_d^{d*}=\frac{\delta a\theta+(1-\delta)a(b+\theta)}{2b(b+2\theta)}+\frac{c}{2}$$

$$w^{d*}=\frac{1}{4}\left(\frac{a}{b}+2c+\frac{1}{\eta}-M\right)$$

当 $\delta_1<\delta\leqslant 1$ 时，最优的直销价格和批发价格为

$$p_d^{d*}=\frac{(1-\delta)a+\frac{3b}{4\eta}+N}{(b-\theta)-D}+\frac{c}{2}$$

$$w^{d*}=\frac{(1-\delta)a+\frac{b+2\theta}{4\eta}+\frac{D}{2\eta}+N}{(b-\theta)-D}+\frac{c}{2}$$

(2)最优的服务水平和零售价格为

$$s^{d*}=\frac{1}{\eta}$$

$$p_r^{d*}=\frac{1}{8}\left(\frac{2a}{b}+4c+\frac{7}{\eta}+\frac{2(\delta a-bc)}{b+\theta}-2M\right)$$

其中： $D=\frac{\theta^2-2(b+\theta)^2}{b+\theta}$， $M=\frac{(1-2\delta)a}{b+2\theta}$， $N=\frac{(b+2\theta)\delta a}{2(b+\theta)}$

这样假设是为了实现代数简化。

命题 3.1 的证明见本章附录。

命题 3.1 表明，在分散式供应链中 p_r 随着 s 的增加而增加。这是直观的，因为 s 的增加就意味着服务成本的增加，所以零售价格将增加。零售商、制造商和整个供应链的最优利润是 π_r^{d*}、π_m^{d*} 和 π_c^{d*}，它们都随着 s 的增加而

增加。另外，零售商的服务水平 s^{d*} 越高，制造商设定的批发价格就越高。这是合理的，因为在分散式供应链下，制造商为了追求自身利润最大化，将设定一个高的批发价格来与零售商展开竞争。另外，由这个命题可知，零售商增加的最优服务水平是常数，根本不依赖于制造商的决策，只依赖于零售商自身的成本结构。

3.3.2 考虑零售商提供服务的集中式双渠道供应链决策

为了检验分散式供应链的效率，本节考虑一个集中式双渠道供应链，把垂直整合的供应链作为一个基准模型。在此模型下，成员做出最优决策是为了最大化整个供应链的利润。因为批发价格只是用于区分制造商和零售商的利润，w 不再是集中式供应链中的决策变量。供应链的整个利润函数为

$$\pi_c=[p_r-c_r(s)-c]D_r+(p_d-c)D_d \tag{3-7}$$

同时求解上述等式关于 p_r、p_d、s 的一阶条件，$s>0$，且容易证明海塞矩阵是负定的。最优的直销价格 p_d、零售商的最优零售价格 p_r 和最优的增值服务 s 为

$$p_r^{c*}=\frac{a}{4b}+\frac{c}{2}-\frac{M}{4}+\frac{3}{4\eta}$$

$$p_d^{c*}=\frac{a}{4b}+\frac{c}{2}+\frac{M}{4}$$

$$s^{c*}=\frac{1}{\eta}$$

很明显，在集中式供应链中，有

$$\frac{\partial p_d^{c*}}{\partial\delta}=-\frac{a}{2(b+2\theta)}<0$$

$$\frac{\partial p_r^{c*}}{\partial\delta}=\frac{a}{b+2\theta}>0$$

$$\frac{\partial\pi_c^{c*}}{\partial\delta}=\frac{a}{4\eta}+\frac{a^2}{2(b+2\theta)}>0$$

零售渠道的消费者忠诚度 δ 越大，零售价格 p_r 越高，设定的直销价格 p_d 越低，整个供应链的利润 π_c 就越高。因此，制造商经常设定一个低的销

售价格来吸引零售渠道的消费者。此外，由于$\frac{1}{\eta}$与 s 等价，而

$$p_r^{c*}=\frac{a}{4b}+\frac{c}{2}-\frac{M}{4}+\frac{3}{4\eta}$$

$$\pi_c^{c*}=\frac{bc^2-ac}{2}+\frac{\delta a-bc}{4\eta}+\frac{b+\theta}{16\eta^2}+\frac{a^2}{8b}+\frac{b+2\theta}{8}M^2$$

很明显，可以发现 p_r 和 π_c 都随着 s 的增加而增加。这是因为 s 的增加意味着服务成本的增加，而零售价格随着服务成本的增加而增加是很容易理解的。假设集中式供应链中的最优利润用 π_c^{c*} 表示。在分散式供应链中，零售商、制造商和整个供应链的最优利润分别用 π_r^{d*}、π_m^{d*} 和 π_d^{d*} 表示，可以得到下面的推论。

推论 3.1 考虑由一个制造商和一个零售商组成的双渠道供应链，零售商提供增值服务的情况下，有 $\pi_c^{c*}>\pi_d^{d*}$。

因为 $\pi_c^{c*}-\pi_d^{d*}>0$，显然，一个批发价格合同不能协调成员都追求自身利润最大化的供应链。

3.3.3 零售商增值服务的价值

在零售商不为产品提供增值服务的情况下，零售渠道和直销渠道的需求分别为

$$D_r=\delta a-bp_r+\theta(p_d-p_r)$$

$$D_d=(1-\delta)a-bp_d+\theta(p_r-p_d)$$

不考虑公平关切行为的情况下，当供应链成员作决策时，他们在分散式供应链中的目标是最大化各自的收益，其中制造商是主导者。博弈的顺序为：制造商首先选择批发价格 w，直销渠道价格 p_d 使其收益 π_m 最大；根据制造商制定的 w 和 p_d，零售商选择零售渠道价格 p_r 和附加价值 s，使其收益 π_r 最大。

这里采用逆推归纳法进行求解。首先，零售商决策零售价格 p_r 来最大化自己的利润：

$$\max_{p_r}\pi_r=D_r(p_r-w)$$

给定直销价格 p_d 和批发价格 w，零售商的最优反应函数为

$$p_r^{nd*}=\operatorname{argmax}\pi_r=\frac{\delta a+\theta p_d}{2(b+\theta)}+\frac{w}{2}$$

然后，制造商决策 p_d 和 w 来最大化自己的利润，其决策问题可描述为

$$\max_{p_d,w} \pi_m = (w-c)D_r + (p_d-c)D_d$$

$$\text{s.t. } w \leqslant p_d$$

可以看出制造商利润函数 π_m 是直销价格 p_d 以及批发价格 w 的联合凹函数。制造商利润函数的二阶导数分别为

$$\frac{\partial^2 \pi_m^{nd*}}{\partial w^2} = -b-\theta < 0$$

$$\frac{\partial^2 \pi_m^{nd*}}{\partial w \partial p_d} = \theta > 0$$

$$\frac{\partial^2 \pi_m^{nd*}}{\partial p_d^2} = -\frac{1}{(b+\theta)}[2(b+\theta)^2-\theta^2] < 0$$

因此，可以验证其海塞矩阵为负定（有极大值点，有最大的利润）。由此可见，制造商决策问题存在唯一的解。

通过求解可以得出，当制造商的市场占有率不大于阈值，也就是不大于 $\frac{1}{2}$ 时，制造商的最优的直销价格以及最优的批发价格分别为

$$p_d^{nd*} = \frac{a}{4b} + \frac{c}{2} + \frac{(1-\delta)a-\delta a}{4(b+2\theta)}$$

$$w^{nd*} = \frac{c}{2} + \frac{a}{4b} - \frac{[(1-\delta)a-\delta a]}{4(b+2\theta)}$$

零售商的最优零售价格和最优利润分别为

$$p_r^{nd*} = \frac{\delta a + c\theta}{4(b+\theta)} - \frac{[(1-\delta)a-\delta a]}{4(b+2\theta)} + \frac{c}{4} + \frac{a}{4b}$$

$$\pi_r^{nd*} = \frac{(bc-\delta a)^2}{16(b+\theta)}$$

制造商的最优利润是

$$\pi_m^{nd*} = \frac{c(3bc-4a+2a\delta+c\theta)}{8} - \frac{(\delta a+c\theta)^2}{8(b+\theta)} + \frac{a^2}{8b} + \frac{a^2(2\delta-1)^2}{8(b+2\theta)}$$

上述结果表明，决策变量的最优值依赖于问题参数的取值。下面通过分析来验证参数的变化对成员最优决策产生的影响。明显地，如果 $\theta=0$，则两个渠道都是独立做出决策，相互不影响。

对制造商和零售商来说，s 的价值是由下面利润表达式的差值来体现的。对于制造商来说，s 的价值为

$$V_m = \pi_m^{d*} - \pi_m^{nd*} = \frac{(\delta a - bc)s}{8} + \frac{(b+\theta)s^2}{32}$$

对于零售商来说，s 的价值为

$$V_r = \pi_r^{d*} - \pi_r^{nd*} = \frac{(b+\theta)s^2}{64} + \frac{(\delta a - bc)s}{16}$$

在分散式供应链中，如果零售商的附加价值 s 满足 $s > \frac{4(bc-\delta a)}{b+\theta}$，则提供服务对于零售商、制造商和整个供应链都是有益的。如果零售商的附加价值 $s < \frac{4(bc-\delta a)}{b+\theta}$，则提供服务所带来的利润增值将小于不提供服务时制造商降低批发价格所带来的利润增值，因此，提供服务对于零售商来说是无益的。相反，此时制造商不会为服务付出任何成本，却可以因为服务获得更多的利润。但整个供应链的利润是减少的，因为制造商利润的增加不能弥补零售商增加服务所负担的利润损失。

3.3.4 开设直销渠道的影响分析

这里考虑制造商开设的直销渠道会对最优决策造成什么影响。具体来说，为了简化计算和进行结果比较，这里假设不论是否有直销渠道，参数都是相同的。直销渠道对于原始的需求不产生影响，也就是说，不论是否有直销渠道，市场的基本需求 a 都是一样的。

当不考虑公平关切行为时，在分散式供应链情况下零售商决策零售价格 p_r 和附加价值 s 来最大化自己的利润，用公式表示为

$$\max_{p_r, s} \pi_r = D_r[p_r - c_r(s) - w]$$

$$\text{s.t. } D_r = a - bp_r + bs$$

给定批发价格 w，则零售商的最优反应函数为

$$p_r^{d*} = \frac{a}{2b} + \frac{3}{4\eta} + \frac{w}{2}, \qquad s^{d*} = \frac{1}{\eta}$$

而制造商决策批发价格 w 来最大化自己的利润，其决策问题可描述为 $\max_{w} \pi_m = (w-c)D_r$。不难求解出零售商和制造商的最优利润分别为

$$\pi_r^{md*} = -\frac{ac}{4} + \frac{(a+bc)^2}{16b} + \frac{b}{64\eta^2} + \frac{a-bc}{16\eta}$$

$$\pi_m^{md*}=\frac{(a-bc)^2}{8b}+\frac{a-bc}{8\eta}+\frac{b}{32\eta^2}$$

$$\pi_d^{md*}=-\frac{ac}{4}+\frac{3(a+bc)^2}{16b}+\frac{3b}{64\eta^2}+\frac{3(a-bc)}{16\eta}$$

由此,这里可以得出下面的命题。

命题 3.2

(1)直销渠道总是对零售商的利润产生负面影响。

(2)直销渠道对制造商的利润产生正面影响,当且仅当

$$c(3bc-4a+2a\delta+c\theta)+\frac{a^2}{b}+\frac{a^2(2\delta-1)^2}{b+2\theta}-\frac{(\delta a+c\theta)^2}{b+\theta}-\frac{(a-bc)^2}{b}>0$$

(3)如果零售商不提供增值服务,直销渠道对整个供应链的利润产生正面影响,当且仅当

$$\frac{(bc-\delta a)^2}{16(b+\theta)}+\frac{c(3bc-4a+2a\delta+c\theta)}{8}-\frac{(\delta a+c\theta)^2}{8(b+\theta)}+\frac{a^2}{8b}+\frac{a^2(2\delta-1)^2}{8(b+2\theta)}>0$$

(4)如果零售商提供增值服务,直销渠道对整个供应链的利润产生正面影响,当且仅当

$$\pi_d^{d*}-\pi_d^{md*}=\frac{3\theta}{64\eta^2}-\frac{(\delta a-bc)^2}{16(b+\theta)}+\frac{3(\delta-1)a}{16\eta}+\frac{5(a-bc)^2}{16b}-\frac{3a^2}{8b}+\frac{[(1-\delta)a-\delta a]^2}{8(b+2\theta)}>0$$

通过比较有直销渠道和没有直销渠道情况下的供应链成员期望利润,容易证明上述命题,命题3.2的证明见本章附录。命题3.2验证了先前的考虑,即直销渠道可能会伤害零售商。理由很明显,渠道冲突给零售商带来了负面的影响。命题3.2也证明了直销渠道对制造商和整个供应链来说是有益的。这表明,在某些条件下直销渠道确实具有优势,比如增加了制造商的边际利润等。显然,基于上述结果,制造商可以决策其开设直销渠道的有利时机。

3.4 考虑零售商公平关切行为的均衡策略

在一个集中式双渠道供应链中,零售商公平关切行为的引入不能改变整个供应链的最大利润。然而,零售商的公平关切行为将影响分散式供应

链决策下两个渠道成员间的关系。接下来，在零售商提供增值服务的条件下，本节将讨论引入零售商公平关切行为到双渠道供应链中的均衡策略。

3.4.1 零售商的定价决策问题

假设零售商关心渠道的公平性，即具有公平关切行为，根据 Cui 等 (2007)[67]的研究成果，零售商的效用函数可以改写为

$$U_r=\pi_r+f_r。\tag{3-8}$$

其中：$\pi_r=D_r[p_r-c_r(s)-w]$表示零售商的利润；f_r 是零售商的公平效用函数；U_r 是零售商感知到的总体效用。

本书的公平定义为使得零售商愿意放弃一些金钱方面的收益来朝着更多的公平结果方面移动。

这里公平效用函数的具体表示为

$$f_r=-\alpha\max\{\gamma(w-c)D_r-\pi_r,0\}-\beta\max\{\pi_r-\gamma(w-c)D_r,0\}\tag{3-9}$$

其中 f_r 表示关心公平性的零售商不愿意得到比预期更多或者更少的利润。

这里，采用三参数(α,β,γ)来刻画公平关切行为。如果零售商的收益低于制造商在传统零售渠道获得的批发收入的 γ 倍，即 $\pi_r-\gamma(w-c)D_r\leqslant 0$，则发生不利的不公平现象。对零售商来说，其感知的公平效用是 α 倍的 π_r 与 $\gamma(w-c)D_r$之差，即$-\alpha[\gamma(w-c)D_r-\pi_r]$。如果零售商的利润大于公平情况下的收益，即 $\pi_r-\gamma(w-c)D_r\geqslant 0$，零售商会感知到有利的不公平，这时零售商的公平效用是 β 倍的 $\gamma(w-c)D_r$ 与 π_r 之差，即$-\beta[\pi_r-\gamma(w-c)D_r]$，这里 $\beta<\alpha$，$0<\beta<1$。参数 γ 被称作公平关切的衡量因子，也是传统零售渠道上利润的分配比例，反映了零售商在零售渠道的重要性。该参数越大，则零售商贡献越多，地位越高，能力越强。如果零售商认为自身起到了重要作用，则 γ 越大；否则 γ 越小。注意：$\gamma>0$。本章假设供应链成员双方的信息是对称的，这意味着制造商知道反映零售商的公平关切程度的三参数集合(α,β,γ)。

本章仍然采用 Stackelberg 博弈模型建模分析。作为主导者的制造商设定批发价格和直销价格，则零售商设定最优的零售价格和服务水平来最大化其自身利润。零售商在制造商的决策方面拥有完全信息，零售商也清楚制造商在传统零售渠道的利润，这部分利润是制造商总利润的一部分。与制造商在直销渠道获得的利润相比，零售商更加关注制造商

通过批发价从零售渠道获得的利润，这是因为零售商可以和制造商在批发价格方面进行讨价还价。所以，这里假设对于零售商来说公平的收益是制造商从零售渠道获得的利润的 γ 倍，则 γ 也是零售商在零售渠道的公平关切程度。

根据式(3-9)，零售商可能面临有利的不公平，也可能面临不利的不公平，零售商将选择一种方式来最大化自身效用。接下来，将分别讨论不公平的两种情况。

当零售商面临的不公平是不利的不公平时，通过化简式子 $D_r[p_r-c_r(s)-w]-\gamma(w-c)D_r\leqslant 0$，得到 $p_r\leqslant\frac{\eta s^2}{2}+w+\gamma(w-c)$。此时，零售商的决策问题是

$$\begin{aligned}&\max_{p_r,s} D_r[p_r-c_r(s)-w]-\alpha\{\gamma(w-c)-[p_r-c_r(s)-w]\}D_r\\&\text{s.t. } p_r\leqslant\frac{\eta s^2}{2}+w+\gamma(w-c)\end{aligned}\tag{3-10}$$

零售商的定价策略是

$$p_r^f=\begin{cases}\dfrac{Y}{b+\theta}+\dfrac{3}{4\eta}+\dfrac{w}{2}+\dfrac{\alpha T}{1+\alpha}, & w>J_1+K_1p_d\\[2ex]\dfrac{1}{2\eta}+w+2T, & w\leqslant J_1+K_1p_d\end{cases}\tag{3-11}$$

$$s^f=\frac{1}{\eta}\tag{3-12}$$

其中：$J_1=\dfrac{2(1+\alpha)}{1+\alpha+2\gamma+\alpha\gamma}\left(\dfrac{1}{4\eta}+\gamma c-\dfrac{\alpha\gamma c}{2(1+\alpha)}+\dfrac{\delta a}{2(b+\theta)}\right)$

$Y=\dfrac{\delta a+\theta p_d}{2}$，$T=\dfrac{\gamma(w-c)}{2}$

$K_1=\dfrac{\theta(1+\alpha)}{(b+\theta)(1+\alpha+2\gamma+\alpha\gamma)}$

定义

$$\overline{U}_{r1}=\frac{1+\alpha}{b+\theta}\left(\frac{Y}{b+\theta}+\frac{1}{4\eta}-\frac{w}{2}-\frac{\alpha}{1+\alpha}T\right)^2\tag{3-13}$$

则零售商的最优效用为

$$U_{r1}=\begin{cases}\overline{U}_{r1}, & w>J_1+K_1p_d\\[1ex]2T\left[2Y-(b+\theta)\left(-\dfrac{1}{2\eta}+w+2T\right)\right], & w\leqslant J_1+K_1p_d\end{cases}\tag{3-14}$$

类似地，当零售商面临有利的不公平时，下面的条件满足，即

$$D_r(p_r-c_r(s)-w)-\gamma(w-c)D_r\geqslant 0$$

可以得到

$$p_r\geqslant\frac{\eta s^2}{2}+w+\gamma(w-c)$$

与此同时，决策问题可表示为

$$\max_{p_r,s}D_r(p_r-c_r(s)-w)-\beta[(p_r-c_r(s)-w)-\gamma(w-c)]D_r$$
$$\text{s.t.}\ \ p_r\geqslant\frac{\eta s^2}{2}+w+\gamma(w-c) \tag{3-15}$$

定义

$$\overline{U}_{r2}=(1-\beta)\left(\frac{Y}{b+\theta}+\frac{1}{4\eta}-\frac{w}{2}+\frac{\beta}{1-\beta}T\right)^2$$

零售商的定价策略和效用分别为

$$p_r^f=\begin{cases}\dfrac{Y}{b+\theta}-\dfrac{\beta}{1-\beta}T+\dfrac{w}{2}+\dfrac{3}{4\eta}, & w>J_2+K_2p_d\\[2ex] \dfrac{1}{2\eta}+w+\gamma(w-c), & w\geqslant J_2+K_2p_d\end{cases} \tag{3-16}$$

其中：

$$J_2=\frac{2(1-\beta)}{1-\beta+2\gamma-\gamma\beta}\left[\frac{\delta a}{2(b+\theta)}+\frac{c}{2(1-\beta)}+\frac{1}{4\eta}+\gamma c\right]$$

$$K_2=\frac{(1-\beta)\theta}{(1-\beta+2\gamma-\gamma\beta)(b+\theta)}$$

则

$$U_{r2}=\begin{cases}\overline{U}_{r2}, & w<J_2+K_2p_d\\[1ex] 2T\left(2Y-(b+\theta)\left[-\dfrac{1}{2\eta}+w+2T\right)\right], & w\geqslant J_2+K_2p_d\end{cases} \tag{3-17}$$

因为零售商有不利的不公平或者有利的不公平偏好，零售商会选择最大化自身效用的最优决策，依赖于 U_{r1} 是否大于 U_{r2}。很明显，有 $J_1>J_2$，则得到

$$\begin{cases}U_{r1}>U_{r2}, & w>J_1+K_1p_d\\ U_{r1}=U_{r2}, & J_2+K_2p_d<w\leqslant J_1+K_1p_d\\ U_{r1}\leqslant U_{r2}, & w\leqslant J_2+K_2p_d\end{cases} \tag{3-18}$$

其中 J_1、K_1、J_2 和 K_2 的定义同上。

因此，制造商的决策问题可能根据式(3-18)划分为如下的三个有效区域：

区域 $R_1=\{(p_d,w)\mid w\geqslant J_1+K_1p_d, w+c_r(s)\leqslant p_d\leqslant p_{d\max}\}$；

区域 $R_2=\{(p_d,w)\mid J_2+K_2p_d<w<J_1+K_1p_d, w+c_r(s)\leqslant p_d\leqslant p_{d\max}\}$；

区域 $R_3=\{(p_d,w)\mid c\leqslant w\leqslant J_2+K_2p_d, w+c_r(s)\leqslant p_d\leqslant p_{d\max}\}$。

这里假设 p_{di}^f、p_{ri}^f、w_i^f 分别表示区域 $R_i(i=1,2,3)$ 内最优的直销价格、最优的零售价格和最优的批发价格。

下面将继续讨论在这三个可行域内制造商的决策问题，见图3-2。

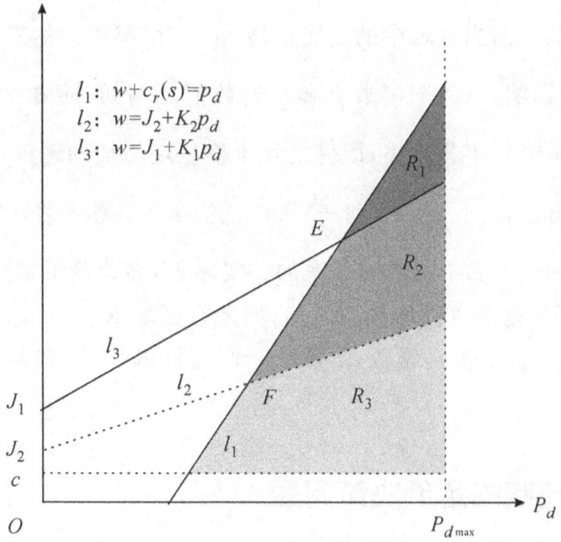

图3-2 双渠道供应链中的可行域

基于由 w 和 p_d 决定的三个可行域，可求解零售商的最优决策如下。

命题3.3 当零售商具有公平关切行为时，给定直销价格 p_d 和批发价格 w，零售商的最优服务水平总是 $s^f=\dfrac{1}{\eta}$，零售价格的最优反应函数为

$$p_r^f=\begin{cases}\dfrac{Y}{b+\theta}+\dfrac{3}{4\eta}+\dfrac{w}{2}+\dfrac{\alpha T}{1+\alpha}, & (p_d,w)\in R_1\\ \dfrac{1}{2\eta}+w+\gamma(w-c), & (p_d,w)\in R_2\\ \dfrac{Y}{b+\theta}+\dfrac{3}{4\eta}+\dfrac{w}{2}-\dfrac{\beta T}{1-\beta}, & (p_d,w)\in R_3\end{cases} \tag{3-19}$$

可以验证在区域 R_1，有 $U_{r1}>U_{r2}$ 成立；在区域 R_2，有 $U_{r1}=U_{r2}$ 成立；在区域 R_3，有 $U_{r1}\leqslant U_{r2}$ 成立。

在区域 R_1 和 R_2 中，$\frac{\partial p_r^f}{\partial w}>0$，意味着当批发价格高时，零售商将设定一个高的零售价格来惩罚制造商。与此同时，当零售商的公平关切因子 γ 增加时，零售商将会加强惩罚的力度。但在区域 R_2 范围内，零售商的定价策略则不受直销价格的影响。而在区域 R_3，如果 $\beta<\frac{1}{1+\gamma}$，则 $\frac{\partial p_r^f}{\partial w}>0$；反之，如果 $\beta\geqslant\frac{1}{1+\gamma}$，则 $\frac{\partial p_r^f}{\partial w}\leqslant 0$。这意味着零售价格 p_r 可能随着批发价格的增加而增加，也可能降低。即当区域中的批发价格 w 低时，零售商的零售价格受到公平关切程度的影响，依赖于参数 β 和 γ 的数值。例如，随着 γ 和 $\beta\geqslant\frac{1}{1+\gamma}$ 的增加，零售商将降低零售价格，即使批发价格呈现增加的趋势。

进一步，可以得到 $\frac{\partial p_r^f}{\partial \delta}\geqslant 0$ 和 $\frac{\partial p_r^f}{\partial s}\geqslant 0$。这两个不等式表明零售商的最优反应价格 p_r^f 随着 s 和 δ 的增加而增加。实际上，零售商的最优反应价格 p_r^f 在区域 R_1 和 R_3 随着 δ 的增加而增加，但是在区域 R_2，p_r^f 与 δ 无关。然而，零售商的最优增值服务是常数，不依赖于制造商的决策，只与零售商自身的成本结构有关。

3.4.2 制造商的定价决策问题

为了求解制造商的定价策略，分别考虑上述三个可行域中传统零售商的最优反应，以此来确定制造商的最优批发价 w^f 和最优直销价格 p_d^f，从而最大化制造商的利润函数。下面针对三个可行域，分别讨论制造商的决策问题。

(1)在区域 R_1，用 (p_{d1}^f, w_1^f) 表示制造商的均衡价格组合解，π_{m1}^f 代表制造商相应的最优利润。在区域 R_1，制造商最优的定价决策问题为

$$\max_{p_d, w} \pi_{m1} = (w-c)D_r + (p_d-c)D_d$$

$$\text{s.t.}\begin{cases} p_r = \dfrac{Y}{b+\theta} + \dfrac{3}{4\eta} + \dfrac{w}{2} + \dfrac{\alpha T}{1+\alpha}, & s = \dfrac{1}{\eta} \\ w \geqslant J_1 + K_1 p_d, w + c_r(s) \leqslant p_d, & p_d \leqslant p_{d\max} \end{cases} \tag{3-20}$$

(2)在区域 R_2，用(p_{d2}^f, w_2^f)表示制造商的均衡价格组合解，π_{m2}^f代表制造商相应的最优利润。在区域 R_2，制造商最优的定价决策问题为

$$\max_{p_d, w} \pi_{m2} = (w-c)D_r + (p_d - c)D_d$$

$$\text{s.t.}\begin{cases} p_r = \dfrac{\eta s^2}{2} + w + 2T, \quad s = \dfrac{1}{\eta} \\ w \leqslant J_1 + K_1 p_d, w \geqslant J_2 + K_2 p_d, \quad w + c_r(s) \leqslant p_d, \quad p_d \leqslant p_{d\max} \end{cases} \tag{3-21}$$

(3)在区域 R_3，用(p_{d3}^f, w_3^f)表示制造商的均衡价格组合解，π_{m3}^f代表制造商相应的最优利润。在区域 R_3，制造商最优的定价决策问题为

$$\max_{p_d, w} \pi_{m3} = (w-c)D_r + (p_d - c)D_d$$

$$\text{s.t.}\begin{cases} p_r = \dfrac{Y}{b+\theta} + \dfrac{3}{4\eta} + \dfrac{w}{2} - \dfrac{\beta}{1-\beta}T, \quad s = \dfrac{1}{\eta} \\ w \leqslant J_2 + K_2 p_d, \quad w + c_r(s) \leqslant p_d, \quad p_d \leqslant p_{d\max}, w \geqslant c \end{cases} \tag{3-22}$$

综上所述，制造商的最优利润应该是 $\pi_m^{f*} = \max\{\pi_{m1}^f, \pi_{m2}^f, \pi_{m3}^f\}$。相应地，全局最优均衡策略为$(p_d^{f*}, w^{f*})$。将均衡解的组合$(p_d^{f*}, w^{f*})$代入公式(3-20)，得到具有公平关切行为的零售商最优策略(p_r^{f*}, s^{f*})以及零售商的最优利润。

首先，讨论区域 R_1 中的最优定价策略。

引理 3.1 在区域 R_1 中，最优解可以在点 E 处取到(见图 3-2)，最优的直销价格和批发价格分别为

$$p_{d1}^f = \frac{1+2\eta J_1}{2\eta(1-K_1)} \tag{3-23}$$

$$w_1^f = \frac{K_1 + 2\eta J_1}{2\eta(1-K_1)} \tag{3-24}$$

引理 3.1 的证明见本章附录。

类似地，可以得到在区域 R_3 中的结果，见下面的引理。

引理 3.2 在区域 R_3，最优解可以在点 F 取到(见图 3-2)，最优的直销价格和批发价格分别为

$$p_{d3}^f = \frac{1+2\eta J_2}{2\eta(1-K_2)} \tag{3-25}$$

$$w_3^f = \frac{K_2 + 2\eta J_2}{2\eta(1-K_2)} \tag{3-26}$$

从图 3-2 中可以看到，点 E 不仅位于区域 R_1 中，也在区域 R_2 中。同

理，点 F 位于区域 R_2 和 R_3 的公共的边界上。很明显，上述结果意味着，可以把最优解从可行域 R_1 和 R_3 中排除，因为这两个区域的最优解（点 E 和点 F）同时属于区域 R_2。

实际上，点 E 和点 F 并不是区域 R_2 的最优解，原因在于，如果制造商从点 E 到点 F 进行定价，随着 p_d 和 w 的增加，就是沿着图 3-2 中的线段 EF 移动。保持 $p_d=w+\frac{1}{2\eta}$，则边际利润是 $\left.\frac{\partial\pi_m(p_d,w)}{\partial w}\right|_{w=\frac{K_1+2J_1\eta}{2\eta(1-K_1)}}$。根据下面小节的数值分析，知道边际利润的价值从 $\left.\frac{\partial\pi_m(p_d,w)}{\partial w}\right|_{w=\frac{K_1+2J_1\eta}{2\eta(1-K_1)}}>0$ 变化到 $\left.\frac{\partial\pi_m(p_d,w)}{\partial w}\right|_{w=\frac{K_2+2\eta J_2}{2\eta(1-K_2)}}<0$。因此，点 E 和点 F 不是区域 R_2 的最优解。本章结果与文献[4]、[10]以及[34]中的结果是一致的。

在区域 R_2，可以求出制造商定价问题的最优解，见下面的命题。

命题 3.4 当零售商具有公平关切行为时，存在 Stackelberg 博弈模型的均衡解。

（1）存在 δ_2、$\delta_3\in[0,1]$，当 $\delta\in[\delta_2,\delta_3]$ 时，最优的直销价格和批发价格分别为

$$\begin{cases} p_d^{f*}=\dfrac{1}{b(2+\gamma)}\left(\dfrac{\gamma\theta-b}{4\eta}+\dfrac{a}{2}-bc\right)+c+\dfrac{1}{2\eta} \\ w^{f*}=\dfrac{1}{b(2+\gamma)}\left(\dfrac{\gamma\theta-b}{4\eta}+\dfrac{a}{2}-bc\right)+c \end{cases} \tag{3-27}$$

零售商的最优零售价格和服务水平分别为

$$\begin{cases} p_r^{f*}=\dfrac{1}{2\eta}+\dfrac{1+\gamma}{b(2+\gamma)}\left(\dfrac{\gamma\theta-b}{4\eta}+\dfrac{a}{2}-bc\right)+c \\ s^{f*}=\dfrac{1}{\eta} \end{cases} \tag{3-28}$$

（2）存在 δ_4、δ_5、δ_6、$\delta_7\in[0,1]$，当 $\delta\in[\delta_5,\min\{\delta_4,\delta_6,\delta_7\}]$ 时，制造商的均衡价格为

$$\begin{cases} p_d^{f*}=\dfrac{2(1+\gamma)[(1-\delta)ab+a\theta]+c(2G-\gamma^2\theta^2)-\gamma\theta(\delta a-bc)}{4G-\gamma^2\theta^2}- \\ \qquad\dfrac{\gamma\theta(b+\theta)}{2\eta(4G-\gamma^2\theta^2)} \\ w^{f*}=\dfrac{2(\delta ab+a\theta)+c(2G-\gamma^2\theta^2)+\gamma\theta[(1-\delta)a-bc]}{4G-\gamma^2\theta^2}+ \\ \qquad\dfrac{2b(b+2\theta)(1+2\eta c\gamma)-\gamma\theta^2}{2\eta(4G-\gamma^2\theta^2)} \end{cases} \tag{3-29}$$

零售商的最优零售价格和服务水平分别为

$$\begin{cases} p_r^{f*} = \dfrac{1}{2\eta} + w^{f*} + \gamma(w^{f*} - c) \\ s^{f*} = \dfrac{1}{\eta} \end{cases} \tag{3-30}$$

其中 $G = b(b+2\theta)(1+\gamma)$。

命题 3.4 的证明见本章附录。

注意到，如果 $\delta_5 < \delta_3$，则制造商的最优结果是通过比较上述两种情况下的利润得到的。因为目标函数和最优解包括许多参数，最优解的表达式非常复杂，所以关于命题 3.4 的具体分析通过数值试验来进行。

3.5 数值分析

本节通过数值实例对本章定理进行进一步的解释和分析，从而得到相应的管理策略的启示。具体分析内容是：首先，分析消费者忠诚度对于制造商和零售商的最优定价策略以及收益带来的影响；其次，分析零售商的公平关切程度对定价策略以及不同情况下制造商和零售商的利润或效用的影响。特别地，关注参数 γ，即反映零售商在传统零售渠道中重要程度的因子所带来的影响。

基于 Sarkar 等(2013)[155] 的思想，本章参考已有文献来设定各个参数的基本数值。例如，Fehr 等(1999)[61] 设定 $\alpha=1$ 或 $\alpha=4$ 以及 $\beta=0.5$ 来实现数值分析；邢伟等(2011)[83] 设定反映公平偏好的参数值 $\alpha=1$ 和 $\beta=0.4$ 来展开研究。根据上述文献，本章设定的参数取值为：$\alpha=1$，$\beta=0.4$ 和 $\gamma=0.7$，以反映零售商的公平关切程度。类似地，其他的基本参数设定为：$a=1$，$\eta=10$，$b=0.4$，$\theta=0.3$，$c=0.3$，$\delta=0.6$；同时，博弈模型中的约束条件也需要满足，即选择的参数必须满足上述各节中的约束条件，这是为了使得模型可行和有意义。在接下来的内容中，为了实现灵敏度分析，一些参数的取值是从基本值开始变化的。

本章试验结果见图 3-3 到图 3-7。研究发现，零售渠道的消费者忠诚度和零售商的公平关切程度都在很大程度上影响供应链成员的定价和利润。

3.5.1 消费者忠诚度的影响分析

首先，研究零售渠道消费者忠诚度 δ 对决策的制定和成员利润或效用的影响。这里 δ 的取值范围为[0,1]，其他参数取值均为上述提到的基本值。δ 必须满足需求大于零的条件，即 $D_r>0$，$D_d>0$，δ 的具体取值范围是[0.35，0.65]。根据命题 3.4，则当 $\delta\leqslant0.59$ 时，均衡解是式(3-27)和式(3-28)；否则，均衡解是式(3-29)和式(3-30)。

为了展示供应链中的两种情形，其中零售商提供增值服务的情况记为情形 1，零售商不只有公平关切行为也提供增值服务的情况记为情形 2。零售渠道的消费者忠诚度 δ 对定价策略和双方成员的利润/效用的影响见图 3-3 和图 3-4。

从图 3-3 中发现，随着 δ 的增加，相对于情形 1，制造商在情形 2 中将设定低的批发价，当 δ 接近于 0.65 的时候，情形 2 中的批发价格缓慢增加，两种情形之间的差距变小。类似地，随着 δ 的增加，情形 2 中的零售价格和直销价格都低于情形 1 中的价格。然而，两种情况有不同的趋势。由图 3-3(a)发现，在情形 2，当批发价格 w^{f*} 随着 δ 的增加而增加的时候，零售价格 p_r^{f*} 也随着 δ 的增加而增加，这与命题 3.3 中的结论一致。但是，直销价格 p_d^{f*} 的趋势是相反的。原因可能是，制造商必须降低直销渠道的价格来吸引更多的消费者，因为零售渠道的消费者忠诚度 δ 远远高于直销渠道的消费者忠诚度。另外，当 δ 小的时候，制造商将设定一个低批发价来维持传统渠道的运作。与不关心公平的情况相比，关注公平的零售商将设定一个较低的零售价格，作为对制造商设定低批发价的回报。这个观察结果与命题 3.3 得出的结论也是一致的。

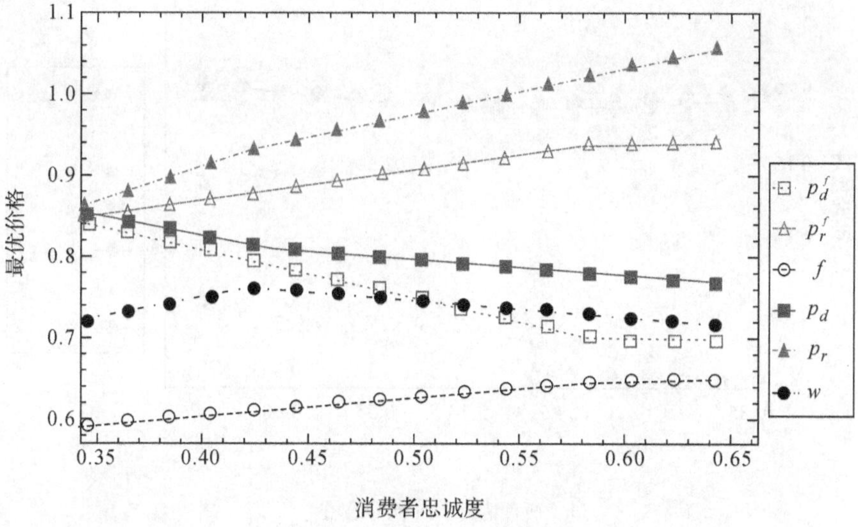

（a）两种情况下的最优价格

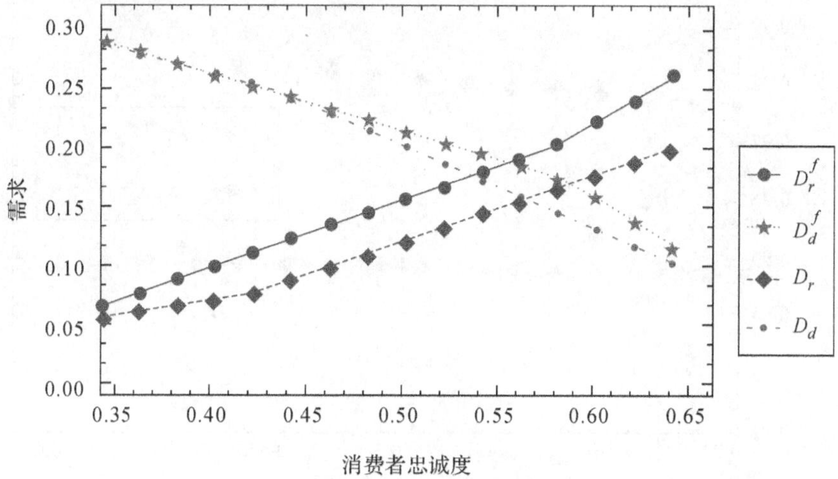

（b）两种情况下的需求

图 3-3　δ对最优价格和需求的影响

图 3-3(b)给出了两种情况下双方成员的需求。需求表现出与图 3-3(a)中的销售价格相同的趋势，也就是说，需求函数以及两个渠道的价格之间都存在类似的线性关系，这说明了本章假设的需求函数的合理性。

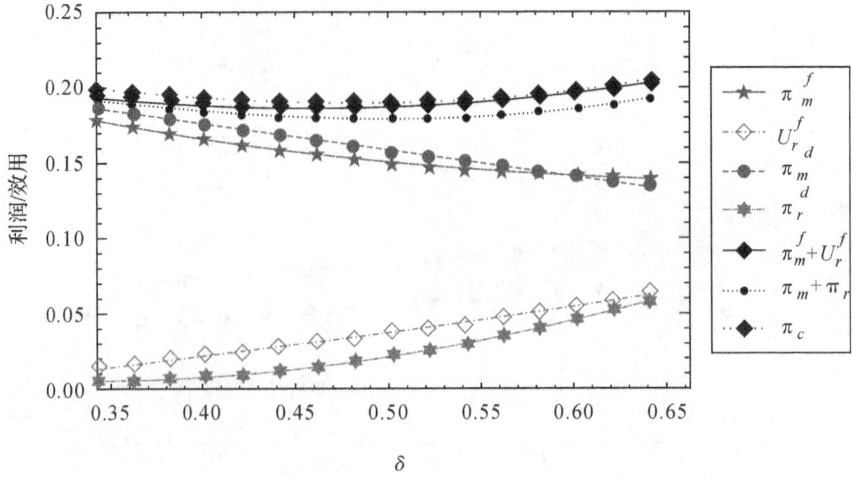

（a）两种情况下的利润/效用

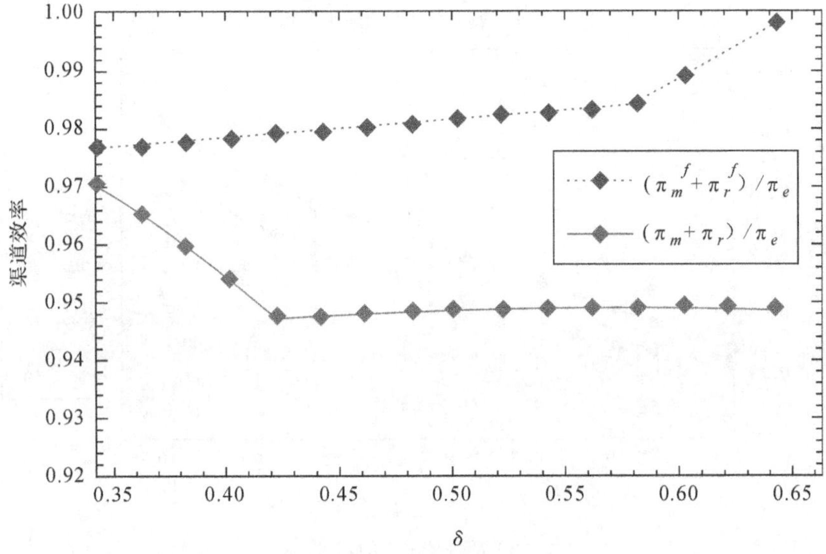

（b）两种情况下的渠道效率

图 3-4　δ 对利润/效用以及渠道效率的影响

从图 3-4(a)中看出，当 $\delta\in[0.35,0.65]$时，很容易验证情形 2 中的零售商效用高于情形 1 中的效用，即 $U_r^{f*}>\pi_r^{d*}$。但是，当 $\delta>0.59$ 时，制造商利润的趋势大部分是相反的，情形 2 中制造商的利润稍微高于情形 1 中的利润，与此同时，零售商在两种情况下的效用的差距达到最小。容易发现，零售商效用的提升程度高于制造商利润的降低程度。实际上，随着 δ 的增加，零售商将提高零售渠道的销售价格，然而，制造商将降低批发价来实现在传统零售渠道上的公平性。这就使得零售商的利润得到显著提高。与此同时，对制造商来说，会造成一些损失，使得零售商增加的利润远大于制造商降低的利润。总体来说，供应链的绩效得到了显著提高。因此，从图 3-4(a)观察到情形 2 中整个供应链的效用($U_r^{f*}+\pi_m^{d*}$)是高于情形 1 中整个供应链效用($\pi_r^{d*}+\pi_m^{d*}$)的，这意味着当考虑零售商的公平关切行为的时候，渠道效率得到提升。

进一步，图 3-4(b)展示了两种情形下的渠道效率随着 δ 的增加是如何变化的。在情形 2，随着 δ 的增加，尽管制造商的利润降低了，但渠道效率却提升了，注意到当 $\delta>0.59$ 时，渠道效率快速升高。

从图 3-4(a)中可知道，$\pi_c^{c*}>\pi_m^{d*}+\pi_r^{d*}$，即情形 1 的供应链不能通过常数批发价格来进行协调。这个观察结果与命题 3.4 的结果相一致。有趣的是，研究发现 $\pi_c^{c*}>\pi_m^{f*}+\pi_r^{f*}$，即情形 2 中供应链也不能通过一个常数批发价格来协调。换句话说，当零售商具有公平关切行为的时候，一个常数批发价格合同不能培养公平的渠道关系。直观的原因如下：零售商的公平的收益是制造商在零售渠道获得的利润的 γ 倍，即 $\pi_r=\gamma(w-c)D_r$，这只是制造商所获得的总利润的一部分。当零售商拥有强烈的公平关切程度时，制造商没有其他选择，必须设定基于零售商认为公平的收益情况相对应的批发价格。然而，总的渠道利润是由制造商和零售商在传统零售渠道所获的利润以及制造商开设直销渠道获得的利润组成的。在零售渠道，制造商通过设定批发价格培养了一个公平的结果，因此批发价就不能引导零售商去设定使得渠道达到协调情况下的零售价格和服务水平。

3.5.2 零售商的公平关切程度对成员策略的影响

零售商的公平关切的重要程度 γ 对于定价策略还有双方成员利润或效用的影响可以从图 3-5 和图 3-6 看出。相关的数值设定参照数值分析部分一开始部分的介绍。考虑了需要满足的约束条件之后，取 $\gamma\in[0.5,1.5]$。

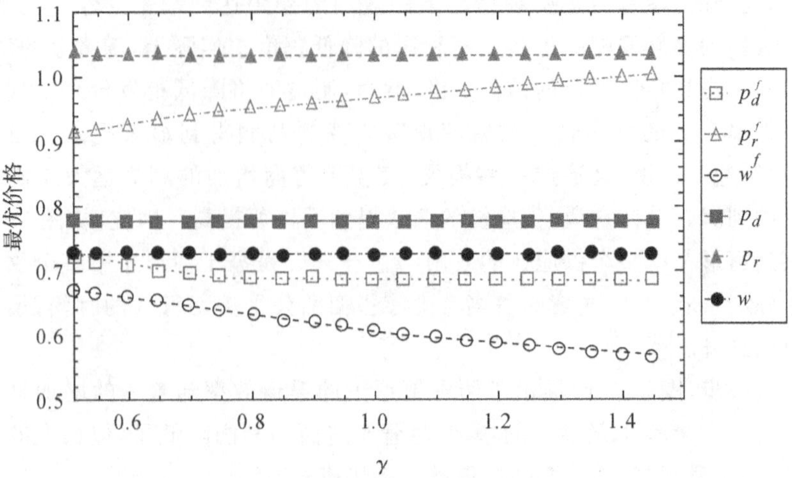

图 3-5 γ 对最优价格的影响

图 3-5 展示了零售商的公平关切程度 γ 给最优价格带来的影响。很明显，情形 1 的价格与 γ 无关，但是作为一个基准情况，情形 2 中的所有价格都低于情形 1。从图中发现，γ 小的时候，制造商将设定一个高的直销价格和批发价格来削减强势零售商在传统零售市场的力量。然而，随着 γ 的增加，零售商将设定一个高的零售价格，而制造商将设定一个低的批发价格来实现渠道公平性。也就是说，当零售商具有强烈的公平关切意识时，制造商将降低批发价来奖励零售商，这是为了维持零售渠道的公平性。

图 3-6(a)表明，情形 2 中零售商的效用高于情形 1 中零售商的利润。特别地，在情形 2，由于零售价格的过度增加，传统渠道的需求将降低。当零售商表现出强烈的公平关切行为时，制造商将降低批发价，所有这一切将导致制造商利润的降低($\pi_m^{f*}<\pi_m^{d*}$)，尽管整个供应链的总利润接近于情形 1 中的利润。

基于图 3-6(a)可知，$\pi_c^{c*}>\pi_m^{d*}+\pi_r^{d*}$，$\pi_c^{c*}>\pi_m^{f*}+\pi_r^{f*}$，当 γ 增加的时候，集中式供应链和分散式供应链的利润之间的差距变大，这意味着当零售商变得越来越关注公平的时候，双重边际化效应加强了。双重边际化是指供应链成员独立选择自身策略来最大化自身利润的事实。

为了进一步研究零售商的公平关切行为对双重边际化效应的影响，图 3-6(b)给出了两种情形下的渠道效率。根据图 3-6(b)，当 γ 低的时候，零售商的公平关切行为对双渠道供应链中双方的利润都有利。然而，随着 γ 的增加，情形 2 的整个供应链的渠道效率快速下降。原因可能是：随着 γ 的增加，零售商快速地增加零售价格，零售商的需求曲线将下降，则双重边际化效应加强了。双重边际化效应将导致整个供应链利润的明显下降。总之，当零售商的公平关切程度中等的时候，渠道是更加有效的。

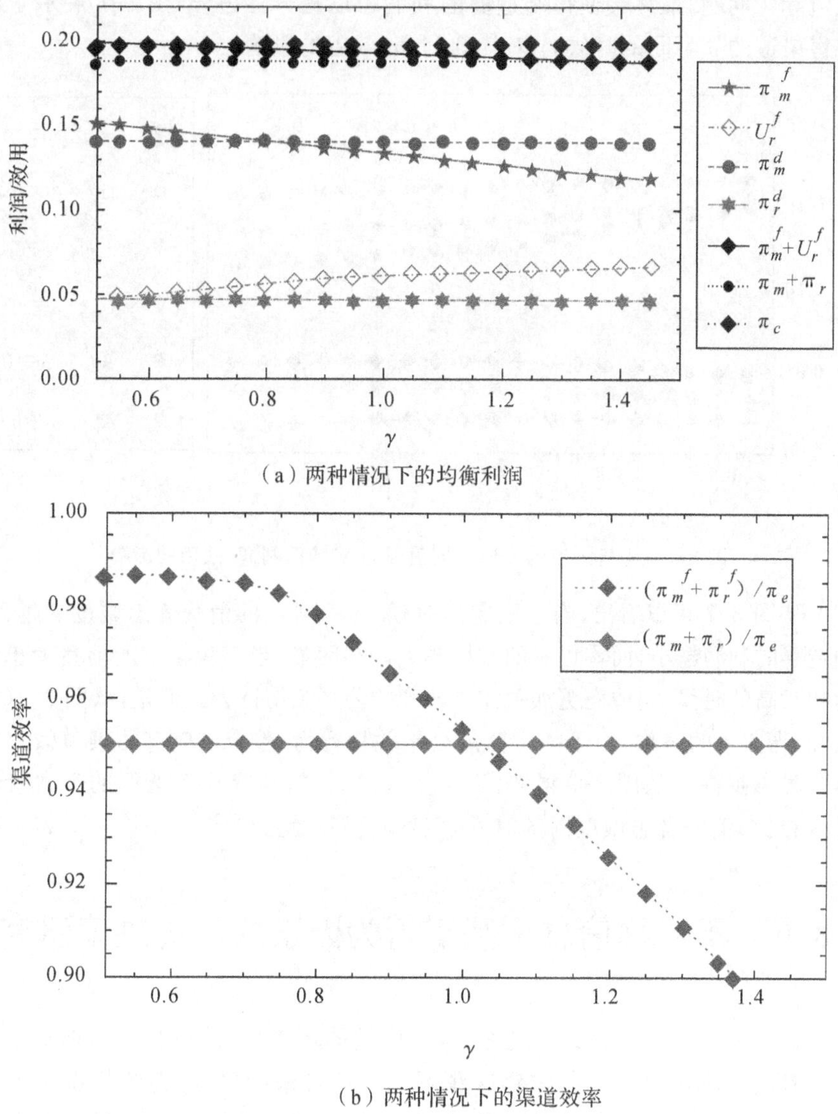

图 3-6 γ 对利润/效用以及渠道效率的影响

图 3-6(b)表明当公平关切的零售商的市场份额变大的时候，渠道更加有效。原因在于，当零售商的市场份额变大的时候，制造商观察到零售商的公平关切行为，为了避免零售商设置过高的零售价格，制造商将降低批发价。这个结果与命题 3.3 的结果相一致。制造商的这种行为部分解决了双重边际化问题，最终会使得制造商的利润得以提升。另外，图 3-7 展示了当零售渠道的 δ 不同的时候，γ 对均衡利润/效用的影响。

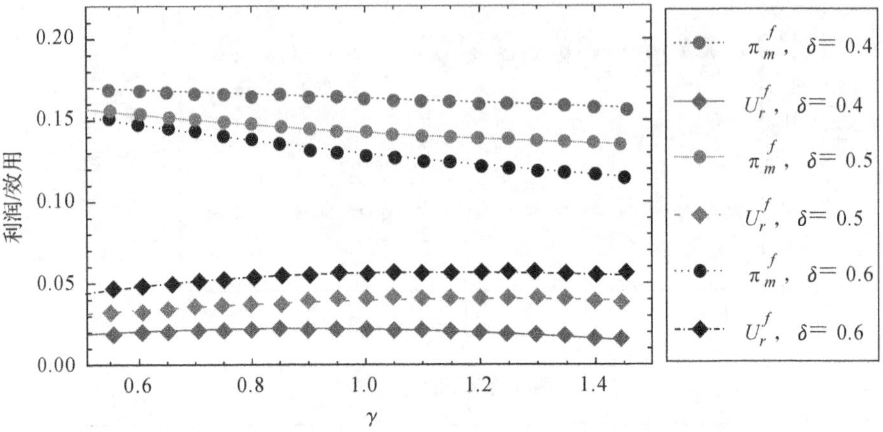

图 3-7 零售渠道的 δ 取不同值时，γ 对均衡利润/效用的影响

从图 3-7 可以看出，当 γ 固定的时候，零售渠道的消费者忠诚度 δ 越大，制造商的利润越小，而零售商的效用越大。很明显，当零售渠道的消费者忠诚度相对高的时候，制造商更加关注零售商的公平关切行为。但是，从图 3-4(b)获知，当 δ 大的时候，由于零售商的公平关切行为，整个供应链的渠道效率将得到显著提高。从图 3-7 得知，当 γ 变大的时候，与零售渠道低的消费者忠诚度相比，消费者忠诚度高的时候，零售商仍然受益更多。

3.6 不对称信息下基于行为因素的最优决策研究

制造商开设网络直销渠道之后，供应链的环境变得更加复杂，增加了供应链环境的不确定性。考虑到这些不确定性带来的风险，传统情况下的供应链决策者为风险中性的假设已经不再成立，我们将在双渠道供应链背景下研究制造商和零售商双方成员都具有风险规避行为的情况，考虑信息不对称对供应链的影响、共享信息给供应链成员的利润和效率带来的影响等，并且将风险规避行为考虑进市场需求信息不对称的双渠道供应链中。

这里，考虑一个制造商和一个零售商组成的双渠道供应链系统，消费者可以从传统零售商的零售渠道或者制造商开设的直销渠道中购买产品。假设制造商的生产成本和零售商的销售成本均为 0，直销渠道的销售成本为 c（这种假设能够体现出相比于制造商来说零售商其在销售方面具有更强的优势）。市场的需求规模 D 以 δ 的概率取值为低（D_L），其概率密度函数为 $g_L(\cdot)$，累积分布函数为 $G_L(\cdot)$；以 $1-\delta$ 的概率取值为高（D_H），其概率密度函数为 $g_H(\cdot)$，累积分布函数为 $G_H(\cdot)$。值得注意的是，其中 δ 是一个 0－1 逻辑变量。对于一些常数 $\beta>1$，假设 D_H 的分布函数等于 βD_L。换句话说，对于所有的 $d\geqslant 0$，随机变量 D_H 的分布函数 $G_H(d)=G_L\left(\dfrac{d}{\beta}\right)$。这个假设已经被先前的很多研究者所采用。假设 D_L 服从区间 $[0,a]$ 上的均匀分布，D_H 服从区间 $[0,\beta a]$ 上的均匀分布。使用符号 $i,j\in\{H,L\}$ 来表示市场需求的类型。

假设零售商可以预测更加准确的市场规模，令 $p=D-Q$，Q 是销售的产品总量，p 是市场出清价格。制造商的决策变量是直销量 q_m，零售商需要决策的变量是订货量 q_r。假设制造商给零售商制定的批发价格 w 为外生变量，其是由长期合同决定的。根据接到的零售商的订货量，制造商需要估计真实的市场需求规模，用 $D_{j(q_r)}$ 表示。制造商可以设计阈值 $\hat{q}_r$，满足下列条件：

$$j(q_r)=\begin{cases}H, & q_r>\hat{q}_r\\ L, & q_r\leqslant\hat{q}_r\end{cases}$$

也就是说，当零售商的订货量 $q_r>\hat{q}_r$ 时，制造商估计的真实市场需求为高；否则为低。

供应链的决策者担心利润方面受到损失，可以选择风险规避。因此，假设制造商和零售商都是风险规避的决策者。

决策变量定义如表 3-1 所示。

表 3-1 决策变量定义

变量	含 义
$D_{j(q_r)}$	收到零售商的订货量 q_r 后，制造商对市场规模的估计量
$q_m^j(q_r)$	零售商发出订货量 q_r 后，制造商判断市场规模为 $j(q_r)$ 时候，决定自己的直销量

续表

变量	含 义
q_r^{ij}	零售商预测的市场规模大小是 i,制造商根据零售商订货量判断出市场规模为 j 时,零售商的订货量,$i,j\in\{H,L\}$
$q_r^{H*}(q_r^{L*})$	当零售商预测市场规模高(H)或低(L)时,零售商的最优订货量
$q_m^{H*}(q_m^{L*})$	当零售商预测市场规模高(H)或低(L)时,制造商的最优直销量
U_m	制造商的效用
U_r^{ij}	零售商预测的市场规模大小(即真实市场规模)是 i,制造商根据零售商订货量估计的市场规模为 j 时,零售商的效用,其中 $i,j\in\{H,L\}$。若 $i=j$,则表明制造商准确估计出了零售商预测的市场规模;否则,表明制造商估计的市场规模与零售商预测的市场规模不同

由此,零售商和制造商的利润函数分别为

$$\pi_r=[D_i-q_r-q_m^j(q_r)-w]q_r,\quad \forall i,j\in\{H,L\}$$

$$\pi_m=wq_r+[D_j-q_r-q_m^j(q_r)-c]q_m^j(q_r),\quad \forall i,j\in\{H,L\}$$

基于零售商公平关切和双方成员风险规避的考虑,得出制造商和零售商的期望效用分别是

$$U_m=\pi_m-k_m\sqrt{\mathrm{Var}(\pi_m)}$$

$$U_r=\pi_r-k_r\sqrt{\mathrm{Var}(\pi_r)}$$

$k_m=0$ 是表示制造商是风险中性的,$k_m>0$ 表示制造商为风险规避的,而且 k_m 越大表示制造商越害怕风险。对于零售商的 k_r 来说,情况也是一样的。

收到零售商的订货量后,制造商为了最大化直销渠道利润,根据零售商的订货量来预测整个市场的需求规模,从而决定直销渠道的数量。因此,制造商最优化直销量的利润函数为

$$\max_{q_m}\{[D_{j(q_r)}-q_r-q_m^j(q_r)-c]q_m^j(q_r)-k_m\sqrt{\mathrm{Var}\{[D_{j(q_r)}-q_r-q_m^j(q_r)-c]q_m^j(q_r)\}}\},$$

$\forall i,j\in\{H,L\}$

通过计算,知道制造商的最优直销量为

$$q_m^j(q_r)=\frac{D_{j(q_r)}-q_r-c-k_m\sqrt{\mathrm{Var}[D_{j(q_r)}]}}{2},\quad \forall i,j\in\{H,L\}$$

进一步,零售商的效用函数为

$$U_r^{ij}=q_r\left\{D_i-q_r-\frac{D_{j(q_r)}-q_r-c-k_m\sqrt{\mathrm{Var}[D_{j(q_r)}]}}{2}-w\right\}$$

$$-k_rq_r\sqrt{\mathrm{Var}\left\{D_i-q_r-\frac{D_{j(q_r)}-q_r-c-k_m\sqrt{\mathrm{Var}[D_{j(q_r)}]}}{2}-w\right\}},$$

$$\forall i,j\in\{H,L\},$$

则零售商的期望效用为

$$E[U_r^{ij}]=\left\{E[D_i]-q_r(D_i)-\frac{E[D_{j(q_r)}]-q_r(D_i)-c-k_m\sqrt{\mathrm{Var}[D_{j(q_r)}]}}{2}-w\right\}q_r(D_i)$$

$$-k_rq_r(D_i)\sqrt{\mathrm{Var}D_i+\frac{1}{4}\mathrm{Var}[D_{j(q_r)}]},\quad \forall i,j\in\{H,L\}$$

当 $\delta=0$ 时,也就是说,市场规模总是高的,我们有

$$\frac{\partial E[U_r^{ij}]}{\partial q_r(D_H)}=\begin{cases}\frac{\beta a}{4}-w+\frac{c}{2}+\frac{\beta a}{4\sqrt{3}}(k_m-\sqrt{5}k_r)-q_r(D_H), & i=j(q_r)=H\\ \frac{\beta a}{2}-\frac{a}{4}-w+\frac{c}{2}+\frac{a}{4\sqrt{3}}(k_m-\sqrt{1+4\beta^2}k_r)-q_r(D_H), & i=H,j=L\end{cases}$$

类似地,当 $\delta=1$ 时,也就是说,市场规模总是低的,我们有

$$\frac{\partial E[U_r^{ij}]}{\partial q_r(D_L)}=\begin{cases}\frac{a}{4}-w+\frac{c}{2}+\frac{a}{4\sqrt{3}}(k_m-\sqrt{5}k_r)-q_r(D_L), & i=j(q_r)=L\\ \frac{a}{2}-\frac{\beta a}{4}-w+\frac{c}{2}+\frac{a}{4\sqrt{3}}(\beta k_m-\sqrt{4+\beta^2}k_r)-q_r(D_L), & i=L,j=H\end{cases}$$

根据上述等式,我们可以得到 $\frac{\partial^2 E[U_r^{ij}]}{\partial q_r(D_i)^2}=-1<0$,上面两个等式的效用函数是一个凹函数,存在一个最大化效用的唯一的解 $q_r(w,a_i)$。我们可以得到零售商的订货量,是一个与造商批发价格有关的函数:

$$q_r(D_i)=$$

$$\begin{cases}\left[\frac{E(D_i)-2w+c+(k_m-\sqrt{5}k_r)\sqrt{\mathrm{Var}(D_i)}}{2}\right]^+, & i=j(q_r)\\ \left[\frac{2E(D_i)-E(D_j)-2w+c+k_m\sqrt{\mathrm{Var}(D_j)}-2k_r\sqrt{\mathrm{Var}(D_i)+\frac{1}{4}\mathrm{Var}(D_j)}}{2}\right]^+, & i\neq j(q_r)\end{cases}$$

其中 $i\in\{H,L\}$,$(\cdot)^+=\max\{\cdot,0\}$。具体来说,

$$q_r(D_i)=\begin{cases}\dfrac{\beta a}{4}-w+\dfrac{c}{2}+\dfrac{\beta a}{4\sqrt{3}}(k_m-\sqrt{5}k_r), & i=j(q_r)=H\\ \dfrac{\beta a}{2}-\dfrac{a}{4}-w+\dfrac{c}{2}+\dfrac{a}{4\sqrt{3}}(k_m-\sqrt{1+4\beta^2}k_r), & i=H,j=L\end{cases}$$

$$q_r(D_i)=\begin{cases}\dfrac{a}{4}-w+\dfrac{c}{2}+\dfrac{a}{4\sqrt{3}}(k_m-\sqrt{5}k_r), & i=j(q_r)=L\\ \dfrac{a}{2}-\dfrac{\beta a}{4}-w+\dfrac{c}{2}+\dfrac{a}{4\sqrt{3}}(\beta k_m-\sqrt{4+\beta^2}k_r), & i=L,j=H\end{cases}$$

根据上式得到以下命题 3.5 的结论。

命题 3.5 U_r^{ij} 是关于 q_r 的凹函数，$\forall i\in\{H,L\}$，有下列结论成立：

(1)零售商的最优订货量为

$$q_r(D_i)=\begin{cases}\left[\dfrac{E(D_i)-2w+c+(k_m-\sqrt{5}k_r)\sqrt{\mathrm{Var}(D_i)}}{2}\right]^+, & i=j(q_r)\\ \left[\dfrac{2E(D_i)-E(D_j)-2w+c+k_m\sqrt{\mathrm{Var}(D_j)}-2k_r\sqrt{\mathrm{Var}(D_i)+\dfrac{1}{4}\mathrm{Var}(D_j)}}{2}\right]^+, & i\neq j(q_r)\end{cases}$$

当 $i=j$ 时，如果 $k_m>\sqrt{5}k_r-\dfrac{E(D_i)-2w+c}{\sqrt{\mathrm{Var}(D_i)}}$，有 $q_r(D_i)>0$；如果 $k_m\leqslant\sqrt{5}k_r-\dfrac{E(D_i)-2w+c}{\sqrt{\mathrm{Var}(D_i)}}$，则 $q_r(D_i)=0$。当 $i\neq j(q_r)$ 时，如果满足条件：$k_m>\dfrac{2k_r\sqrt{\mathrm{Var}(D_i)+\frac{1}{4}\mathrm{Var}(D_j)}-[2E(D_i)-E(D_j)-2w+c]}{\sqrt{\mathrm{Var}(D_j)}}$，有 $q_r(D_i)>0$，否则 $q_r(D_i)=0$。

(2)当 $i=j$ 时，用 q_r^{ii} 表示 $q_r(D_i)$，有

$$q_r^{ii}=\left[\frac{E(D_i)-2w+c+(k_m-\sqrt{5}k_r)\sqrt{\mathrm{Var}(D_i)}}{2}\right]^+$$

$$\frac{\partial q_r^{ii}}{\partial k_r}=-\frac{\sqrt{5}}{2}\sqrt{\mathrm{Var}(D_i)}<0,\quad \frac{\partial q_r^{ii}}{\partial k_m}=\frac{1}{2}\sqrt{\mathrm{Var}(D_i)}>0$$

即当 $i=H$ 时有

$$q_r^{HH}=\frac{1}{2}\left[\frac{\beta a}{2}-2w+c+(k_m-\sqrt{5}k_r)\frac{\beta a}{2\sqrt{3}}\right]$$

当 $i=L$ 时有

$$q_r^{LL}=\frac{1}{2}\left[\frac{a}{2}-2w+c+(k_m-\sqrt{5}k_r)\frac{a}{2\sqrt{3}}\right]$$

证明:根据零售商的效用函数,计算可知 $\frac{\partial^2 U_r^{ii}}{\partial q_r^2}=-1<0$,故表明该效用函数为凹函数,存在唯一的 q_r 使得该效用函数达到最大值,令 $\frac{\partial U_r^{ii}}{\partial q_r}=0,i=j$,可以得到 $q_r^{ii}=E[D_i]-w-k_r\sqrt{\mathrm{Var}(D_i)},\forall i\in\{H,L\}$。证毕。

命题 3.5 给出了当信息对称时,即制造商可以预测真实的市场规模时,零售商的最优订货量决策。命题 3.5 (1) 给出了零售商的最优订货量。由于双渠道结构下,制造商开设的直销渠道与零售商的传统零售渠道形成竞争关系。命题 3.5 (1) 表明随着零售商风险规避程度的增加,订货量减小,零售商的订货量与制造商的风险规避程度无关。因为制造商是根据订货量对市场规模进行判断的从而确定直销量,为了使制造商不能准确估计市场的需求规模,其会有动机扭曲其订货信息。

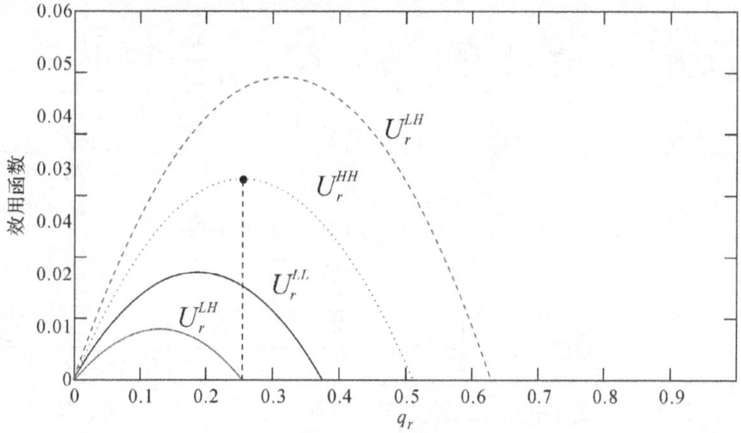

图 3-8 制造商预测市场规模为高或低时零售商的效用函数

在市场规模高的情况下,制造商错误估计成市场规模低时,零售商所得到的效用(U_r^{HL})比制造商正确估计为市场规模大时,零售商所得到的效用(U_r^{HH})要大,即 $U_r^{HL}>U_r^{HH}$。由此,零售商有隐瞒市场真实规模的动机,可能故意减少订货量,使得制造商得出市场规模很小的错误估计,从而使自身得到相对高的效用。

面对零售商扭曲市场真实规模信息的这种动机，制造商如何决策从而保证做出市场需求规模准确的预测呢？因为供应链成员之间存在信息不对称，相比于制造商，零售商掌握更为准确的市场规模信息，而制造商仅仅是从零售商的订货量中推测市场的有效信息。存在一个阈值 $\hat{q}_r$，若零售商的订货量超过阈值 $\hat{q}_r$ 则制造商认为市场需求规模高；否则，制造商认为市场需求规模低。因而，面对具有风险规避行为的零售商，如何确定适当的阈值来准确判断市场规模，这对风险规避的制造商来说至关重要。

命题 3.6 考虑零售商和制造商都存在风险规避行为，市场规模信息不对称，为了准确判断真实的市场规模，制造商应该设定的阈值为 $\bar{q}_r=\frac{-E+\sqrt{E^2-8F}}{4}$，其中 $F=\frac{1}{8}\left[\beta a-4w+2c+(k_m-\sqrt{5}k_r)\frac{\beta a}{\sqrt{3}}\right]^2$，$E=2\beta a-4w-a+2c+\frac{a}{\sqrt{3}}(k_m-\sqrt{1+4\beta^2}k_r)$。

证明：令 $U_r^{HH}(q_r^{HH})=U_r^{HL}(\bar{q}_r)$，且 $\bar{q}_r<q_r^{HH}$，得

$$q_r^{HH}=\frac{1}{2}\left[\frac{\beta a}{2}-2w+c+(k_m-\sqrt{5}k_r)\frac{\beta a}{2\sqrt{3}}\right]$$

$$E[U_r^{HH}(q_r^{HH})]=\frac{1}{2}\left[\frac{\beta a}{8}+\frac{\beta a}{8\sqrt{3}}(k_m+\sqrt{5}k_r)-\frac{1}{2}w+\frac{c}{4}\right]\times\left[\frac{\beta a}{2}-2w+c+(k_m-\sqrt{5}k_r)\frac{\beta a}{2\sqrt{3}}\right]-\frac{\sqrt{5}\beta a k_r}{8\sqrt{3}}\times\left[\frac{\beta a}{2}-2w+c+(k_m-\sqrt{5}k_r)\frac{\beta a}{2\sqrt{3}}\right]$$

$$E[U_r^{HL}(\bar{q}_r)]=\left(\frac{\beta a}{2}-\frac{1}{2}\bar{q}_r-w-\frac{\frac{a}{2}-c-\frac{a}{2\sqrt{3}}k_m}{2}\right)\bar{q}_r-\frac{a\sqrt{1+4\beta^2}}{4\sqrt{3}}k_r\bar{q}_r$$

求解关于 $\bar{q}_r$ 的一元二次方程 $2\bar{q}_r^2-E\bar{q}_r+F=0$，其中，$F=\frac{1}{8}\left[\beta a-4w+2c+(k_m-\sqrt{5}k_r)\frac{\beta a}{\sqrt{3}}\right]^2$，$E=2\beta a-4w-a+2c+\frac{a}{\sqrt{3}}(k_m-\sqrt{1+4\beta^2}k_r)$，得到 $\bar{q}_r=\frac{-E+\sqrt{E^2-8F}}{4}$。

需要注意的是，$\bar{q}_r$ 之所以要满足以上不等式条件，是为了确保零售商在没有公平关切行为下的 $\bar{q}_r$ 小于其在市场规模高时的最优订货量。

下面说明 $\hat{q}_r=\bar{q}_r$ 的原因。

(1)如果阈值 $\hat{q}_r>\bar{q}_r$，接下来分析市场规模高低的两种情况。当市场规模高时，零售商有动机通过订货量来扭曲信息，这时零售商不会选择高市场规模对应的最优订货量。这是因为零售商可以将订购量 q_r 设定在 $\bar{q}_r$ 和 $\hat{q}_r$ 之间，即 $\bar{q}_r<q_r<\hat{q}_r$。此时，尽管市场规模高但制造商却通过扭曲的订货量判断市场规模是低的，这样零售商获得了更多的效用。当市场规模低时，同理可分析出零售商有动机扭曲订货量信息。总之，当阈值 $\hat{q}_r$ 大于 $\bar{q}_r$ 时，制造商判断出的市场信息是不准确的。

(2)如果阈值 $\hat{q}_r\leqslant\bar{q}_r$，不妨令 $\hat{q}_r=\bar{q}_r$（$\hat{q}_r<\bar{q}_r$ 情形下的分析方法及结论与 $\hat{q}_r=\bar{q}_r$ 情形下的相同）。

1)若市场规模为 D_H，当 $q_r<\hat{q}_r=\bar{q}_r$ 时，有 $U_r^{HL}(q_r)\leqslant U_r^{HH}(q_r^{H*})$，当 $q_r=\hat{q}_r=\bar{q}_r$ 时，有 $U_r^{HL}(q_r)=U_r^{HH}(q_r^{H*})$。即市场规模为 D_H 时，零售商扭曲订货量，使得制造商认为市场规模是 D_L，这时零售商所得到的效用始终小于等于对称信息情况下零售商所能得到的最大效用。因此，当市场规模高时，零售商不会扭曲订货信息来使制造商认为市场规模是低的，零售商的最优订货量为 $q_r=q_r^{H*}$。

2)若市场规模为 D_L，同理可得，对称信息下零售商的最优订货量 $q_r=\min\{\hat{q}_r,q_r^{LL}\}$，其中

$$q_r^{LL}=\frac{1}{2}\left[\frac{a}{2}-2w+c+(k_m-\sqrt{5}k_r)\frac{a}{2\sqrt{3}}\right]$$

根据上述分析，令 $\hat{q}_r=\bar{q}_r$，制造商就能够准确地推断出真实的市场规模，即 $\bar{q}_r=\dfrac{-E+\sqrt{E^2-8F}}{4}$。

命题 3.7 考虑制造商和零售商的风险规避行为且需求信息不对称的情形下，存在唯一的 Bayes 分离均衡。

(1)零售商的最优订货量为

$$q_r^{i*}=\begin{cases}\dfrac{1}{2}\left[\dfrac{\beta a}{2}-2w+c+(k_m-\sqrt{5}k_r)\dfrac{\beta a}{2\sqrt{3}}\right], & i=H\\ \bar{q}_r=\min\{\bar{q}_r,q_r^{LL}\}, & i=L\end{cases}$$

(2)制造商的最优直销量为

$$q_m^{i*}=\frac{D_i-q_r^{i*}-c-k_m\sqrt{\mathrm{Var}(D_i)}}{2}$$

$$=\begin{cases}\frac{1}{4}\left(\frac{\beta a}{2}+2w-3c+\sqrt{5}k_r\frac{\beta a}{2\sqrt{3}}\right)-\frac{3\beta a}{8\sqrt{3}}k_m, & i=H\\ \frac{1}{2}\left(\frac{a}{2}-c-\frac{a}{2\sqrt{3}}k_m\right)-\frac{1}{2}\bar{q}_r, & i=L\end{cases}$$

$\forall i\in\{H,L\}$

证明：根据命题3.5，当制造商掌握真实的市场需求规模时，零售商的最优订货量为 $q_r^{ii}=\left[\frac{E(D_i)-2w+c+(k_m-\sqrt{5}k_r)\sqrt{\mathrm{Var}(D_i)}}{2}\right]^+$，$\forall i\in\{H,L\}$。再根据命题3.6，制造商确定合理的阈值 $\hat{q}_r$ 之后，基于零售商的订货量可以准确地判断出真实市场的规模。则当市场规模高时，零售商最优订货量为 $q_r^{H*}=q_r^{HH}=\frac{1}{2}\left[\frac{\beta a}{2}-2w+c+(k_m-\sqrt{5}k_r)\frac{\beta a}{2\sqrt{3}}\right]$。当市场规模低时，零售商的订货量应小于阈值。参照 U_r^{LL} 曲线代表的含义，具体的订货量为

$$q_r^{L*}=\min\{\bar{q}_r,q_r^{LL}\}$$

下面证明命题3.7(2)，可以得到

$$q_m^j(q_r)=\frac{D_j(q_r)-q_r-c-k_m\sqrt{\mathrm{Var}[D_j(q_r)]}}{2},\quad \forall i,j\in\{H,L\}$$

通过设定阈值，制造商已能准确判断真实市场规模，即 $D_j(q_r)=D_i$，零售商的最优订货量为 $q_r=q_r^{i*}$，因此，$q_m^{i*}=\frac{D_i-q_r^{i*}-c-k_m\sqrt{\mathrm{Var}(D_i)}}{2}$。

在Stackelberg博弈中针对参数 k_m、k_r 分别取不同的值，有：

(1)当 $k_m=0,k_r=0$ 时，制造商是公平中性，零售商是风险中性的；

(2)当 $k_m>0,k_r=0$ 时，制造商是风险规避的，零售商是风险中性的；

(3)当 $k_m=0,k_r>0$ 时，制造商是风险中性的，零售商是风险规避的；

(4)当 $k_m>0,k_r>0$ 时，双方都是风险规避的，零售商的最优订货量为

$$q_r^{i*}=\begin{cases}\frac{1}{2}\left[\frac{\beta a}{2}-2w+c+(k_m-\sqrt{5}k_r)\frac{\beta a}{2\sqrt{3}}\right], & i=H\\ \hat{q}_r, & i=L\end{cases}$$

制造商的最优直销量为

$$q_m^{i*}=\frac{D_i-q_r^{i*}-c-k_m\sqrt{\mathrm{Var}(D_i)}}{2},\quad \forall i\in\{H,L\}$$

易知

$$\frac{\partial q_r^{i*}}{\partial k_r}=\begin{cases}-\frac{\sqrt{5}\beta a}{4\sqrt{3}}, & i=H\\ \min\left\{\frac{\partial \bar{q}_r}{\partial k_r},-\frac{\sqrt{5}a}{4\sqrt{3}}\right\}, & i=L\end{cases}$$

$$\frac{\partial q_r^{i*}}{\partial k_m}=\begin{cases}\frac{\beta a}{4\sqrt{3}}, & i=H\\ \min\left\{\frac{\partial \bar{q}_r}{\partial k_m},\frac{a}{4\sqrt{3}}\right\}, & i=L\end{cases}$$

$$\frac{\partial q_m^{i*}}{\partial k_r}=\begin{cases}\frac{\sqrt{5}\beta a}{8\sqrt{3}}, & i=H\\ -\frac{1}{2}\min\left\{\frac{\partial \bar{q}_r}{\partial k_r},-\frac{\sqrt{5}a}{4\sqrt{3}}\right\}, & i=L\end{cases}$$

$$\frac{\partial q_m^{i*}}{\partial k_m}=\begin{cases}-\frac{1}{2}\sqrt{\mathrm{Var}(D_i)}-\frac{\beta a}{8\sqrt{3}}, & i=H\\ -\frac{1}{2}\sqrt{\mathrm{Var}(D_i)}-\frac{1}{2}\min\left\{\frac{\partial \bar{q}_r}{\partial k_m},\frac{a}{4\sqrt{3}}\right\}, & i=L\end{cases}$$

3.7 本章附录

3.7.1 命题 3.1 的证明

当供应链成员不具有公平关切行为的时候，在分散式供应链中，它们的目标是最大化各自的利润。零售商的问题是$\max\limits_{p_r,s}\pi_r$，零售商的利润 π_r 见式(3-3)。一阶条件是

$$\begin{cases}\frac{\partial \pi_r}{\partial p_r}=\delta a+\theta p_d-(b+\theta)\left(2p_r-s-w-\frac{\eta s^2}{2}\right)=0\\ \frac{\partial \pi_r}{\partial s}=\left(p_r-w-\frac{\eta s^2}{2}\right)(b+\theta)-\eta s[\delta a+\theta p_d-(p_r-s)(b+\theta)]=0\end{cases} \tag{A3-1}$$

通过同时求解关于 p_r 和 s 的一阶条件的方程，基于条件 $s\geqslant 0$，得到下面的最优解：

$$
\begin{cases}
p_r^* = \dfrac{\delta a+\theta p_d}{2(b+\theta)}+\dfrac{3}{4\eta}+\dfrac{w}{2} \\
s^* = \dfrac{1}{\eta}
\end{cases}
\tag{A3-2}
$$

制造商的决策问题是

$$
\begin{aligned}
&\max_{p_d,w}\pi_m=(w-c)D_r+(p_d-c)D_d \\
&\text{s. t. } p_d-w-c_r(s)\geqslant 0 \\
&D_r=\delta a-b(p_r-s)+\theta[p_d-(p_r-s)] \\
&D_d=(1-\delta)a-bp_d+\theta(p_r-s-p_d)
\end{aligned}
\tag{A3-3}
$$

制造商利润函数 π_m 的一阶导数很容易求得，二阶导数为

$$
\frac{\partial^2\pi_m^*}{\partial w^2}=-(b+\theta),\qquad \frac{\partial^2\pi_m^*}{\partial p_d^2}=\frac{\theta^2-2(b+\theta)^2}{(b+\theta)},\qquad \frac{\partial^2\pi_m^*}{\partial w\partial p_d}=\theta
\tag{A3-4}
$$

制造商利润函数 π_m 的 Hessian 矩阵为

$$
H_{\pi_m}\begin{bmatrix}p_d\\ w\end{bmatrix}=\begin{bmatrix}-(b+\theta) & \theta \\ \theta & \dfrac{\theta^2-2(b+\theta)^2}{(b+\theta)}\end{bmatrix}
\tag{A3-5}
$$

若 $H_{\pi_m}\begin{bmatrix}p_d\\ w\end{bmatrix}$是负定矩阵，制造商的利润函数 π_m 是关于 w 和 p_d 的凹函数，则存在唯一的均衡解。决策问题可以转换为如下的 Karush-Kuhn-Tucker 最优条件：

$$
\begin{cases}
\dfrac{\delta a}{2}+\dfrac{\theta p_d}{2}-(b+\theta)\left(\dfrac{3}{4\eta}+\dfrac{w}{2}-\dfrac{1}{\eta}\right)-\dfrac{1}{2}(b+\theta)(w-c) \\
\quad +\dfrac{1}{2}(p_d-c)\theta-\lambda=0 \\
\dfrac{1}{2}(w-c)\theta+(1-\delta)a+\left(\dfrac{\theta^2}{2(b+\theta)}-(b+\theta)\right)p_d \\
\quad +\theta\left(\dfrac{\delta a}{2(b+\theta)}+\dfrac{w}{2}-\dfrac{1}{4\eta}\right) \\
\quad +(p_d-c)\left(\dfrac{\theta^2}{2(b+\theta)}-(b+\theta)\right)+\lambda=0 \\
\lambda(p_d-w-c_r(s))=0,\lambda\geqslant 0,p_d\geqslant w+c_r(s)
\end{cases}
\tag{A3-6}
$$

(1)当 $\lambda=0$ 时,均衡解为

$$p_d^* = \frac{\delta a\theta+(1-\delta)a(b+\theta)}{2b(b+2\theta)}+\frac{c}{2}, \qquad w^* = \frac{1}{4}\left(\frac{a}{b}+2c+\frac{1}{\eta}-M\right) \tag{A3-7}$$

(2)当 $\lambda>0$ 时,有

$$p_d^* = \frac{(1-\delta)a+\frac{3b}{4\eta}+N}{(b-\theta)-D}+\frac{c}{2}, \qquad w^* = \frac{\frac{1}{4\eta}(b+2\theta)+\frac{D}{2\eta}+N}{(b-\theta)-D} \tag{A3-8}$$

其中:

$$M=\frac{(1-2\delta)a}{b+2\theta}, \qquad N=\frac{(b+2\theta)\delta a}{2(b+\theta)}, \qquad D=\frac{\theta^2-2(b+\theta)^2}{b+\theta}$$

对于 $\lambda=0$,根据条件 $w+c_r(s)\leqslant p_d$,有 $0<\delta<\delta_1$,其中 $\delta_1=\frac{1}{2}-\frac{3(b+2\theta)}{4\eta a}$。

3.7.2 命题 3.2 的证明

传统零售渠道的消费者忠诚度 δ 可以分为两种情况,即 $0<\delta\leqslant\delta_1$ 和 $\delta_1<\delta<1$。

(1)如果 $0<\delta\leqslant\delta_1$,$\delta_1=\frac{1}{2}-\frac{3(b+2\theta)}{4\eta a}$,则

$$\pi_m^{d*} = \frac{a^2}{8b}+\frac{bc^2-ac}{2}+\frac{(1-2\delta)^2a^2}{8(b+2\theta)}+\frac{b+\theta}{32\eta^2}-\frac{(\delta a-bc)^2}{b+\theta}+\frac{\delta a-bc}{8\eta}$$

$$\pi_r^{d*} = \frac{[b+\theta+2\eta(\delta a-bc)]^2}{64\eta^2(b+\theta)}$$

此时,分散式决策情况下整个供应链的利润 π_d^{d*} 为

$$\begin{aligned}\pi_d^{d*} &= \pi_m^{d*}+\pi_r^{d*}\\ &= \frac{a^2}{8b}+\frac{bc^2-ac}{2}+\frac{(1-2\delta)^2a^2}{8(b+2\theta)}+\frac{3(b+\theta)}{64\eta^2}\\ &\quad -\frac{(\delta a-bc)^2}{16(b+\theta)}+\frac{3(\delta a-bc)}{16\eta}\end{aligned}$$

则可得集中式决策情况下整个供应链的利润 π_c^{c*} 与分散式情况下利润 π_d^{d*} 的差值为

$$\pi_c^{c*}-\pi_d^{d*}=\frac{\delta a-bc}{16\eta}+\frac{b+\theta}{64\eta^2}+\frac{(\delta a-bc)^2}{16(b+\theta)} \tag{A3-9}$$

容易得知，$\pi_c^{c*}-\pi_d^{d*}>0$，也就是说，当成员都追求自身利润最大化的时候，一个批发价格合同不能协调供应链。

(2)如果 $\delta_1<\delta<1$，由于制造商和零售商的最优利润的表达式无法比较大小，本章通过数值实验的方法可以得到与上述情况一样的结果。

3.7.3 引理 3.1 的证明

制造商的决策问题为

$$\begin{aligned}&\max_{p_d,w}\pi_m=\frac{1}{2}x^{\mathrm T}Qx+q^{\mathrm T}x+m\\&\text{s. t. } Ax\leqslant B\end{aligned} \tag{A3-10}$$

其中：

$$x=[p_d\quad w]^{\mathrm T},\qquad Q=\begin{bmatrix}\frac{\theta^2}{b+\theta}-2(b+\theta) & \theta+\frac{\alpha\gamma\theta}{1+\alpha}\\ \theta & -(b+\theta)\left(1+\frac{\alpha\gamma}{1+\alpha}\right)\end{bmatrix}$$

$$A=\begin{bmatrix}k_1 & -1\\ -1 & 1\end{bmatrix},\qquad B=\begin{bmatrix}-J_1\\ -\frac{\eta s^2}{2}\end{bmatrix}$$

$$q=\begin{bmatrix}\frac{1}{2}c\theta+\frac{\eta s^2\theta-2\theta s}{4}-\frac{\theta\alpha\gamma c}{2(1+\alpha)}+\frac{\delta a\theta-c\theta^2}{2(b+\theta)}+(1-\delta)a+cb\\ \frac{1}{2}\delta a-b\left(\frac{\eta s^2-2s}{4}-\frac{\alpha\gamma c}{1+\alpha}-\frac{c}{2}\right)-\theta\left(\frac{\eta s^2-2s}{4}\right)\end{bmatrix}$$

注意到，对于所有的 $\theta\in(0,1)$ 来说，Q 是负定的，这是因为

$$\Delta_1=\frac{\theta^2}{b+\theta}-2(b+\theta)<0,\qquad \forall\theta\in(0,1),\qquad b>0$$

$$\begin{aligned}\Delta_2&=-\theta^2\left(1+\frac{\alpha\gamma}{1+\alpha}\right)+2\left(1+\frac{\alpha\gamma}{1+\alpha}\right)(b+\theta)^2\\&=\left(1+\frac{\alpha\gamma}{1+\alpha}\right)(\theta^2+2b^2+4b\theta),\Delta_2>0\end{aligned}$$

$$\forall\theta\in(0,1),\qquad b>0,\qquad \gamma>0,\qquad \alpha>0$$

3.7.4 Lagrangian 对偶问题

Lagrangian 对偶问题是在 $\lambda \leqslant 0$ 的条件下，最小化 $L(x,\lambda)$。其中

$$L(x,\lambda)=\sup\left\{\frac{1}{2}x^{\mathrm{T}}Qx+q^{\mathrm{T}}x+\lambda^{\mathrm{T}}(Ax-B):x\in R^{2}\right\} \tag{A3-11}$$

由于 Q 是负定矩阵，对于一个给定的 λ 来说，$L(x,\lambda)$ 是关于 x 的凹函数。因此，令一阶导数为零，得到使得 $L(x,\lambda)$ 取最大值的唯一的 x^{*}，满足条件 $Qx^{*}+A^{\mathrm{T}}\lambda+q=0$，因此

$$x^{*}=-Q^{-1}(A^{\mathrm{T}}\lambda+q) \tag{A3-12}$$

把 x^{*} 代入 $L(x,\lambda)$，得

$$L(x^{*},\lambda)=-\frac{1}{2}\lambda^{\mathrm{T}}(AQ^{-1}A^{\mathrm{T}})\lambda-\lambda^{\mathrm{T}}(B+AQ^{-1}q)-\frac{1}{2}q^{\mathrm{T}}Q^{-1}q$$

并且有

$$\begin{aligned}\lambda=\begin{bmatrix}\lambda_1\\ \lambda_2\end{bmatrix}&=-(AQ^{-1}A^{\mathrm{T}})^{-1}(B+AQ^{-1}q)\\ &=-(A^{\mathrm{T}})^{-1}QA^{-1}(B+AQ^{-1}q)\\ &=-(A^{\mathrm{T}})^{-1}QA^{-1}B-(A^{\mathrm{T}})^{-1}q\end{aligned} \tag{A3-13}$$

易证对于所有的 $0<\theta<1$ 来说，有 $\lambda<0$ 成立。这样，就容易得知 Q 是负定矩阵，则对于一个给定的 λ，$L(x,\lambda)$ 是关于 x 的凹函数，因此决策问题只有一个解：

$$x^{*}=-Q^{-1}(A^{\mathrm{T}}\lambda+q)=\begin{bmatrix}\dfrac{\eta s^{2}+2J_1}{2(1-K_1)}\\[2ex] \dfrac{K_1\eta s^{2}+2J_1}{2(1-K_1)}\end{bmatrix} \tag{A3-14}$$

引理 3.2 的证明类似于引理 3.1 的证明，这里就不重复给出了。

3.7.5 命题 3.4 的证明

因为 Stackelberg 博弈均衡与最大化问题相关，有

$$\begin{aligned}&\max_{(p_d,w),p_r^{*},s^{*}}\ \pi_m(p_d,w,p_r^{*},s^{*})\\ &\text{s.t. } p_r^{*}\in\operatorname{argmax}\pi_r(p_d,w,p_r,s).\end{aligned} \tag{A3-15}$$

这个最大化问题可以分解成下面的子问题，即 π_{mi}^f，$i=1,2,3$。令 π_{mi}^f 表示区域 R_i 的最优利润，则

$$\pi_{mi}=\max_{(p_d,w),p_r^*,s^*}\pi_m(p_d,w,p_r^*,s^*) \tag{A3-16}$$

s. t. 公式(3-20)

根据引理 3.1 的分析，获知最优解可以在区域 R_2 取得。这意味着，制造商的最优利润是 π_{m2}^f。

接下来，可以求得问题在两种情况下的均衡解。首先，考虑 $w+c_r(s)=p_d$ 的情况，求解不等式 $w\leqslant J_1+K_1p_d$，则均衡结果依赖于下面的条件：

$$\delta\geqslant\delta_2 \tag{A3-17}$$

其中：

$$\delta_2=\frac{\gamma}{X_1(1+\alpha)}[(2+\alpha)X_2-X_0]+\frac{1}{2X_1}(bX_3-3b\theta-X_0)$$

这里，记 $X_0=b(b+\theta+4bc\eta)$，$X_1=4ab\eta(2+\gamma)$，$X_2=(\gamma\theta+2a\eta)(b+\theta)-4bc\eta\theta$，$X_3=-4bc\eta+\gamma(3b+4\theta)$。

类似地，求解不等式 $w\geqslant J_2+K_2p_d$，得到 $\delta\leqslant\delta_3$，其中

$$\delta_3=\frac{\gamma}{X_1(1-\beta)}[(2-\beta)X_2+b^2-X_0]-\frac{b}{X_1}(X_3+5b+8\theta-2a\eta)$$

因此，当 $\delta\in[\delta_2,\delta_3]$时，最优价格表示为

$$\begin{cases}p_{d2}^f=\dfrac{1}{b(2+\gamma)}\left(\dfrac{\gamma\theta-b}{4\eta}+\dfrac{a}{2}-bc\right)+c+\dfrac{1}{2\eta}\\ w_2^f=\dfrac{1}{b(2+\gamma)}\left(\dfrac{\gamma\theta-b}{4\eta}+\dfrac{a}{2}-bc\right)+c\end{cases} \tag{A3-18}$$

其次，考虑 $w+c_r(s)<p_d$ 的情况，通过求解 $w+c_r(s)<p_d$，得到依赖于以下限制条件的均衡结果：

$$\delta\leqslant\delta_4$$

$$\delta_4=\frac{1}{2}+\frac{\gamma X_2-b\gamma(4bc\eta+\gamma\theta)-4b(1+\gamma)(b+2\theta)}{X_1}$$

与此同时，通过求解约束 $w\leqslant J_1+K_1p_d$，得到条件：

$$\delta\geqslant\delta_5$$

$$\delta_5=\frac{A_1}{2a\eta(2b^2X_4+b\theta(1+\gamma)(X_4+3\alpha+2\gamma)+\theta[\gamma^2\theta+3b)]}$$

其中：

$$X_4=1+\alpha+\alpha\gamma$$

$$X_7=-\gamma^2\theta^3-2b^2\theta(3-5c\eta)+2a\eta\gamma\theta(b+\theta)[2(1+\gamma)]$$

$$X_6=4+\gamma^2+6c\gamma\eta(2+\gamma)$$

$$A_1=X_7-2b^2\theta[3\alpha(1+\gamma)+c\eta(X_4+2\gamma-5\alpha)(1+\gamma)]-2b^3X_4(1-2c\eta)+2a\eta\gamma\theta(b+\theta)X_4+b\theta^2[X_6+4\alpha(1+\gamma)(1+c\eta\gamma)]$$

同理，通过求解 $w\geqslant J_2+K_2p_d$，得到

$$\delta\leqslant\delta_6$$

$$\delta_6=\frac{A_2}{2a\eta(2b^2X_5+b\theta(1+\gamma)(X_5-3\beta+2\gamma)+\theta(\gamma^2\theta+3b))}$$

$$X_5=1-\beta-\beta\gamma$$

$$A_2=X_7-2b^3X_5(1-2c\eta)-2b^2\theta[-3\beta(1+\gamma)+c\eta(X_5+2\gamma+5\beta)(1+\gamma)]+2a\eta\gamma\theta(b+\theta)(X_5)-b\theta^2[X_6-4\beta(1+\gamma)(1+c\eta\gamma)]$$

进一步，考虑条件 $p_{d2}^f\leqslant p_d^{\max}$，可得

$$\delta\leqslant\delta_7$$

$$\delta_7=\frac{b+2\theta}{ab}\frac{\left(a-bc-\frac{a\theta}{b+2\theta}\right)(2G-\gamma^2\theta^2)-b^2c\theta\gamma}{2b(b+\theta)(1+\gamma)+\theta(2+\gamma)(b-\theta\gamma)}$$

$$G=b(b+2\theta)(1+\gamma)$$

总之，当 $\delta_5<\delta<\min\{\delta_4,\delta_6,\delta_7\}$ 时，最优解表示如下：

$$p_{d2}^f=\frac{2(1+\gamma)((1-\delta)ab+a\theta)+c(2G-\gamma^2\theta^2)-\gamma\theta(\delta a-bc)}{4G-\gamma^2\theta^2}-\frac{\gamma\theta(b+\theta)}{2\eta(4G-\gamma^2\theta^2)}$$

$$w_2^f=\frac{2(\delta ab+a\theta)+c(2G-\gamma^2\theta^2)+\gamma\theta((1-\delta)a-bc)}{4G-\gamma^2\theta^2}+\frac{2b(b+2\theta)(1+2\eta c\gamma)-\gamma\theta^2}{2\eta(4G-\gamma^2\theta^2)}$$

综上所述，可以得出命题 3.4 的结论。

3.8 本章小结

本章探讨了一个制造商和一个零售商组成的双渠道供应链，假设制造商的网络渠道和零售商的零售渠道存在竞争，研究了零售商不具有及具有公平关切行为时成员的定价决策问题。本章假设零售商为了提升自身的竞争力，选择给消费者提供增值服务。首先，在集中式和分散式决策的情况下，建立 Stackelberg 博弈模型，只考虑零售商提供增值服务，不考虑零售商的公平关切行为的情形(情形 1)。然后，进一步考虑零售商具有公平关切行为，并且为消费者提供增值服务的情形(情形 2)，通过建立博弈模型来分析均衡解，得出相应的理论结果。最后，通过数值实验对本章得出的命题和结论进行验证，并进一步讨论了零售商的公平关切行为对双重边际化效应的影响。

通过两种情形下均衡解的比较，发现在情形 1 下，零售商增加的服务水平是一个常数，不依赖于制造商的决策，整个供应链不能通过一个常数批发价格达到协调。然而，在情形 2 下，一方面，随着传统的零售渠道的消费者忠诚度的增加，零售商将增加传统零售价格，而制造商却会为了维持零售渠道的公平性而降低批发价格；另一方面，随着零售商公平关切程度的增加制造商的利润会降低，零售商的利润会逐渐增加，整个供应链的效率会下降。因此，可以得出结论：当零售商具有公平关切行为时，不能通过一个常数批发价格来协调整个供应链。

第4章

服务合作模式下双渠道定价决策研究

近年来,传统渠道和网络渠道相结合的双渠道成为许多品牌制造商的主要经营方式。与此相对应的是,越来越多的消费者愿意在具备网络渠道和零售渠道的双渠道供应链中购物。对于给定的某个产品来说,消费者购买与否取决于两个因素:价格和服务,而后者是非常重要的[18]。双渠道供应链中,网络直销渠道和零售渠道都是通过为消费者提供服务的方式来达到提升自身渠道的实际需求的目的,进而提高供应链的局部利益或整体利益。一般而言,这样的服务包括送货、维修、退换货、售后支持以及其他可能增加消费者效用的服务等。实证研究表明,服务已成为影响消费者选择购买渠道的一个重要因素[156]。

目前,关于双渠道供应链中考虑服务的国内外研究中,按照服务提供方进行划分,大致可以分为三大类:第一是针对网络渠道服务的研究,特别是送货服务。如 Lin 用仿真方法对网络渠道的送货策略展开研究[21]。研究表明,送货时间给消费者的成本和服务造成的影响是非常大的。除了送货方面的服务,网络渠道其他的服务项目,如退货、售后支持等则很少涉及。第二是对零售渠道提供的服务的研究。如 Dumrongsiri 在市场需求同时受到价格和消费者服务感知程度影响的条件下,给出了制造商引入直销渠道的条件,采用数值方法进行研究,发现零售商的服务水平的增加可以提高制造商的利润,消费者的服务敏感程度变化越大,对制造商和零售商双方来说都更加有利[157]。Kumar 和 Ruan 研究了服务水平对渠道利润的影响,其中传统零售商渠道提供服务，制造商的直销渠道则不提供服务[158]。Mukhopadhyay 在零售商提供的增值服务的成本信息是未知信息的情况下，分析了增值服务以及渠道定价间存在的函数关系[153]。Yao 等在考虑价格和服务同时影响需求的条件下，分别采用 Stackelberg 博弈和 Bertrand 博弈两种方式研究了传统零售渠道和网络直销渠道并存的双渠道供应链的均衡的定价策略，研究指出：市场竞争的不同结构可以直接影响制造商的定价策略[159]。Yao 等考虑了由一个制造商和两个都提供增值服务的不同类型零售商构成的供应链，零售商的增值服务信息不与制造商共享。文章建立了一个三阶段博弈模型，并且研究了零售商愿意和制造商分享附加价值信息的条件[154]。Samar 等研究了制造商在博弈中占主导地位的多渠道供应链协调问题。还考虑了制造商对零售商的附加价值信息不完全了解的情况以及零售商愿意与制造商共享附加价值信息的条件[160]。Yan 和 Pei 讨论了制造商开设直销渠道对零售商服务水平提高的影响。研究发现，新增的直销渠道可以给零售商带来低批发价以及更多的销售量[161]。上述文献只涉及了双渠道供应链背景下单一渠道为消费者提供服务的情形，并没有考虑到渠道间服务的互相影响。第三，是网络直销渠道和传统零售渠道都同时提供增值服务的研究。如 Kaya 研究了制造商以及零售商在双渠道供应链中提供的服务水平高于单一渠道下的服务水平的具体情形[162]。这里服务不再局限于送货、维修等具体的服务项目，研究的范围也扩展到了两个渠道。

已有的关于双渠道供应链中提供增值服务的研究中，一般网络渠道的服务都是仅仅由制造商提供的，与零售商是无关的。少数文献考虑了网络渠道与零售渠道进行服务合作的情况，在这种情况下可以缓解渠道冲突，提高消费者满意度。肖剑考虑了制造商的网络渠道与零售商的零售渠道进行服务合作，制造商将网络渠道的服务交给零售商去完成，效率会更高，零售商也能从制造商的网络渠道获取服务收益[163]。

对企业来讲，当消费者从任何一个渠道购物时，如何提高消费者的体验是存在已久的难题。消费者看重的是能够触摸和体验产品，从而对产品的质量进行感知，以便在做出购买决策之前消除不确定性。这种现象在消费者购买耐用品，比如家具，数字产品和平板电脑等时更为普遍。消费者的体验已经成为在竞争性市场中获得优势的方法[164]。在认识到体验式服务的重要性之后，大量的在线供应商与实体零售商合作开设体验店，比如三星、微软、美乐乐等。许多品牌制造商或者供应商都形成了离线店和网络渠道相结合的销售形式。也就是说，消费者可以从实体店享受体验式服务，然后选择从在线渠道购买或者从实体店购买。在离线的体验店中，除了陈列或者展示产品之外，也可以销售产品给消费者。许多供应商已经把销售终端的体验看作是关键问题。例如，中国的美乐乐家居(meilele. com)已经选择开设多于 300 家离线体验店来吸引网上的消费者，即消费者可以享受送货上门的服务。

对消费者来说，体验意味着知识获取、参与情感交流等[165]。在零售店，消费者可能愿意尝试体验产品，然后在网上下单购买产品。开设了直销渠道的制造商可以提供补贴给提供了服务的零售商。很明显，制造商和零售商之间的合作不仅能帮助零售提高利润，也能提高产品的可见性，从而提升直销渠道的需求。

因此，本章研究由一个制造商和一个独立的零售商组成的双渠道供应链。制造商生产一种产品，在直销渠道和传统零售渠道进行销售，拥有实体店的零售商为消费者提供体验式服务。目前这个领域的研究者大多都关注于收集实验数据和做实证性研究。本章将采用博弈模型的方法来分析成员的决策策略问题。主要关注的问题是：如何设计一个对于供应链双方都有利的服务合作合同？体验式服务是如何影响成员的定价和利润的？通过与零售商服务非合作策略进行对比，服务合作策略给双渠道供应链带来的竞争优势是什么？基于以上问题，本章在双方服务合作和非服务合作两种模式下，建立了双渠道供应链的需求模型，比较分析了集中式决策和分散式决策下传统零售商和制造商的均衡策略。研究发现，制造商可以与零售商签订一个服务合作方面的合同，达到双渠道供应链中两方成员双赢的目的。在合同中规定，直销渠道的消费者可以先到传统零售商处体验产品，如果对产品满意，则以更优惠的价格在直销渠道购买。制造商支付给传统零售商相应的服务费用。

4.1 问题描述与模型建立

本书研究由一个传统零售商和一个制造商组成的双渠道供应链系统，销售的产品是同一种产品(如图 4-1 所示)，消费者可以从传统零售渠道或网络直销渠道购买产品。传统零售商经营传统零售渠道，制造商经营网络直销渠道，双方为独立的实体。制造商生产一种产品，单位生产成本是 c。在传统的零售渠道中，零售商按照批发价 w 从制造商处购买产品，然后以价格 p_r 销售给消费者，与此同时向消费者提供的服务水平为 s。制造商以价格 p_d 向消费者销售产品。消费者可以根据自身情况，选择从传统零售渠道或者网络直销渠道处购买产品。

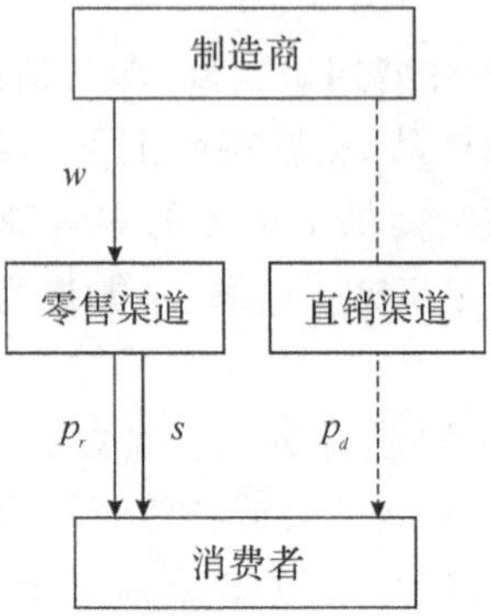

图 4-1　零售商提供增值服务的双渠道供应链结构图

制造商和零售商的决策构成一个 Stackelberg 博弈，制造商在供应链中处于主导地位。其中 $w\leqslant p_d$，因为如果 $w>p_d$，零售商将直接从直销渠道进行采购。为了保证网络直销渠道的销售量为正数，存在一个阈值 $p_{d\max}$，直销价格应满足 $p_d\leqslant p_{d\max}$。

传统零售渠道的零售商直接面对消费者，因此具有服务成本较低的天然优势，其可以为消费者提供更加方便的服务。本章的服务特指售前的体验式服务，这是直销渠道无法提供的服务。假设消费者是同质的，即不同的消费者使用相同产品的感受是一样的。制造商的批发价格是根据长期合同制定的，所以这里假设批发价格属于外生变量。需求函数、成本结构以及决策规则的信息对供应链双方成员来说是共同知识。参考 Yan 等(2009)[166]，零售商的服务成本为 $c_r(s)=\frac{\eta_r s^2}{2}$，其中 η_r 代表服务的成本系数。在双渠道供应链中，因为零售渠道中零售商给产品提供售前体验式服务，所以消费者会接受 $p_r>p_d$ 的情况。对同一产品来说，产品的渠道销售价格、零售商的服务和渠道竞争水平决定了渠道需求。

接下来将讨论制造商在服务方面没有展开与零售商合作的情况，此时消费者会存在免费搭便车行为，这是因为在直销渠道购物的消费者为了消除产品的不确定性，在做出购买决策之前，可能转移到传统零售渠道去先接受体验式服务，然后再返回直销渠道购买产品。因此，渠道冲突不可避免地发生了。零售商担心传统零售渠道的利润受到损害，把直销渠道看作一个威胁。

4.1.1 存在搭便车行为的决策模型

如果双渠道供应链中的制造商和零售商之间不存在服务合作的情况，则制造商不能提供体验式服务，零售商为在传统零售渠道购买的消费者提供服务。参考 Yao 等[159]和 Dan 等[167]，得到直销渠道和传统零售渠道的需求函数分别表示如下：

$$D_d=\theta a-p_d+gs+kp_r \tag{4-1}$$

$$D_r=(1-\theta)a-bp_r+f_rs+kp_d \tag{4-2}$$

其中：a 表示市场总体潜在需求规模；θ 表示直销渠道所占的市场份额，$0<\theta<1$；b 代表零售渠道需求的价格敏感度系数，即零售商零售价格带来的边际需求；k 是两个渠道间的交叉价格弹性系数，这里，$k<b$，表示自身价格带来的渠道需求大于交叉价格带来的需求；f_r 为反映消费者对产品体验服务的重视程度。

为了展示免费搭便车行为带来的负面效应，假设制造商受益于因访问传统零售渠道获得体验式服务但决定在直销渠道购物的消费者带来的需求的增加。令 g 表示免费搭便车的程度，$g<f_r$。很明显，所有参数都是正的。

制造商决策直销价格 p_d 和批发价格 w 来最大化自己的利润。制造商的利润是指制造商通过网络直销渠道销售产品获得的收益及将产品分销给零售商所获得的收益之和。制造商的决策问题可描述为

$$\max_{p_d,w}\pi_m=\max_{p_d,w}[wD_r+p_dD_d] \tag{4-3}$$

相应地，传统零售商的决策问题为

$$\max_{p_r,s}\pi_r=\max_{p_r,s}[(p_r-w)D_r-c_r(s)] \tag{4-4}$$

本章使用 Stackelberg 博弈模型来描述问题，制造商是博弈的主导者。很明显，有必要增加一些参数的不等式约束来保证：(1) $w\leqslant p_r$，$w\leqslant p_d$，即批发价格不应该高于直销价格，否则 $w>p_d$，零售商可能直接从直销渠道以一个较低的价格购买产品，这个约束条件是为了保证传统零售商从制造商的

传统渠道进货;(2)$w\geqslant c$,即批发价格必须超过生产成本 c;(3)每个渠道的需求量必须非负,即 $D_d\geqslant 0$,$D_r\geqslant 0$,为了简化分析起见,假设制造商的生产成本为零;(4)服务水平和批发价是正数,即 $s>0$,$w>0$。

根据需求大于零的条件,可以得到

$$w\leqslant p_r\leqslant As+M,\qquad w\leqslant p_d<Bs+N$$

其中:

$$A=\frac{f_r+gk}{b-k^2},\quad B=\frac{gb+f_rk}{b-k^2}$$

$$M=\frac{(1-\theta)a+\theta ak}{b-k^2},\quad N=\frac{\theta ab+(1-\theta)ak}{b-k^2}$$

对于给定的 w 和 p_d,零售商的最优定价策略 p_r 和最优服务水平 s 为

$$p_r^d(p_d,w)=\frac{\eta(1-\theta)a+w(b\eta-f_r^2)+k\eta p_d}{2b\eta-f_r^2}\tag{4-5}$$

$$s^d(p_d,w)=\frac{f_r[(1-\theta)a-bw+kp_d]}{2b\eta-f_r^2}\tag{4-6}$$

通过一阶导数,可以得到海塞矩阵为

$$H(\pi_r)=\begin{pmatrix}-2b & f_r\\ f_r & -\eta\end{pmatrix}$$

当 $2b\eta-f_r^2>0$ 的时候,海塞矩阵为负定的,这意味着 π_r 关于 p_r 和 s 是严格联合凹函数。

根据条件 $D_r=(1-\theta)a+\frac{f_r^2[(1-\theta)a-bw]+2b\eta kp_d}{2b\eta-f_r^2}$ 和 $D_r\geqslant 0$ 以及 $D_d=\theta a-p_d+gs+kp_r$,$D_d\geqslant 0$,容易证明 $p_r^d(p_d,w)>0$,$s(p_d,w)>0$ 以及 $p_r\leqslant\frac{(1-\theta)a+\theta ak}{b-k^2}+\frac{f_r+gk}{b-k^2}s$ 成立。

零售商的最优利润 π_r^d 是 w 和 p_d 的函数:

$$\pi_r^d(p_d,w)=\left(\frac{\eta(1-\theta)a+w(b\eta-f_r^2)+k\eta p_d}{2b\eta-f_r^2}-w\right)\times\left((1-\theta)a+\frac{f_r^2((1-\theta)a-bw+kp_d)}{2b\eta-f_r^2}+kp_d\right)-\frac{\eta s^2}{2}\tag{4-7}$$

为了验证 w 和 p_d 对零售商最优定价策略和利润的影响,分别求出 $p_r^d(p_d,w)$、$s^d(p_d,w)$和 $\pi_r^d(p_d,w)$关于 w 和 p_d 的一阶偏导数,得到下面的

关于 π_r^d 命题。

命题 4.1 (1) $\frac{\partial p_r^d(p_d,w)}{\partial w}=\frac{b\eta-f_r^2}{2b\eta-f_r^2}>0$，$\frac{\partial p_r^d(p_d,w)}{\partial p_d}=\frac{k\eta}{2b\eta-f_r^2}>0$，$\frac{\partial s^d(p_d,w)}{\partial w}=\frac{-bf_r}{2b\eta-f_r^2}<0$，$\frac{\partial s^d(p_d,w)}{\partial p_d}=\frac{kf_r}{2b\eta-f_r^2}>0$，$\frac{\partial s^d(p_d,w)}{\partial p_d}<\left|\frac{\partial s^d(p_d,w)}{\partial w}\right|$；

(2) $\frac{\partial \pi_r^d(p_d,w)}{\partial p_d}=\frac{b\eta k}{(2b\eta-f_r^2)^2}[4\eta((1-\theta)a+kp_d)-w(f_r^2+2b\eta)]>\frac{bw\eta k}{2b\eta-f_r^2}>0$，$\frac{\partial \pi_r^d(p_d,w)}{\partial w}=\frac{b\eta}{(2b\eta-f_r^2)^2}[(2b\eta+f_r^2)((1-\theta)a+kp_d)-2bwf_r^2]<\frac{b^2w\eta}{2b\eta-f_r^2}<0$。

命题 4.1 的证明见本章附录。

命题 4.1(1)中，$\frac{\partial p_r^d(p_d,w)}{\partial w}=\frac{b\eta-f_r^2}{2b\eta-f_r^2}>0$，$\frac{\partial p_r^d(p_d,w)}{\partial p_d}=\frac{k\eta}{2b\eta-f_r^2}>0$ 表明零售商的最优反应价格 $p_r^d(p_d,w)$ 分别随着 w 和 p_d 的降低而降低。如果 w 降低一个单位，$p_r^d(p_d,w)$ 将降低 $\frac{b\eta-f_r^2}{2b\eta-f_r^2}$ 个单位。与此同时，如果 p_d 降低一个单位，$p_r^d(p_d,w)$ 将降低 $\frac{k\eta}{2b\eta-f_r^2}$ 个单位。因为 $p_r^d(p_d,w)$ 随着 w 和 p_d 的降低而降低。制造商可以通过开设直销渠道和设置批发价格 w 以及直销价格 p_d 来控制零售价格。其次，$\frac{\partial s^d(p_d,w)}{\partial w}=\frac{-bf_r}{2b\eta-f_r^2}<0$，$\frac{\partial s^d(p_d,w)}{\partial p_d}=\frac{kf_r}{2b\eta-f_r^2}>0$，表明零售商的最优服务水平 $s^d(p_d,w)$ 分别随着 w 的降低而升高，随着 p_d 的降低而降低。如果 w 降低一个单位，服务水平将增加 $\frac{bf_r}{2b\eta-f_r^2}$ 个单位。与此同时，如果 p_d 降低一个单位，$s^d(p_d,w)$ 将降低 $\frac{k\eta}{2b\eta-f_r^2}$ 个单位。制造商可以降低批发价格 w 和增加直销价格 p_d 来激励零售商提高服务水平。因为 w 比 p_d 对 $s^d(p_d,w)$ 的影响大，所以随着 w 的增加零售商的服务水平将减小。

命题 4.1(2)中，$\frac{\partial \pi_r^d(p_d,w)}{\partial p_d}>0$，$\frac{\partial \pi_r^d(p_d,w)}{\partial w}<0$ 表明零售商的利润

$\pi_r^d(p_d, w)$随着p_d的增加而增加，随着w的增加而减少。这一结论是显然的，因为p_d的增加可能使得部分消费者或者直销渠道的部分需求转换到零售渠道，这些新的消费者或新的需求将会使得零售商的利润得到提升，但是零售商的边际利润是随着w的增加而减少的。

由式(4.3)、式(4.5)和式(4.6)可得，制造商的利润函数为

$$\pi_m = \eta b w\left(\frac{(1-\theta)a+kp_d-wb}{2b\eta-f_r^2}\right)+p_d\left[\theta a-p_d+\frac{(gf_r+k\eta)((1-\theta)a+kp_d)-gf_rbw+kw(b\eta-f_r^2)}{2b\eta-f_r^2}\right] \tag{4-8}$$

命题4.1表明对于任何给定的p_r和s来说，制造商的利润π_m是w和p_m的严格联合凹函数，π_m有唯一的最优解，所以可使用两阶段优化方法来最大化制造商的利润π_m。即对于任何给定的零售服务来说，首先推导最优的批发价和直销渠道价格。为了最大化π_m，先验证一些和π_m相关的命题。制造商的利润π_m是w和p_m的严格联合凹函数。在第一阶段，对于任何给定的s来说，推导出最优的批发价格、直销价格和制造商的最优利润。通过计算求解出的最优均衡价格总结成下面的命题。

命题4.2 在条件$\eta>\max\left\{\frac{f_r^2}{2b},\frac{kgf_r+f_r^2}{2b-k^2}\right\}$下，制造商的最优批发价格和最优直销价格给出如下：

$$w^{NS*}=\frac{(1-\theta)a}{2b}-\frac{f_rB(b-k^2)E}{2b}+\eta kE \tag{4-9}$$

$$p_d^{NS*}=\eta bE \tag{4-10}$$

零售商的最优零售价格为

$$p_r^{NS*}=\frac{\eta(1-\theta)a+\eta f_rB(b-k^2)E}{2(2b\eta-f_r^2)}+\frac{(1-\theta)a}{2b}-\frac{f_rB(b-k^2)E}{2b}+\eta kE \tag{4-11}$$

最优服务水平为

$$s^{NS*}=\frac{f_r((1-\theta)a+f_rB(b-k^2)E)}{2(2b\eta-f_r^2)} \tag{4-12}$$

其中：$$E=\frac{f_rb[(1-\theta)ag-\theta af_r]+(4b\eta-f_r^2)N(b-k^2)}{(b-k^2)[4b\eta(2b\eta-f_r^2)-f_r^2B^2(b-k^2)]}$$

4.1.2　制造商与零售商服务合作的决策模型

由于开设直销渠道的制造商不具备实体店铺和服务人员，不能为消费者提供体验式的服务，故其选择与零售商进行服务合作。制造商与传统零售商签订契约，传统零售商负责为制造商销售的产品提供服务水平为 s 的服务，与此同时，制造商按照直销渠道订单数量的一定比例向传统零售商支付服务费用。事实上，由于双渠道供应链的构建，渠道冲突不可避免地会发生。因此，采取服务合作策略对于双方成员来说是有益的，可以缓解渠道冲突，实现双赢。一般情况下，渠道冲突会减少制造商和零售商之间尝试发展合作伙伴关系的热情。如果制造商是市场的垄断者，他将拥有比零售商更多的讨价还价的权力。本章考虑制造商处于主导地位，制造商与传统零售商之间进行 Stackelberg 博弈的情况（见图 4-2）。

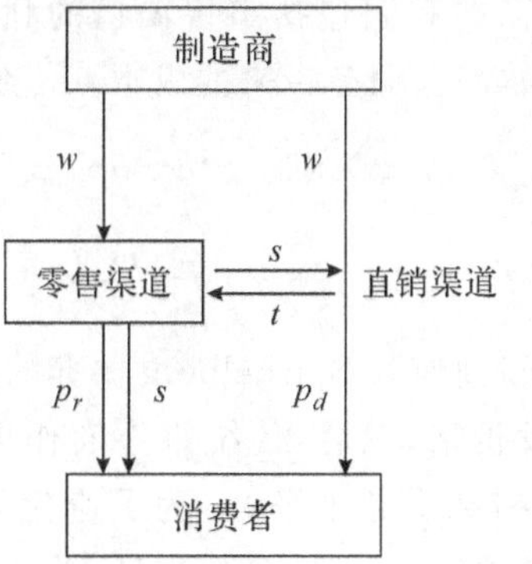

图 4-2　服务合作情形下的双渠道供应链结构

制造商与传统零售商在服务方面进行合作，直销渠道的消费者可以先到传统零售商处体验产品，如果对产品满意，则以更优惠的价格在直销渠道购买。针对零售商为直销渠道消费者提供的增值服务，制造商会支付给传统零售商相应的服务费用。假设制造商按照直销渠道需求的 φ 倍，支付给零售商服务费 t。假设在服务合作合同中，t 是外生的。

制造商在体验式服务方面与零售商进行合作，所以直销渠道的消费者在做出购买决策之前，选择到零售店中体验产品。如果消费者对产品感到满意，则选择以一个便宜的价格从直销渠道购买。

直销渠道和传统零售渠道的需求函数分别表示如下：

$$D_d = \theta a - p_d + f_d s + k p_r \tag{4-13}$$

$$D_r = (1-\theta) a - b p_r + f_r s + k p_d \tag{4-14}$$

上述模型中参数的含义与存在搭便车行为情况下的含义是一样的。注意到，f_d 是不同于 g 的，这里 $f_d > g$，f_d 意味着服务合作的弹性系数，f_d 也代表由于服务合作带来的需求增加系数。$\frac{f_d}{f_r}$ 是成员间进行服务合作的比例。制造商决策直销价格 p_d 和批发价格 w 来最大化自己的利润。制造商的利润是指制造商通过网络直销渠道销售产品获得的收益及将产品分销给零售商所获得的收益之和。制造商的决策问题可描述为

$$\begin{aligned}\max_{p_d, w, t} \pi_m &= \max_{p_d, w, t} [w D_r + p_d D_d - t\varphi D_d] \\ &= \max_{p_d, w, t} \{ w[(1-\theta) a - b p_r + f_r s + k p_d] \\ &\quad + (p_d - t\varphi)(\theta a - p_d + f_d s + k p_r) \}\end{aligned} \tag{4-15}$$

相应地，传统零售商的利润包括零售渠道的利润加上为制造商进行服务合作而获取的利润，再减去服务带来的成本。传统零售商的决策问题为

$$\begin{aligned}\max_{p_r, s} \pi_r = \max_{p_r, s} \Big\{ &(p_r - w)[(1-\theta) a - b p_r + f_r s + k p_d] + \\ &t\varphi(\theta a - p_d + f_d s + k p_r) - \frac{\eta s^2}{2} \Big\}\end{aligned} \tag{4-16}$$

博弈的时序是：制造商作为 Stackelberg 博弈的主导方，首先制定其直销价格和愿意收取的批发价格；然后，传统零售商作为从方，在得知制造商的策略后，制定其零售价格和服务水平 s。为了避免问题的复杂化，关于参数的传统的不等式约束是很有必要的，即要保证 D_r、$D_d \geqslant 0$。

零售商利润 π_r 的海塞矩阵为 $H(\pi_r) = \begin{pmatrix} -2b & f_r \\ f_r & -\eta \end{pmatrix}$，当 $2b\eta - f_r^2 > 0$ 时，海塞矩阵为负定的。

为了验证 w 和 p_d 对零售商最优定价策略和服务水平的影响，分别求出 $p_r(p_d, w)$、$s(p_d, w)$ 关于 w 和 p_d 的一阶偏导数，得到下面的命题。

根据零售商利润最大化的一阶条件，可以得到

$$p_r(p_d, w) = \frac{\eta((1-\theta) a + k p_d) + t\varphi(k\eta + f_d f_r) + w(b\eta - f_r^2)}{2b\eta - f_r^2} \tag{4-17}$$

$$s(p_d, w) = \frac{t\varphi(2b f_d + k f_r) + [(1-\theta) a + k p_d - b w] f_r}{2b\eta - f_r^2} \tag{4-18}$$

根据 D_r、$D_d \geqslant 0$，令 $H=\frac{f_d k+f_r}{b-k^2}$，得到 $p_r^d(p_d,w)>w$，$s(p_d,w)>0$，并且 $p_r^d(p_d,w)\leqslant\frac{f_d k+f_r}{b-k^2}s+\frac{\theta ak+(1-\theta)a}{b-k^2}=Hs+M$。

为检验 w 和 p_d 对于零售商的最优定价策略和利润的影响，求出制造商利润：

$$\begin{aligned}\pi_m=&\frac{w}{2b\eta-f_r^2}\{b\eta[(1-\theta)a+kp_d-t\varphi k-bw]+t\varphi f_r(bf_d+kf_r)\}\\&+\frac{p_d-t\varphi}{2b\eta-f_r^2}[(\theta a-p_d)(2b\eta-f_r^2)+t\varphi f_d(2bf_d+kf_r)]\\&+\frac{p_d-t\varphi}{2b\eta-f_r^2}\{(k\eta+f_d f_r)[(1-\theta)a+kp_d+t\varphi k]\\&+kw(b\eta-f_r^2)-bwf_d f_r\}\end{aligned}$$

容易证明，当约束条件 $(kf_r+bf_d)f_r^2>4b\eta[b(f_r^2-2b\eta)+kf_r(kf_r+2bf_d)]$ 和 $f_r^2>k(k\eta+f_d f_r)$ 成立的时候，制造商的利润 π_m 是关于 w 和 p_d 的严格联合凹函数。也就是说，当 t 是外生变量时，π_m 的最优解是唯一的。

这里采用两阶段优化方法来最大化制造商的利润 π_m，即对于任何给定的服务费用 t，首先推导最优的批发价和直销渠道价格。

命题 4.3 在条件 $(kf_r+bf_d)f_r^2>4b\eta[b(f_r^2-2b\eta)+kf_r(kf_r+2bf_d)]$ 和 $f_r^2>k(k\eta+f_d f_r)$ 成立时，制造商的最优直销价格和最优批发价格为

$$\begin{aligned}w^{S*}=&\frac{(1-\theta)a}{2b}-\frac{t\varphi[b\eta k-f_r G(b-k^2)]}{b^2\eta}\\&+\frac{(2b\eta-f_r^2)[2b\eta k-f_r G(b-k^2)]}{2b^2\eta H}\\&\times\left[E+\frac{\eta ab^2 f_r(b-k^2)(f_d-f_d\theta-f_r\theta)}{2b\eta-f_r^2}\right]\end{aligned}\tag{4-19}$$

$$p_d^{S*}=\frac{(2b\eta-f_r^2)E}{H}+\frac{\eta ab^2 f_r(f_d-f_d\theta-f_r\theta)}{(b-k^2)H}\tag{4-20}$$

其中：

$$E=b\eta(N+2t\varphi)+\frac{2t\varphi(bf_d+kf_r)^2}{b-k^2}$$

$$H=4b\eta(2b\eta-f_r^2)-\frac{f_r^2(bf_d+kf_r)^2}{b-k^2},G=\frac{bf_d+kf_r}{b-k^2}$$

命题 4.3 意味着，在给定制造商的最优定价策略的情况下，可以获得零

售商的最优策略。接下来，由于计算的复杂性，将通过数值实验来研究服务合作情况和服务非合作策略情况下的利润的变化情况，并且展示服务合作的价值。进一步，将研究体验式服务的影响，即$\frac{f_r}{f_d}$对两个成员的利润以及整个供应链的利润的影响。数值实例补充了本章的分析结果，提供了更多的管理启示。接下来，在数值分析部分，将展示服务合作的合同是如何影响服务水平和成员定价策略的。

4.2 数值实验分析

在本部分，将检验体验式服务对于供应链的利润和成员最优决策的影响。本章参数的基本设置为：$f_d=1$，$f_r=2$，$\theta=0.5$，$a=100$，$\eta=5$，$g=0.5$，$b=0.9$，$k=0.2$，$\varphi=0.8$，$t=10$。其中 $f_d<f_r$ 表示消费者更加重视传统零售渠道提供的体验式服务。在下面的数值实验分析中，一些参数从基本设置情况下的数值开始变化，这是为了分析这些参数对于最优策略的影响。

4.2.1 免费搭便车行为的影响

在不同情况下，比例$\frac{g}{f_r}$对于价格、需求和两个渠道的利润的影响见图 4-3。注意，参数 g 代表消费者的免费搭便车程度，f_r 反映了对消费者来说体验式服务的重要程度。所以，$\frac{g}{f_r}$表示两个成员间免费搭便车的程度。图 4-3(a)展示了随着$\frac{g}{f_r}$的变化，直销渠道的需求以及零售渠道的需求变化，这里 $f_d=1$。当免费搭便车的程度 g 位于范围[0，f_d]内的时候，$\frac{g}{f_r}$在区间[0，0.75]内逐渐变大。随着$\frac{g}{f_r}$的增加，两个渠道的需求 D_d 和 D_r 都将增加。观察到一开始，零售商的需求低于制造商的需求，但是后来随着$\frac{g}{f_r}$的增加，零售商的需求超过了制造商的需求。

图 4-3(b)表明$\frac{g}{f_r}$的变化对于直销价格 p_d 和零售价格 p_r 以及批发价格 w 的影响。很明显，随着$\frac{g}{f_r}$的增加，批发价格很快地降低，直销价格却大幅度地增加，零售价格受到轻微的影响。结合图 4-3(a)、(b)和(c)来看，发现随着$\frac{g}{f_r}$的增加，零售渠道的需求变大。这是因为两个渠道间的价格竞争迫使零售商提高服务水平，从而获得更多的需求。在本章的数值分析中，从对需求造成的影响方面来说，服务带来的影响是大于价格带来的影响的。在购买耐用品之前，消费者需要先接触到产品，通过体验产品来判断产品的质量，消除不确定性。这种需要在消费者购买家具、数字产品和平板电脑等产品的时候变得更加迫切。消费者是愿意为零售商提供的高服务水平付费的。根据图 4-3(d)获知，当消费者存在免费的搭便车行为时，制造商是因此

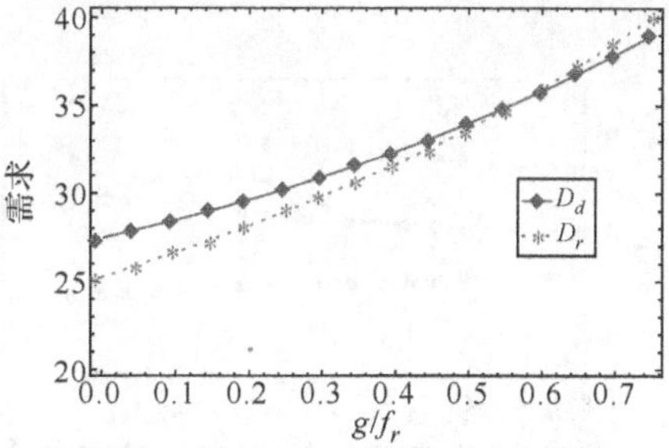

(a) 存在免费搭便车时的需求

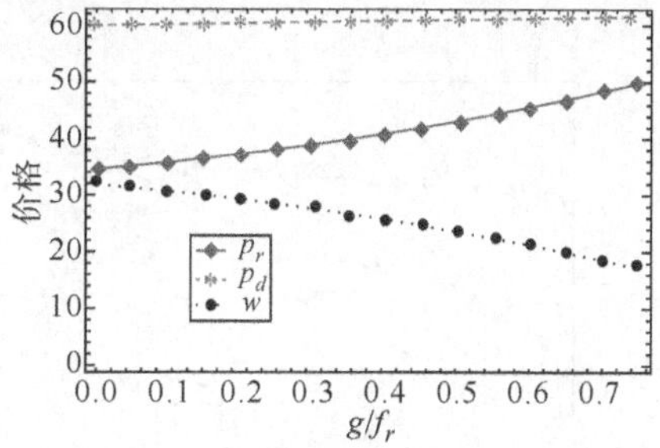

(b) 存在免费搭便车时的价格

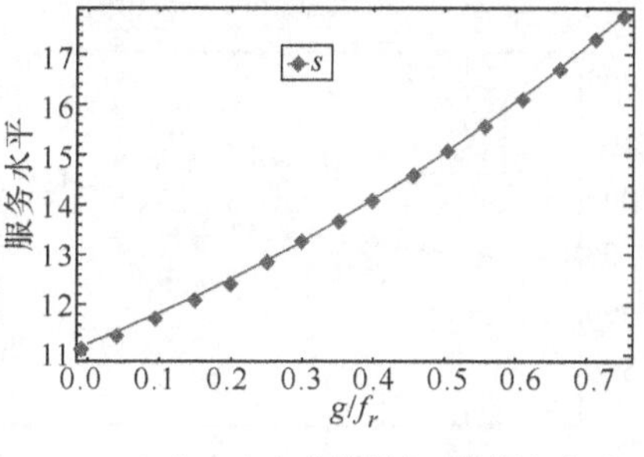

(c) 存在免费搭便车时的服务水平

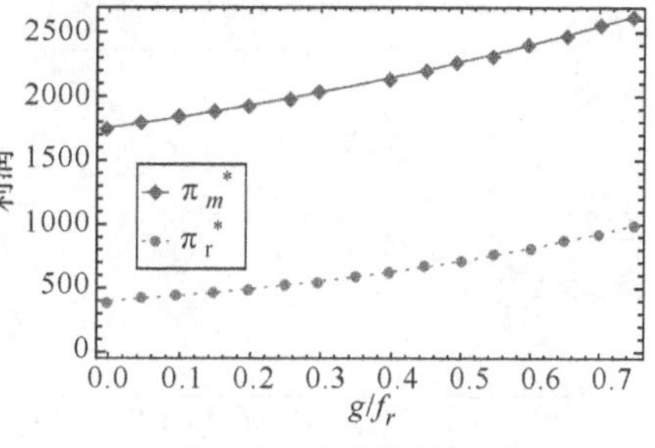

(d) 存在免费搭便车时的利润

图 4-3　存在免费搭便车时 $\frac{g}{f_r}$ 对于需求、价格和成员的利润的影响

而获益的，即制造商收益于消费者的免费搭便车行为。制造商的利润随着$\frac{g}{f_r}$的增加而增加。尽管零售商的利润也是呈现增加的趋势，但是制造商利润和零售商利润之间的差距在逐渐拉大。对于零售商来说，服务成本与免费搭便车的程度没有关系，但是零售商的利润由于存在免费搭便车行为而受到损失。

4.2.2 服务合作的价值

在制造商与零售商开展服务合作的情形下，比例$\frac{f_r}{f_d}$对两个渠道的销售价格、需求、服务水平和利润造成的影响如图 4-4 所示。一开始，零售商的需求小于制造商的需求。随着$\frac{f_r}{f_d}$逐渐变大，零售商的需求迅速增加直至零售

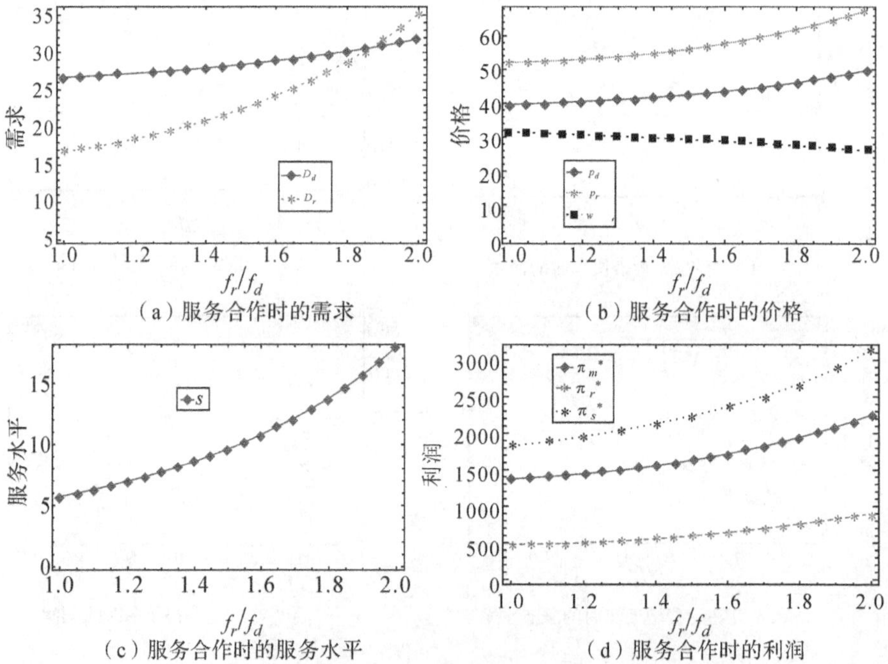

(a) 服务合作时的需求　(b) 服务合作时的价格

(c) 服务合作时的服务水平　(d) 服务合作时的利润

图 4-4　$\frac{f_r}{f_d}$对于需求、价格、服务水平和成员的利润的影响

渠道的需求大于直销渠道的需求。由于服务合作机制的存在,打算在直销渠道购物的消费者可能去零售店体验产品,当他们对产品和销售价格都感到满意时,会选择在零售渠道直接购买产品。

从图 4-4(b)中可得出零售价格总是高于直销价格的,直销价格和传统零售价格都是随着$\frac{f_r}{f_d}$的增加而呈现增加的趋势。因为两个渠道进行服务合作,服务水平是一样的,那么通过比较图 4-3(c)和图 4-4(c)可以发现,服务合作情况下零售商的服务水平稍微低于搭便车情况下的服务水平。由于服务水平提高了,相应地,零售价格和直销价格也将提高。通过图 4-4(d)可以看到,供应链成员双方的利润都是逐步增加的,这可能是因为服务水平在逐步提高,服务成本的提高远低于零售商利润的增加。明显地,制造商和零售商的利润增加是因为消费者享受到了体验式服务,相比于价格来说,消费者更加看重服务。

在图 4-5(a)中可以看到,随着$\frac{f_r}{f_d}$的增加,服务合作情况下制造商的利润从低于没有服务合作情况下的利润变化到高于没有服务合作情况下的利润。这也体现了,消费者对于体验式服务的重视程度在逐步提高。根据图 4-5(a)和图 4-5(b),零售商和制造商的利润都是随着$\frac{f_r}{f_d}$的增加而增加。当供应链的双方成员在服务方面展开合作的时候,随着$\frac{f_r}{f_d}$的增加,零售商在服务合作情况下获得的利润逐渐变得高于不进行服务合作情况下的利润。

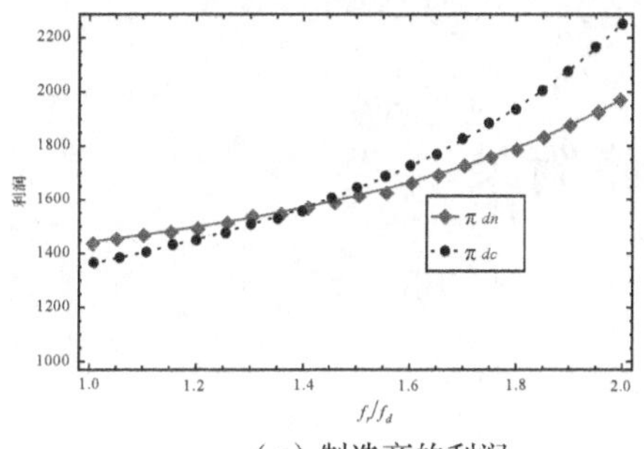

(a) 制造商的利润

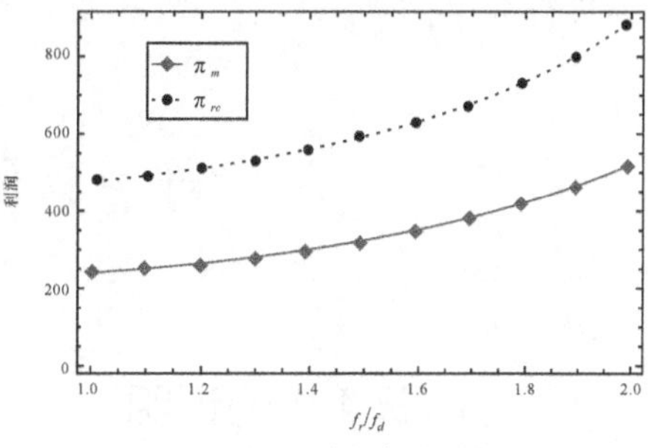

(b) 零售商的利润

图 4-5 $\frac{f_r}{f_d}$对供应链成员利润的影响

通过比较上述两种情况，可以得知，零售商在服务合作情况下的利润总是高于没有服务合作的情况。这种现象可能是以下两方面原因造成的。首先，制造商可以分担零售商的部分服务成本，这样零售商的成本就下降了。第二，由于服务合作策略的存在，直销渠道的消费者被吸引到零售商的实体店铺，部分消费者可能直接从实体店购买，这样零售渠道的需求就提升了。

从零售商的角度来看，服务合作是一个很好的策略，这是因为在服务不合作的情况下，零售商为了吸引消费者，可能提供体验式服务，但是一个高的服务水平可能会导致零售商的成本大幅度增加，从而导致利润降低。但是如果制造商和零售商进行服务合作，制造商会分担一部分零售商的服务成本，结果就会完全不同。

在实际中，对制造商来说，潜在的消费者可能会担心产品的质量。因为消费者在做出购买决策之前，没法直接体验产品，这就可能会导致不必要的退货成本。消费者的体验下降了，直销渠道的需求可能就会降低，部分消费者会先到实体零售店体验产品，这样会增加额外的成本，比如交通成本。这样，制造商的价格优势变得不那么明显。如果消费者的体验服务得不到满足，制造商必然会失去大量的消费者。而零售商必须独自承受高额的服务成本，为了获取利润，零售商就不得不提高零售价格。与直销渠道提供的较低价格相比，零售商提供的零售价格没有优势，零售商会因为高价而失去大量的潜在消费者。相反，如果两个成员互相合作，制定服务合作策略，那制造商将获取更多的收益。类似地，零售商的服务成本得到制造商的分担，零售渠道可以吸引更多的消费者。因此，制造商和零售商都有动机在服务方面进行合作。

4.3 本章附录

4.3.1 命题 4.1 的证明

分别求解 π_m 关于 w 和 p_d 的二阶偏导数，得到如下的一阶条件和二阶条件：

$$\frac{\partial \pi_m}{\partial w}=\frac{1}{2b\eta-f_r^2}[\eta b((1-\theta)a+2kp_d-2wb)+p_d(-gf_rb-kf_r^2)]$$

$$\frac{\partial^2 \pi_m}{\partial w \partial p_d}=k-\frac{gf_r b}{2b\eta-f_r^2}$$

$$\frac{\partial \pi_m}{\partial p_d}=\theta a-2p_d+kw+\frac{(gf_r+k\eta)((1-\theta)a+2kp_d)-gf_r bw}{2b\eta-f_r^2}$$

$$\frac{\partial^2 \pi_m}{\partial p_d^2}=-2+\frac{2k(gf_r+k\eta)}{2b\eta-f_r^2}$$

$$\frac{\partial^2 \pi_m}{\partial w^2}=\frac{-2b^2\eta}{2b\eta-f_r^2}$$

π_m 的海塞矩阵为

$$H(\pi_m)=\begin{pmatrix}\dfrac{\partial^2 \pi_m}{\partial w^2} & \dfrac{\partial^2 \pi_m}{\partial w \partial p_m}\\ \dfrac{\partial^2 \pi_m}{\partial p_m \partial w} & \dfrac{\partial^2 \pi_m}{\partial p_m^2}\end{pmatrix}=\begin{pmatrix}\dfrac{-2b^2\eta}{2b\eta-f_r^2} & k-\dfrac{gf_r b}{2b\eta-f_r^2}\\ k-\dfrac{gf_r b}{2b\eta-f_r^2} & -2+\dfrac{2k(gf_r+k\eta)}{2b\eta-f_r^2}\end{pmatrix}$$

很明显，$\dfrac{\partial^2 \pi_m}{\partial w^2}=\dfrac{-2b}{2b\eta-f_r^2}<0$，当 η 足够大，即 $\eta>\max\left\{\dfrac{f_r^2}{2b},\dfrac{kgf_r+f_r^2}{2b-k^2}\right\}$时，有 $-2+\dfrac{2k(gf_r+k\eta)}{2b\eta-f_r^2}<0$，则海塞矩阵为

$$|H|=\frac{1}{(2b\eta-f_r^2)^2}\{8b^2\eta^2(b-k^2)+(2b\eta-f_r^2)k^2f_r^2+ bf_r^2[2k(gf_r+\eta k)+b(4\eta-g^2)]\}>0$$

所以 π_m 是 w 和 p_d 的联合凹函数。

4.3.2 命题 4.3 的证明

制造商的利润 π_m 是

$$\pi_m=\eta bw\left[\frac{(1-\theta)a+kp_d-wb}{2b\eta-f_r^2}\right]+p_d\left[\theta a-p_d+\frac{(gf_r+k\eta)((1-\theta)a+kp_d)-gf_r bw+kw(b\eta-f_r^2)}{2b\eta-f_r^2}\right]$$

求解 π_m 关于 w 和 p_d 的一阶导数和二阶导数，得到 π_m 的海塞矩阵为

$$H(\pi_m)=\begin{pmatrix}-2+\dfrac{2k(k\eta+f_d f_r)}{2b\eta-f_r^2} & k-\dfrac{bf_d f_r}{2b\eta-f_r^2}\\ k-\dfrac{bf_d f_r}{2b\eta-f_r^2} & -\dfrac{2b^2\eta}{2b\eta-f_r^2}\end{pmatrix}$$

其中：

$$E=b\eta(N+2t\varphi)+\frac{2t\varphi(bf_d+kf_r)^2}{b-k^2}$$

$$H=4b\eta(2b\eta-f_r^2)-\frac{f_r^2(bf_d+kf_r)^2}{b-k^2},G=\frac{bf_d+kf_r}{b-k^2}$$

当 $2b\eta-f_r^2>k(k\eta+f_df_r)$ 时，有 $-2+\frac{2k(gf_r+k\eta)}{2b\eta-f_r^2}<0,-\frac{2b^2\eta}{2b\eta-f_r^2}<0$。当条件 $(kf_r+bf_d)^2f_r^2>4b\eta[b(f_r^2-2b\eta)+kf_r(kf_r+2bf_d)]$ 满足的时候，π_m 的海塞矩阵是负定的，即 π_m 是关于 w 和 p_d 的联合凹函数。

4.4 本章小结

随着电子商务的快速发展，许多双渠道供应链中的制造商会选择与零售商在服务方面制定合作策略。本章考虑的服务是零售商负责为消费者提供的体验式服务。在本章的研究中，采用 Stackelberg 博弈理论来分析消费者的免费搭便车行为和制造商与零售商签订的服务合作机制，其中零售商负责提供服务，制造商共担零售商的一部分服务成本。通过模型求解给出了不存在服务合作和存在服务合作两种情形下的最优定价策略和最优服务水平，还进一步分析了服务合作给双方成员带来的利润影响，提出了反映消费者免费搭便车行为和供应链成员合作服务程度比例的两个指标。研究发现：相比于零售商，服务合作策略给制造商带来的收益更多，制造商的利润是随着免费搭便车程度的增加而降低的；但是，随着双方服务合作程度的增加，双方的利润都将得到提高。

本章可以从几个方向进行扩展。第一，供应链成员的行为因素值得考虑。第二，本章中考虑的服务是消费者的售前体验式服务，也可以考虑其他的服务，比如送货提前期、退货服务等。已有研究表明，退货策略可以加强消费者的信心，提升需求和提高市场份额，但是提供退货服务也会给供应链带来负面的影响，比如，增值成本、降低利润等。第三，本章假设服务成本是服务水平的一元二次函数，在接下来的研究中，可以假设服务的成本是考虑成本学习效应的服务质量的增函数。为了使得成员做出关于服务的最优决策，考虑服务的成本学习效应也是相当重要的。第四，随着搜索的便利性和渠道的多样性对消费者感知产生的影响，研究消费者渠道转移行为受哪些因素的影响也是值得研究的方向之一。第五，零售渠道和直销渠道的广告和推销努力都会降低消费者的信息搜索成本，信息搭便车行为在双渠道环境下是不可避免的。信息搜索成本的高低对于消费者搭便车行为的影响也值得研究。最后，如果信息是不对称的，比如零售商的增值服务成本对于制造商来说是未知的信息，那么结论会发生什么变化。未来可以考虑研究由于制造商直销渠道的加入，对长期垄断零售市场的零售商形成了巨大威胁，供应链成员间可能存在信息不对称的情况下的供应链优化问题。

第5章

不对称信息下考虑风险规避零售商的双渠道供应链策略研究

目前，许多品牌制造商采用双渠道供应链系统来分销产品，这种现象也被称作制造商的入侵。直销渠道的开设可能损害到零售商的利润，对零售商构成威胁，两成员之间会产生渠道冲突[88]。零售商可能表现出风险规避行为，其风险规避的程度能够影响到最终决策，甚至是整个供应链的利润。制造商通过直销渠道能获取一些关于市场规模的信息，零售商在收集市场数据方面有特别的优势，比如直接面对消费者、在预测市场需求方面的长期经验等。因此，与制造商相比，零售商能更加准确地分析市场波动和市场需求的变化[142]。由于制造商的直销渠道的引入，新的网络渠道对长期垄断零售渠道的零售商形成了巨大威胁，导致有风险规避行为的零售商可能会扭曲他们向制造商订购的订货数量，误导制造商不能获知准确的市场规模信息，这可能导致制造商在为直销渠道销售量备货策略时做出错误的决策。换句话说，供应链成员间存在信息不对称的情形。对于上述这种信息不对称的情况 Li 等进行了研究，但是没有考虑成员的行为因素[142]。本章引入了供应链成员的风险规避行为，5.2 节考虑了零售商的风险规避行为，5.4 节考虑了制造商以及零售商双方成员的风险规避行为。

本章 5.2 节考虑由一个制造商和一个零售商构成的双渠道供应链系统，其中制造商开设直销渠道，零售商具有风险规避行为。研究制造商应该如何设定阈值从而准确地判断出市场规模，并且分析了零售商的风险规避行为和制造商的直销成本给供应链均衡解带来的影响。

当制造商开设直销渠道时，具有风险规避行为的零售商出于自身利益最大化的目的可能会故意向下扭曲订货量。换句话说，供应链成员间存在关于市场规模的不对称信息，订货量向下的扭曲可能会发生。这种现象可能加强双重边际化，伤害供应链双方的利润。少量与不对称信息相关的文献研究了供应链成员在做决策过程中表现出来的风险偏好行为。本章在制造商入侵背景下，分析了制造商和零售商双方间存在不对称信息的情况，讨论了零售商的风险规避行为给制造商、零售商的最优决策以及利润/效用带来的影响。

5.1 具有风险规避行为的零售商问题描述

本章考虑了一个制造商和一个零售商构建的双渠道供应链，制造商开设自身的直销渠道，通过直销渠道和传统零售渠道向消费者销售同质化的产品。在生产和销售过程中，制造商是 Stackelberg 博弈的主导者，零售商是跟随者。零售商具有风险规避行为，制造商是风险中性的。根据 Gümüş[169]，假设消费者对产品的需求服从一个线性的、向下倾斜的需求函数，即 $P=a-Q$，其中 a 是正常数，P 和 Q 分别表示市场清空价格和用于销售的产品的总数量。为了简化计算，假设制造商的生产成本标准化为零，零售商的单位销售成本也同样标准化为零[142;168]。由于更容易接近消费者，零售商在零售渠道运营中具有优势，比如直接面对消费者、没有送货成本、在预测市场需求方面积累了长期的经验。为了展示零售商的优势，假设当制造商通过直销渠道销售产品给消费者时，制造商的单位销售成本是 c，这里 $0<c\leqslant w$，w 代表制造商的批发价格。

假设市场规模 a 是一个外生的随机变量。市场规模可能有两种类型，即 a_H 和 a_L，这两种类型只在需求的概率分布方面有所不同。在零售商发送订单给制造商之前，零售商可以准确地预测出市场需求；然而，制造商只拥有市场规模分布的先验知识。为了反映出经济和商业不确定性或者预测误差等方面导致的市场需求的不确定性，用 i 表示市场规模信息，其中信号 i 可能以 $\lambda\in(0,1)$ 的概率为高的($i=H$)，$1-\lambda$ 的概率取值为低的($i=L$)。与 i 相关的需求是非负的随机变量 a_i，其在 $\mathbf{R}^+$ 上服从严格递增的累积分布函数 $F_i(\cdot)$ 和概率密度函数 $f_i(\cdot)$。一个高的信号意味着一个随机的高需求

a_H，且 a_H 类型的需求一阶随机占优于一个低的 a_L 类型的需求分布，即对于所有的 $a \in \mathbf{R}^+$，有 $F_L(a) > F_H(a)$。令 $\bar{F}_i(\cdot) = 1 - F_i(\cdot)$，基于 Feng 等 (2014)[170]、Li 等 (2013)[142]、Karray (2014)[171] 等的研究结果，假设需求服从截尾正态分布；即对于所有的 $a_i \in \mathbf{R}^+$，有 $a_H \sim N(\mu_H, \sigma^2)$，$a_L \sim N(\mu_L, \sigma^2)$ 并且 $\mu_H > \mu_L$。制造商和零售商都知道信号的先验分布以及需求的条件分布，但是只有零售商可以准确预测出市场规模。除此之外，模型中所有参数都是双方的共同知识。

采用均值—方差方法来测量零售商的风险规避行为。根据文献（Lau 等(1999)[172]、Ma 等(2012)[103]、Xu 等(2014)[49]），零售商的期望效用可表示为 $E(U_R) = E(\Pi_R) - k\sqrt{\mathrm{Var}(\Pi_R)}$，其中 k 代表零售商的风险规避程度，且 $k > 0$，k 为双方的共同知识，$E(\Pi_R)$ 和 $\mathrm{Var}(\Pi_R)$ 分别代表零售商利润 Π_R 的期望和方差。

模型的博弈时序定义如下：首先，制造商设定批发价格 w。其次，在预测到市场规模之后，有风险规避行为的零售商通过决定自己的订货量 q_R 来最大化自身利润。第三，制造商选择直销渠道的库存数量 q_M。市场出清价格是 $P_i = E[a_i - (q_R + q_M)]$，$i \in \{H, L\}$。

5.2 对称需求信息下的基准模型

5.2.1 单一传统零售渠道时的决策

本节选择制造商没有入侵的情况作为基准情况。制造商通过传统零售渠道来销售产品，零售商具有风险规避行为。信息对双方来说都是已知的。给定批发价 w 和市场规模 a_i，$i \in \{H, L\}$，零售商根据下式决定其订货量：

$$\max_{q_R} E[U_{R,i}] \tag{5-1}$$

在高和低的市场规模下，零售商的期望利润分别为

$$E[U_{R,H}] = [\mu_H - q_R(w;H) - w]q_R(w;H) - k\sigma q_R(w;H)$$

$$E[U_{R,L}] = [\mu_L - q_R(w;L) - w]q_R(w;L) - k\sigma q_R(w;L)$$

易知，当制造商没有入侵传统零售渠道的时候，零售商在每个类型的市场规模 $a_i, i\in\{H,L\}$ 下的最优订货量是

$$q_R^N(w;i)=\frac{\mu_i-w-k\sigma}{2} \tag{5-2}$$

制造商根据下面的公式选择批发价格

$$\max_w E[\Pi_M]=\max_w\left[\lambda w\left(\frac{\mu_H-w-k\sigma}{2}\right)+(1-\lambda)w\left(\frac{\mu_L-w-k\sigma}{2}\right)\right] \tag{5-3}$$

通过计算，得知制造商的最优批发价格是 $w^N=\frac{1}{2}(\mu-k\sigma)$，其中 $\mu=\lambda\mu_H+(1-\lambda)\mu_L$。零售商在市场类型 i 下的最优订货量是 $q_R^N(i)=\frac{2\mu_i-\mu-k\sigma}{4}$。零售商的期望效用是

$$U_R^N=\frac{(\lambda\mu_H^2+(1-\lambda)\mu_L^2)-\mu(\mu-k\sigma)}{4}+\frac{(\mu-3k\sigma)(\mu+k\sigma)}{16}$$
$$-\frac{1}{2}k\sigma\sqrt{4(\lambda\mu_H^2+(1-\lambda)\mu_L^2)+(\mu+k\sigma)^2-4\mu}$$

$$\Pi_M^N=\frac{(\mu-k\sigma)^2}{8} \tag{5-4}$$

制造商的期望利润是

$$\Pi_M^N=\frac{(\mu-k\sigma)^2}{8} \tag{5-5}$$

注意到，$0<k<\frac{2\mu_L-\mu}{\sigma}$，这是为了保证 $q_R^N(i)>0$ 和 $w^N>0, i\in\{H,L\}$。

5.2.2 双渠道供应链中成员的最优决策

考虑由一个制造商和零售商构成的双渠道供应链，双方成员拥有对称的信息，$a_i, i\in\{H,L\}$，在观察到零售商的订货量 q_R 之后，制造商的最优决策可以表达为

$$\max_{q_M} E[\Pi_M]=\max_{q_M}[\mu_i-q_R-q_M-c]q_M \tag{5-6}$$

可以很容易获得最优的直销量的反应函数为 $q_M(q_R)=\frac{\mu_i-q_R-c}{2}$。预测到制造商的反应之后，零售商根据下面的目标函数选择他的最优订货量：

$$\max_{q_R}\left\{\frac{1}{2}q_R(w;i)(\mu_i-q_R(w;i)+c-2w)-\frac{1}{4}k\sigma(\mu_i-q_R(w;i)+c-2w)\right\},i\in\{H,L\} \tag{5-7}$$

零售商的最优订货量是 $q_R(w;i)=\frac{\mu_i-2w+c-k\sigma}{2}$，制造商的直销量是 $q_M[q_R(w;i)]=\frac{\mu_i+2w-3c+k\sigma}{4}$。

通过最大化制造商的利润，得到均衡批发价格：

$$\begin{aligned}\max_{q_M}E[\Pi_M]&=\max_{w}\{q_R(w;i)w+[\mu_i-q_R(w;i)\\&\quad-q_M[q_R(w;i)]-c]q_M[q_R(w;i)]\}\\&=\max_{w}\left\{\left(\frac{\mu_i-2w+c-k\sigma}{2}\right)w\right.\\&\quad\left.+\left(\frac{\mu_i+2w-3c+k\sigma}{4}\right)^2\right\}\end{aligned} \tag{5-8}$$

与每个市场规模相关的最优决策，即最优批发价格、零售商的最优订货量还有制造商的最优生产量如下所示：

$$w^{SI}(i)=\frac{3\mu_i-c-k\sigma}{6},\qquad q_R^{SI}=\frac{2c-k\sigma}{3},\qquad q_M^{SI}(i)=\frac{6\mu_i-10c+2k\sigma}{12}$$

制造商在对称信息下的利润是

$$\begin{aligned}\Pi_M^{SI}&=\frac{1}{18}(2c-k\sigma)[3(\lambda\mu_H+(1-\lambda)\mu_L)-c-k\sigma]\\&\quad+\frac{1}{36}\lambda(3\mu_H-5c+k\sigma)^2+\frac{1}{36}(1-\lambda)(3\mu_L-5c+k\sigma)^2\end{aligned} \tag{5-9}$$

对称信息下零售商的效用是

$$U_R^{SI}=\frac{1}{9}(c+k\sigma)(2c-k\sigma)-\frac{1}{6}k\sigma(c+k\sigma) \tag{5-10}$$

在这种情况下，风险规避程度须满足条件 $0<k<\min\left\{\frac{2c}{\sigma},\frac{3\mu_L-c}{\sigma}\right\}$。这里 $k<\frac{2c}{\sigma}$ 是为了保证 $q_R^{SI}>0$，$k>\left(\frac{5c-3\mu_L}{\sigma}\right)^+$ 是为了保证 $q_M^{SI}(i)>0$。条件 $k<\frac{3\mu_L-c}{\sigma}$ 保证了 $w^{SI}(i)>0$。

5.3 不对称需求信息下双渠道供应链模型

考虑一个双渠道供应链，制造商只知道市场规模的先验知识，但是他可以根据零售商的订货量来判断真实的市场规模，假设传统零售渠道和直销渠道的销售量都是正的。

令 $a_{j(q_R)}$ 表示接收到零售商的订货量之后，制造商认定的市场规模为 q_R。给定批发价 w，存在订货量阈值 $\hat{q}_R(w)$。如果 $q_R>\hat{q}_R(w)$，制造商相信市场规模是高的，否则就是低的，即

$$j(q_R)=\begin{cases}H, & q_R>\hat{q}_R(w)\\ L, & q_R\leqslant\hat{q}_R(w)\end{cases} \tag{5-11}$$

在观察到零售商的订货量 q_R 之后，通过优化下面的公式，制造商选择直销渠道的销售数量 q_M 为

$$\max_{q_M}[\mu_{j(q_R)}-q_R-q_M(q_R)-c]q_M(q_R) \tag{5-12}$$

因此，制造商的最优直销量是

$$q_M(q_R)=\frac{\mu_{j(q_R)}-q_R-c}{2} \tag{5-13}$$

给定批发价 w，制造商的最优反应函数是式(5-13)，零售商的期望利润函数是

$$\max_{q_R}E[\Pi_R]=\left[\mu_i-\frac{1}{2}\mu_{j(q_R)}-\frac{1}{2}q_R(w;i)+\frac{c}{2}-w\right]q_R(w;i) \tag{5-14}$$

与制造商相比，零售商预测的市场规模更加准确，零售商的效用函数是

$$E[U_R]=\begin{cases}\lambda\left[\dfrac{\mu_H-q_R(w;H)+c}{2}-w\right]q_R(w;H)+\\ \quad(1-\lambda)\left[\dfrac{\mu_L-q_R(w;L)+c}{2}-w\right]q_R(w;L)-\\ \quad\dfrac{k\sigma}{2}\sqrt{\lambda q_R(w;H)^2+(1-\lambda)q_R(w;L)^2}, \qquad i=j(q_R)\\ \lambda\left[\mu_H-\dfrac{\mu_L+q_R(w;H)-c}{2}-w\right]q_R(w;H)+\\ \quad(1-\lambda)\left[\mu_L-\dfrac{\mu_H+q_R(w;L)-c}{2}-w\right]q_R(w;L)-\\ \quad\dfrac{\sqrt{5}}{2}k\sigma\sqrt{\lambda q_R(w;H)^2+(1-\lambda)q_R(w;L)^2}, i\neq j(q_R)\end{cases} \tag{5-15}$$

令 $q_R^{AI}(i)$表示式(5-15)的最优解。因此，目标函数是最大化期望效用 $E[U_R]$。令 $V_{ij}(q_R)$表示零售商在不对称信息下的期望效用，则 $V_{ij}(q_R)=E[U_R]$。

当 $\lambda=1$ 时，即市场规模总是高的，有

$$\frac{\partial V_{ij}(q_R)}{\partial q_R(w;H)}=\begin{cases}\dfrac{\mu_H-2w+c}{2}-q_R(w;H)-\dfrac{1}{2}k\sigma, \quad i=j(q_R)=H\\ \mu_H-q_R(w;H)-\dfrac{\mu_L-c}{2}-w-\dfrac{\sqrt{5}}{2}k\sigma, \quad i=H,j=L\end{cases} \tag{5-16}$$

类似地，当 $\lambda=0$ 时，即市场规模总是低的，有

$$\frac{\partial V_{ij}(q_R)}{\partial q_R(w;L)}=\begin{cases}\dfrac{\mu_L-2w+c}{2}-q_R(w;L)-\dfrac{1}{2}k\sigma, \quad i=j(q_R)=L\\ \mu_L-q_R(w;L)-\dfrac{\mu_H-c}{2}-w-\dfrac{\sqrt{5}}{2}k\sigma, \quad i=L,j=H\end{cases} \tag{5-17}$$

因为$\dfrac{\partial^2 V_{ij}(q_R)}{\partial q_R(w;i)^2}<0$，效用函数(5-15)是一个凹函数，存在唯一最优解 q_R 最大化效用。通过最大化公式(5-15)，可以得到零售商的订货量是制造商批发价的函数：

$$q_R(w;i)=\begin{cases}\dfrac{\mu_i-2w+c-k\sigma}{2}, \quad i=j(q_R)\\ \left(\dfrac{2\mu_i-\mu_j-2w+c-\sqrt{5}k\sigma}{2}\right)^+, \quad i\neq j(q_R)\end{cases} \tag{5-18}$$

其中 $i\in\{H,L\}$，$(\cdot)^{+}=\max\{\cdot,0\}$。

引理 5.1 效用函数 $V_{ij}(q_R)$、$\forall i,j\in\{H,L\}$ 是关于 q_R 的凹函数。

(1)当市场规模信息对称的时候，零售商的订货量是

$$q_R(w;i)=\left(\frac{\mu_i-2w+c-k\sigma}{2}\right)^{+} \tag{5-19}$$

其中：$i=j$，$\forall i$、$j\in\{H,L\}$。

(2)当市场规模信息是对称的时候，制造商不能预测到真实的市场规模；即市场规模信息是不对称的，即 $i,j(q_R)\in\{H,L\}$，$i\neq j(q_R)$。因此，零售商的订货量是

$$q_R(w;i)=\left(\frac{2\mu_i-\mu_j-2w+c-\sqrt{5}k\sigma}{2}\right)^{+} \tag{5-20}$$

其中：$i\neq j(q_R)$，$\forall i,j\in\{H,L\}$。

由引理 5.1 可知，在对称市场规模信息下，如果零售商没有风险规避行为(即 $k=0$)，则 $q_R(w,i)=\left(\frac{\mu_i-2w+c}{2}\right)^{+}$，$i=j$，$\forall i,j\in\{H,L\}$。当零售商有风险规避行为的时候(即 $k>0$)，如果 $0<k<\frac{\mu_i-2w+c}{\sigma}$，则 $q_R(w;i)>0$。如果 $k\geqslant\frac{\mu_i-2w+c}{\sigma}$，则 $q_R(w;a_i)=0$，即当零售商有更加强烈的风险规避行为的时候，零售商将不会订货。在不对称信息下，当零售商没有风险规避行为的时候(即 $k=0$)，有 $q_R(w;i)=\left(\frac{2\mu_i-\mu_j-2w+c}{2}\right)^{+}$，$i\neq j$，$\forall i,j\in\{H,L\}$。

引理 5.1 表明，在高市场规模下，零售商具有强烈的风险规避行为时的订货量小于其在完全理性情况下的订货量。但是在低市场规模下，由于 $\mu_L<\mu_H$，不管零售商是否具有风险规避行为，他在不对称信息下的订货量将小于对称情况下的订货量。

很明显，由公式(5-14)可知，对于一个给定的订货量，如果制造商相信市场规模是低的，对零售商总是有利的。当零售商表现出风险规避行为的时候，订货量 $q_R(w)$ 比较低，这是因为零售商有动机去扭曲订货量信息，从而误导制造商相信市场是低的。在这种情况下，制造商可能不能准确地预测市场规模。

定义 5.1 对于每个市场规模 a_i，$i\in\{H,L\}$ 和给定的批发价格 w，如果 $j[q_R(w;i)]=i$，存在一个阈值 $\hat{q}_R(w)$ 使得 $q_R(w;H)>\hat{q}_R(w)$ 和 $q_R(w;L)\leqslant$

$\hat{q}_R(w)$同时成立。

给定零售商的订货量 q_R，假设真实的市场规模是 i，但制造商相信真实的市场规模是 $j(q_R)$。

引理 5.2 如果零售商有风险规避行为，对于任何正的 q_R 和 $V_{HL}(q_R)>V_{HH}(q_R)$，存在 $\bar{q}_R(w)=\frac{1}{2}(2\mu_H-\mu_L-2w+c-k\sigma)-\frac{1}{2}\sqrt{B}$ 和 $\bar{q}_R(w)<\frac{2\mu_H-\mu_L-2w+c-\sqrt{5}k\sigma}{2}$，使得 $V_{HL}[\bar{q}_R(w)]=V_{HH}\left(\frac{\mu_H-2w+c-k\sigma}{2}\right)$，其中 $B=(\mu_H-\mu_L)(3\mu_H-\mu_L-4w+2c-2k\sigma)$。

引理 5.2 的证明见本章附录。

当 $q_R<\bar{q}_R(w)$ 时，有 $V_{HL}(q_R)<V_{HH}\left(\frac{\mu_H-2w+c-k\sigma}{2}\right)$。当 q_R 满足约束条件 $\bar{q}_R(w)<q_R<\frac{\mu_H-2w+c-k\sigma}{2}$ 时，有 $V_{HL}(q_R)>V_{HH}\left(\frac{\mu_H-2w+c-k\sigma}{2}\right)$。而且，令 $\bar{w}=\frac{1}{4}(3\mu_L-\mu_H+2c-2k\sigma)$。如果 $w\leqslant\bar{w}$，则 $\bar{q}_R(w)\leqslant\left(\frac{\mu_L-2w+c-k\sigma}{2}\right)^+$；如果 $w>\bar{w}$，则 $\bar{q}_R(w)>\left(\frac{\mu_L-2w+c-k\sigma}{2}\right)^+$。图 5-1 通过数值例子给出了零售商效用函数 $V_{ij}(q_R)$ 的描述。

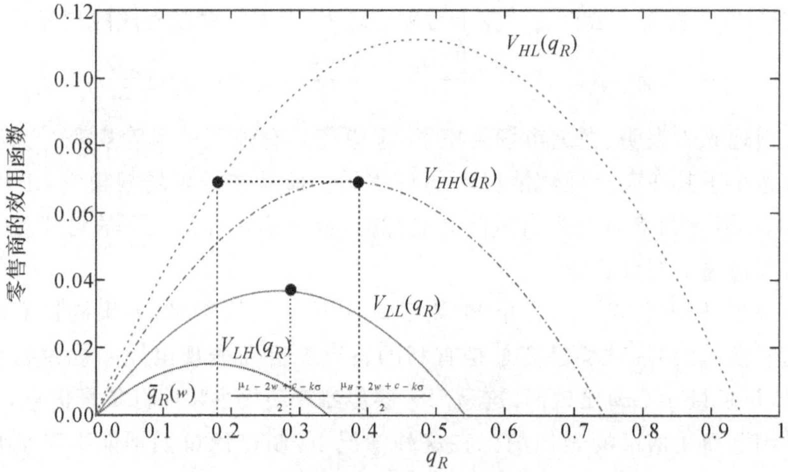

图 5-1 零售商的效用函数和阈值 $\bar{q}_R(w)$

图 5-1 中的参数取值为：$\mu_H=1.2$，$\mu_L=1.0$，$\sigma=0.05$，$c=0.2$，$k=0.5$，$w=0.3$，并且 $w<\bar{w}$。

图 5-1 描述了引理 5-2 中的结果和阈值 $\bar{q}_R(w)$。如果制造商相信阈值 $\hat{q}_R(w)$ 大于 $\bar{q}_R(w)$，零售商的订货量将小于$\frac{\mu_H-2w+c-k\sigma}{2}$，此时零售商观察到一个高的市场规模，但是误导制造商相信市场规模是低的。为了排除这种情况，制造商设定的阈值 $\hat{q}_R(w)$ 必须小于 $\bar{q}_R(w)$，从而确保存在分离均衡。基于引理 5.2，命题 5.1 给出了唯一的一个完美贝叶斯分离均衡。

命题 5.1 当市场规模信息不对称时，存在唯一的完美贝叶斯分离均衡解。

(1)零售商的订货量是

$$q_R(w;H)=\left(\frac{\mu_H-2w+c-k\sigma}{2}\right)^+$$

$$q_R(w;L)=\bar{q}_R(w)=\min\left\{\left(\frac{\mu_L-2w+c-k\sigma}{2}\right)^+,\bar{q}_R(w)\right\}$$

(2)制造商的直销量是

$$q_M(w;i)=\frac{\mu_{j(q_R)}-q_R(w;i)-c}{2},\ \forall i\in\{H,L\}$$

其中：
$$\bar{q}_R(w)=\frac{1}{2}(2\mu_H-\mu_L-2w+c-k\sigma-\sqrt{B})$$

$$B=(\mu_H-\mu_L)(3\mu_H-\mu_L-4w+2c-2k\sigma)$$

命题 5.1 的证明见本章附录。

为了确保命题 5.1(1) 中的 $q_R(w;H)$、$q_R(w;L)\geqslant 0$，注意到，当 $w\geqslant\frac{\mu_i+c-k\sigma}{2}$时，无论在哪个市场规模下零售商都不订货，制造商将永远不会受益。因此，在接下来的分析过程中，考虑约束条件 $w<\frac{\mu_i+c-k\sigma}{2}$。为了把命题 5.1 展示得更加清楚，这里通过数值实例来展示制造商的单位生产成本 c 和零售商的风险规避程度 k 对 $\bar{q}_R(w)$ 的影响，见图 5-2 和图 5-3。

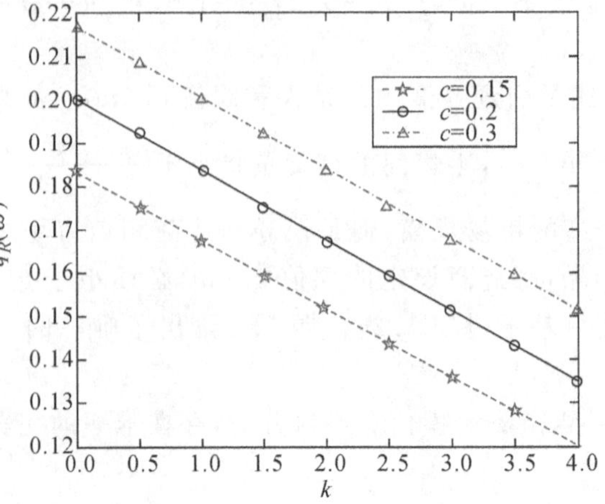

图 5-2　k 对 $\bar{q}_R(w)$ 的影响

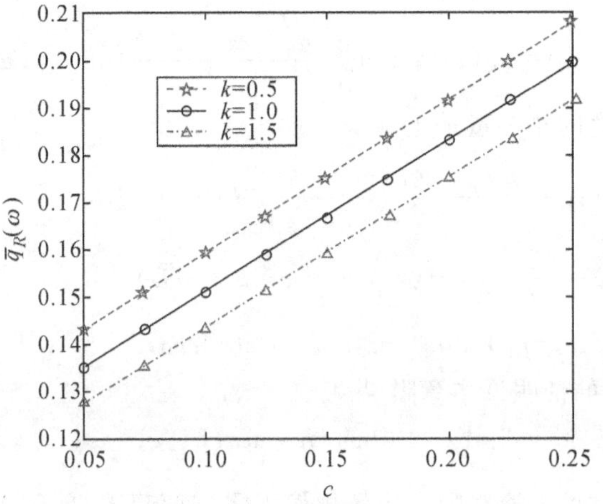

图 5-3　c 对 $\bar{q}_R(w)$ 的影响

上述两个图的参数是 $\mu_H=1.2$，$\mu_L=1.0$，$\sigma=0.05$，$w=0.3$。

从图 5-2 和图 5-3 可以看到，$\bar{q}_R(w)$随着零售商的风险规避程度 k 的增加而降低。一旦 k 固定，$\bar{q}_R(w)$随着 c 的增加而快速增加。类似地，$\bar{q}_R(w)$也随着制造商单位直销成本 c 的增加而增加。当 c 给定的时候，$\bar{q}_R(w)$随着 k 的增加而降低。

接下来，讨论制造商的批发价格决策：

$$\max E\{wq_R(w;i)+[a_i-q_R(w;i)-q_M(q_R(w;i))-c]q_M[q_R(w;i)]\} \tag{5-21}$$

根据公式(5-21),制造商的期望利润如下(NS 代表自然的分离,即没有扭曲信息的情况发生):

$E[\Pi_M(w)]=$

$$\begin{cases} w\left[\lambda\left(\frac{\mu_H-2w+c-k\sigma}{2}\right)+(1-\lambda)\left(\frac{\mu_L-2w+c-k\sigma}{2}\right)\right] \\ \quad +\lambda\left(\frac{\mu_H+2w-3c+k\sigma}{4}\right)^2+(1-\lambda)\left(\frac{\mu_L+2w-3c+k\sigma}{4}\right)^2, \\ \quad 若\ w\geqslant\bar{w} \\ w\left[\lambda\left(\frac{\mu_H-2w+c-k\sigma}{2}\right)+(1-\lambda)\bar{q}_R(w)\right]+\lambda\left(\frac{\mu_H+2w-3c+k\sigma}{4}\right)^2 \\ \quad +(1-\lambda)\left(\frac{\mu_L-\bar{q}_R(w)-c}{2}\right)^2, 若\ w<\bar{w} \end{cases} \tag{5-22}$$

求解公式(5-22)得到的是非平凡解。接下来的命题给出了(5-22)的解和当制造商引入直销渠道时,高市场规模和低市场规模两种情况下的子博弈均衡。对于任何确定的值 k,相应地,可求得 c 的范围,解的可行域被划分为三个区域。

首先,定义与制造商单位直销成本有关的阈值 $\bar{c}(\lambda)$ 来确保制造商在低市场规模下的直销数量大于零。此时,定义

$$b=\min\left\{\frac{3(1+2\lambda)(\mu_H-\mu_L)+4k\sigma}{8}, 3\mu-k\sigma, \frac{2k\sigma+3\mu_L+3\mu}{10}, \bar{c}(\lambda)\right\}$$

三个可行区域被定义如下。

$$\text{Region } R_1: c\in\left(\max\left\{\frac{-3\sqrt{\lambda}(\mu_H-\mu_L)+2k\sigma}{4}, \frac{k\sigma}{2}\right\},\right.$$
$$\left.\min\left\{\frac{3\sqrt{\lambda}(\mu_H-\mu_L)+2k\sigma}{4}, 3\mu_H-k\sigma, \frac{3\mu_H+k\sigma}{5}\right\}\right)$$

$$\text{Region } R_2: c\in\left(\max\left\{\frac{2k\sigma_H+3\lambda(\mu_H-\mu_L)}{4}, \frac{3\sqrt{\lambda}(\mu_H-\mu_L)+2k\sigma}{4}\right\}, b\right]$$

$$\text{Region } R_3: c\in\left(\max\left\{\frac{4k\sigma+(6\lambda-9)(\mu_H-\mu_L)}{8}\right\},\right.$$
$$\left.\min\left\{\frac{3(1+2\lambda)(\mu_H-\mu_L)+4k\sigma}{8}, \bar{c}(\lambda)\right\}, \bar{c}(\lambda)\right)$$

图 5-4 展示出了三个可行区域。这里图 5-4 的参数取值与图 5-1 的相同。

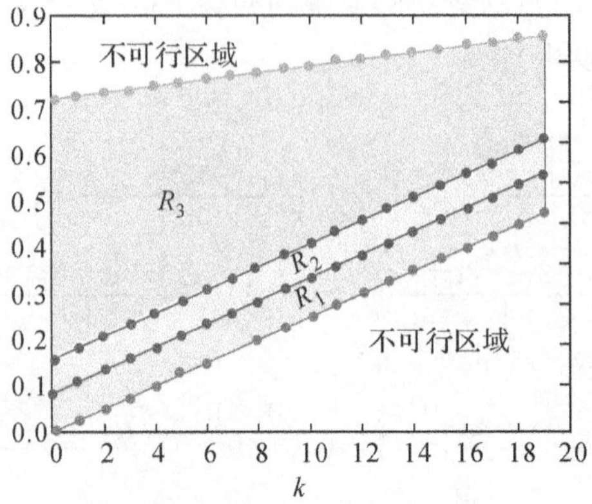

图 5-4　由 c 和 k 决定的可行域

命题 5.2　假设 $a_H - N(\mu_H, \sigma^2)$，$a_L - N(\mu_L, \sigma^2)$，对于任何 $\lambda \in (0,1)$，有均衡解如下。

(1)制造商的最优批发价和零售商的最优订货量可以分为三种情况：

1)在区域 R_1，$w^{AI} = \frac{3\mu_H - k\sigma - c}{6}$，$q_R(w^{AI}; H) = \frac{\mu_H - 2w^{AI} + c}{2}$，$q_R(w^{AI}; L) = 0$；

2)在区域 R_2，$w^{AI} = \frac{3\mu - k\sigma - c}{6}$，$q_R(w^{AI}; H) = \frac{\mu_H - 2w^{AI} + c}{2}$，$q_R(w^{AI}; L) = \frac{\mu_L - 2w^{AI} + c}{2}$，其中 $\mu = \lambda\mu_H + (1-\lambda)\mu_L$；

3)在区域 R_3，$w^{AI} = \min\{w_f, \overline{w}\}$，$q_R(w^{AI}; H) = \frac{\mu_H - 2w^{AI} + c}{2}$，$q_R(w^{AI}; L) = \overline{q}_R(w^{AI})$，其中 w_f 是使得公式(5-16)取最大值的无约束条件的最优解，满足 $q_R(w; L) = \overline{q}_R(w^{AI})$，并且 $w_f > \frac{3\mu - k\sigma - c}{6}$。这里，$w_f$ 满足下面的一阶条件：

$$\lambda(3\mu_H - 6w - c - k\sigma) + (1-\lambda)(\mu_H + 2\mu_L - 6w - c - k\sigma) \times \left(1 - \frac{\sqrt{\mu_H - \mu_L}}{\sqrt{3\mu_H - \mu_L + 2c - 4w - 2k\sigma}}\right) = 0$$

(2)制造商的直销量是 $q_M[q_R(w^{AI};i)]=\frac{\mu_i-q_R(w^{AI};i)-c}{2}$，$\forall i\in\{H,L\}$，$c\in[0,\bar{c}(\lambda)]$。

命题 5.2 的证明见本章附录。

在区域 R_1，制造商的单位直销成本 c 是相对小的；制造商决定批发价 w，当且仅当真实市场规模为高的时候，此时零售商的订货量是正的，因此制造商可以根据零售商的订货量来获知真实的市场规模。因此，制造商可以根据零售商的订货量来获知真实的市场规模。进一步，在区域 R_2，制造商的最优批发价导致了零售商在每个市场规模下订货量都为正。观察到，当销售成本 c 适中的时候，存在一个自然的分离均衡，即在真实市场规模为低的情况下零售商的订货量也不会存在扭曲现象。从命题 5.2(1)的 1)中可知，当市场规模为高时，订货量信息没有扭曲。最后，当 c 相对高的时候，即在区域 R_3，当零售商观察到一个高的市场规模时，他没有动机去订一个小的订货量来欺骗制造商。然而，当市场规模低的时候，他可能向下扭曲订货量从而可信地向制造商传递市场规模为低的信息。在这种扭曲信息的情况下，最优批发价 w 必须满足条件 $w_f>\frac{3\mu-c-k\sigma}{6}$，其中$\frac{3\mu-c-k\sigma}{6}$是在没有扭曲的情况下制造商提供的批发价。区域 R_3 的最优的批发价格 $w^{AI}=\min\{w_f,\overline{w}\}$大于区域 R_1 和 R_2 的最优批发价格，即 $w^{AI}=\frac{3\mu-k\sigma-c}{6}$。注意到 $c\in[0,\bar{c}(\lambda)]$，这是因为低市场规模下制造商的直销量必须为正。对于 $c>\bar{c}(\lambda)$的情况，即不管市场规模是高的还是低，制造商的直销量为零。因此，本书关注制造商入侵总是存在的情况。

接下来，将考虑制造商销售成本和零售商的风险规避程度对制造商利润和零售商效用的影响。令 Π_M^{AI} 表示在制造商入侵且存在不对称信息的情况下制造商的期望利润，Π_M^N 表示没有制造商入侵情况下制造商的期望利润。

命题 5.3 制造商通过入侵传统零售渠道给其自身带来的是期望利润的改善还是恶化，取决于 c 和 k 满足的如下条件。

(1)在区域 R_1，如果 $c<g_1$ 或 $c>g_2$，则 $\Pi_M^{AI}-\Pi_M^N>0$；如果 $g_1<c<g_2$，则 $\Pi_M^{AI}-\Pi_M^N<0$。

(2)在区域 R_2，如果 $c>h_2$ 或 $0\leqslant c\leqslant\max\{h_1,0\}$，则 $\Pi_M^{AI}-\Pi_M^N>0$；

如果 $\max\{h_1,0\}<c<h_2$，则 $\Pi_M^{AI}-\Pi_M^N<0$，其中

$$g_1=\frac{(12\mu+8\lambda k\sigma)-F}{2(8\lambda+6)},\qquad g_2=\frac{(12\mu+8\lambda k\sigma)+F}{2(8\lambda+6)}$$

$$h_1=\frac{3}{56}(8\mu+\frac{16}{3}k\sigma)-E,\qquad h_2=\frac{3}{56}(8\mu+\frac{16}{3}k\sigma)+E$$

$$E=\frac{3}{14}\sqrt{4(\mu+\frac{2}{3}k\sigma)^2-\frac{7}{3}[\lambda\mu_H^2+(1-\lambda)\mu_L^2+\mu^2+\frac{2}{3}k\sigma(6\mu-k\sigma)]}$$

$$F=2\sqrt{(6\mu+4\lambda k\sigma)^2-(8\lambda+6)\{6\mu k\sigma+(2\lambda-3)k^2\sigma^2-3\mu^2+6[\lambda\mu_H^2+(1-\lambda)\mu_L^2]\}}$$

命题 5.3 的证明见本章附录。

在命题 5.3 中，$\Pi_M^{AI}-\Pi_M^N>0$ 意味着制造商将从入侵中获益，而 $\Pi_M^{AI}-\Pi_M^N<0$ 则反之，意味着制造商将因为入侵给自身带来损失。根据命题 5.3，观察到在区域 R_1，当直销成本非常小或者相对大的时候，制造商通过入侵传统零售渠道，在期望利润方面将会有改善。然而，在直销成本适中的情况下，通过入侵制造商的期望利润是会恶化的。同样的情况也出现在区域 R_2，因为直销成本在区域 R_1 和 R_2 是低的，制造商有更多的动力来开设直销渠。然而，从命题 5.3，可以推断出制造商并不总是从入侵中获益的。在区域 R_1，如果真实市场规模低的时候，零售商不下订单，则制造商将承受损失。然而，在区域 R_2，制造商面临的情况是类似于 Arya (2007)[168] 中的情况。零售商倾向于在每个市场规模下的订货量都为正，且不存在故意扭曲信息的情况。制造商入侵不只能带来新的需求也能赋予制造商一种控制零售渠道销售价格的能力，这将有助于消除双重边际化效应。由于制造商的入侵，虽然零售商失去了在零售市场的垄断权力，但是也可能为其带来一个低的批发价格。像文献 Arya 等(2007)[168] 和 Li 等(2013)[142] 所展示的那样，制造商入侵使得零售商获益还是受损取决于制造商的单位直销成本，并且进一步表明，零售商的风险规避程度也是一个重要的因素。

下面的命题，提出了在信息不对称情况下零售商效用相关的一个类似的结果。

命题 5.4 假设 $a_H\sim N(\mu_H,\sigma^2)$，$a_L\sim N(\mu_L,\sigma^2)$，对于任何 $\lambda\in(0,1)$ 来说，制造商入侵给区域 R_1 和 R_2 中的零售商效用带来的影响是更好还是变坏取决于 c 和 k 满足的约束条件，因此，对零售商来说，存在某个阈值 $c_R(\lambda)$，使得当约束条件 $c\in\left(\max\left\{\frac{-3\sqrt{\lambda}(\mu_H-\mu_L)+2k\sigma}{4},\frac{k\sigma}{2}\right\},c_R(\lambda)\right)$ 时，零售商的期望效用会恶化；当 c 的范围是 $c\in[c_R(\lambda),b]$ 时，零售商的期望效用会提高。

命题 5.4 的证明见本章附录。

命题 5.4 表明，对于任何取定的 k 来说，存在与制造商的直销成本相关的一个阈值 $c_R(\lambda)$。当制造商的直销成本 c 低于阈值时，零售商的期望效用状况更差，也就是说效用更低了。因为在制造商入侵的情况下，零售商失去了在下流市场的垄断权力。相反，当直销成本超过阈值的时候，零售商获得了一个大的效用，这是因为批发价格降低了，由于制造商入侵导致的批发价格的降低带来的收益超过了制造商入侵使得需求降低带来的损失。在本章可以观察到，除了直销成本之外，阈值很大程度上还依赖于风险规避程度。

通过分析制造商在区域 R_1 和区域 R_2 有相对小和适中的直销成本 c 的情况，获知当零售商观察到一个高的市场规模的时候，其没有动机去故意扭曲订货量，从而导致制造商相信市场规模是低的。然而，由命题 5.2(1)可知，当直销成本相对高的时候，制造商将设定一个大的最优批发价格。因此，零售商可能会假装观察到一个低的市场，或者在观察到低市场规模的时候，故意向下扭曲订货量。如果扭曲发生了，制造商的利润和零售商的效用将发生极大的变化。下面给出在区域 R_3 成立的重要结论。

注记 5.1 假设 $a_H \sim N(\mu_H, \sigma^2)$，$a_L \sim N(\mu_L, \sigma^2)$，对于任何 $\lambda \in (0,1)$ 来说，在区域 R_3，由于制造商入侵，制造商和零售商是状况更好还是状况更差取决于制造商的直销成本和零售商的风险规避程度 k。

因为在区域 R_3，制造商设定的最优批发价格满足一个复杂的隐函数。获得这个函数的充分和必要的条件在技术上充满挑战。当制造商选择入侵传统零售市场的时候，由于入侵带来的优势和劣势可能都是由零售商决定的。

在对称信息情况下，观察到一个高的市场规模之后，零售商没有动力去扭曲订货量。然而，在信息不对称情况下，零售商有动机去订购更少的货物从而使得制造商相信真实市场规模就是低的，从而导致制造商在直销渠道的销售量减少。与没有扭曲信息存在的情况相比，当扭曲发生的时候，零售商的最优订货量随着批发价格的降低而缓慢增加。零售商在低市场规模的均衡订货量满足：当 $w \geqslant \bar{w}$ 时，$\left|\dfrac{\mathrm{d}q_R(w;L)}{\mathrm{d}w}\right| = 1$，当 $w < \bar{w}$ 时，$\left|\dfrac{\mathrm{d}q_R(w;L)}{\mathrm{d}w}\right| < 1$。即当市场规模低的时候，与存在信息扭曲的情况（$w < \bar{w}$）相比较，零售商的最优订货量在没有信息扭曲的情况下（$w \geqslant \bar{w}$）表现出对批

发价的更加强烈的敏感性。对于一个确定的批发价格 w 来说，当真实市场规模低的时候，零售商的订货量的价格弹性存在一个下降。

零售商订货量方面存在的潜在的扭曲可以促使制造商提供一个高的批发价格，低市场规模下的订货量可能比之前的订货量低，这最终加强了在低市场规模情形下的双重边际化效应。原因可能是 k 和 c 都发挥了重要作用。这种结果没有发生在文献[142]中，原因是增加了零售商具有风险规避行为的考虑。

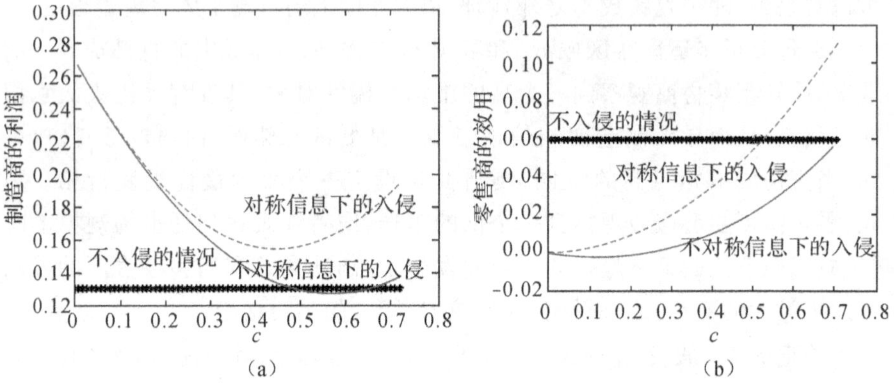

图 5-5　信息对称和不对称情况下制造商入侵对双方利润/效用的影响

图 5-5 中的参数是：$\mu_H=1.2$，$\mu_L=1.0$，$\sigma=0.05$，$k=0.3$，$\lambda=0.1$。在图 5-5 中，通过数值分析展示了所有可能的结果。首先，检验了制造商入侵给制造商的期望利润和零售商的期望效用带来的影响是明显的，还给出了制造商不入侵情况下的制造商的期望利润和零售商的期望效用。从图 5-5 可以看到，在制造商入侵的情况下，制造商的利润函数曲线和零售商的效用函数曲线在对称信息情况下分别用虚线的抛物线表示，实线的抛物线则表示不对称信息情况。在图 5-5 中，R_1 的范围是[0.008,0.055)，$R_2\in[0.055,0.098]$，$R_3\in[0.098,0.708]$。当直销成本 c 变大的时候，这些影响加强了(见图 5-5)。注意到，在区域 R_1 和 R_2，信息对称还是不对称的影响基本上是一样的，在区域 R_3，对称信息情况和不对称信息情况下的差距正在随着直销成本的增加而逐渐变大，零售商可能会因为信息而获取更多的利润，原因是不知道真实市场规模的制造商不能根据真实的市场规模来设定批发价格。

为了获得更加直观的认识，通过数值分析来展示上述命题的所有可能的结果。研究发现，对供应链双方成员来说，信息的不对称性对制造商入侵情况下的制造商期望利润和零售商期望效用存在明显的影响。随着 c 的增加，影响的程度逐渐增加。然而，对于 c 的一个取值范围(即给定 k，区域 R_1、区域 R_2 和区域 R_3 的一部分)，由于制造商的入侵，与信息对称情况相比，信息不对称的存在可以为零售商提供更多的利润。在上面提到的情况中，制造商不能根据真实的市场规模取调整最优的批发价格。很明显，可以从图 5-5(b)观察到当 k 取不同的值的时候，直销成本给效用函数带来的影响也是不同的。图 5-6 描述了 k 取不同的值的情况。

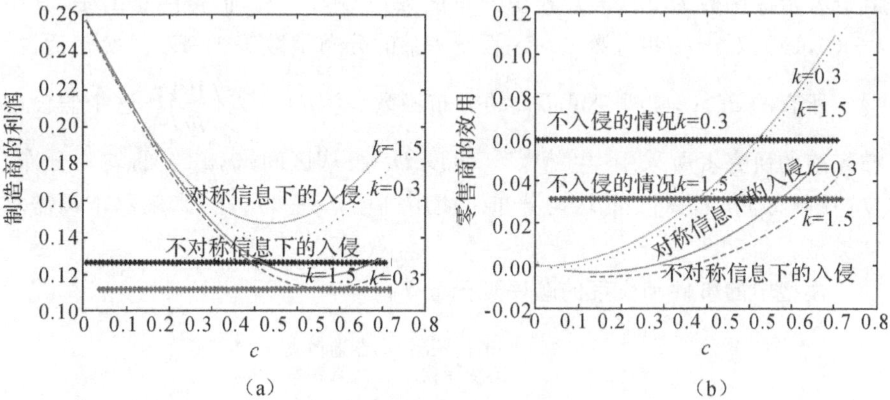

图 5-6 单位直销成本 c 和风险规避程度 k 对制造商利润和零售商效用的影响

这里，参数的取值是：$\mu_H=1.2$，$\mu_L=1.0$，$\sigma=0.05$，$\lambda=0.1$，$k=0.3$ 或 1.5。

由图 5-6(a)可知，在不对称信息下制造商的利润将随着 k 的增加而增加。换句话说，当零售商表现出强烈的风险规避态度时，制造商的利润都显著增加。从图 5-6(b)可以观察到，当需求信息对称的时候，零售商在 $k=1.5$ 时的期望利润低于 $k=0.3$ 的情况。类似地，在不对称信息下，$k=0.3$ 时零售商的期望效用将低于 $k=1.5$ 时的期望利润。换句话说，当单位直销成本 c 给定的时候，不对称信息下零售商效用的边际大于对称信息下的。当 c 的取值小的时候，不管 k 取多少，制造商的利润基本维持在相同的水平，零售商效用间的差距特别小。在图 5-6(a)中，观察到制造商的利润随着 c 的增加而呈现出增加的趋势。然而，发现零售商的效用随着 c 的增加而降低，也随着 k 的增加而降低。

5.4 市场规模服从均匀分布的决策模型

本小节还是在5.2节相同供应链的背景下，考虑一个制造商和一个零售商组成的双渠道供应链系统。关于成本和市场出清价格还有批发价格方面的假设与5.2节相同。市场的规模 D 以 δ 的概率取值为低(D_L)，其概率密度函数为 $g_L(\cdot)$，累积分布函数为 $G_L(\cdot)$；以 $1-\delta$ 的概率取值为高(D_H)，其概率密度函数为 $g_H(\cdot)$，累积分布函数为 $G_H(\cdot)$。值得注意的是，其中 $\delta\in(0,1)$。对于一些常数 $\beta>1$，假设 D_H 的分布函数等于 βD_L。换句话说，对于所有的 $d\geqslant 0$，随机变量 D_H 的分布函数 $G_H(d)=G_L\left(\frac{d}{\beta}\right)$。这个假设已被先前的研究者所采用[144,173,174]。假设 D_L 服从区间 $[0,a]$ 上的均匀分布，D_H 服从区间 $[0,\beta a]$ 上的均匀分布。使用符号 $i,j\in\{H,L\}$ 来表示市场需求的类型。

模型中的事件和决策的顺序见图5-7。

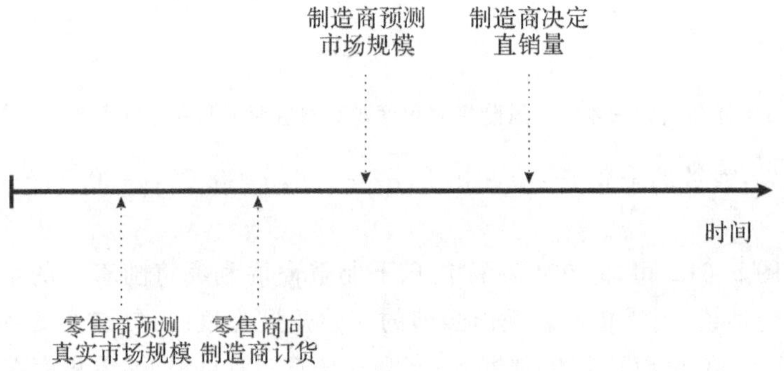

图5-7 事件和决策的顺序

供应链的决策者担心利润方面受到损失，具有风险规避行为。假设制造商和零售商都是风险规避的决策者。采用均值方差法[130,175,176])来测量决策者的期望效用，则制造商和零售商的期望效用公式分别是

$$U_m=\pi_m-k_m\sqrt{\mathrm{Var}(\pi_m)} \tag{5-23}$$

$$U_r=\pi_r-k_r\sqrt{\mathrm{Var}(\pi_r)} \tag{5-24}$$

$k_m=0$ 表示制造商是风险中性的，$k_m>0$ 表示制造商为风险规避的，而

且 k_m 越大表示制造商越害怕风险。对于零售商的 k_r 来说，情况也是一样。假设制造商和零售商的风险规避程度都是已知的共同信息。

决策变量定义如下。

$D_{j(q_r)}$：接收到零售商的订货量 q_r 后，制造商对市场规模的估计量；

$q_m^j(q_r)$：零售商发出订货量 q_r 后，制造商判断市场规模为 $j(q_r)$ 时，制造商的直销量；

q_r^{ij}：零售商预测市场规模为 i 时的订货量，此时制造商根据零售商订货量判断市场规模为 j，$\forall i$、$j\in\{H,L\}$；

q_r^{H*}（q_r^{L*}）：零售商预测市场规模高（H）或低（L）时，零售商的最优订货量；

q_m^{H*}（q_m^{L*}）：零售商预测市场规模高（H）或低（L）时，制造商的最优直销量；

U_m：制造商的效用；

U_r^{ij}：零售商预测的市场规模高低（即真实市场规模）是 i，制造商根据零售商订货量估计的市场规模为 j 时，零售商的效用，其中 i、$j\in\{H,L\}$。若 $i=j$，则表明制造商准确估计出了零售商预测的市场规模；否则，表明制造商估计的市场规模与零售商预测的市场规模不同。

5.4.1 不对称信息下双渠道供应链成员的决策

制造商需要根据零售商的订货量来估计真实的市场需求规模，制造商估计的市场规模为 $D_{j(q_r)}$。制造商通过满足下列条件的阈值 $\bar{q}_r$ 来判断市场规模的高低：

$$j(q_r)=\begin{cases}H, & q_r>\bar{q}_r\\ L, & q_r\leqslant\bar{q}_r\end{cases}$$

当零售商的订货量 $q_r>\bar{q}_r$ 时，制造商估计的真实市场需求为高；否则为低。

由此，零售商和制造商的利润函数分别为

$$\pi_r=[D_i-q_r-q_m^j(q_r)-w]q_r,\quad \forall i、j\in\{H,L\} \tag{5-25}$$

$$\pi_m=wq_r+[D_j-q_r-q_m^j(q_r)-c]q_m^j(q_r),\quad \forall i、j\in\{H,L\} \tag{5-26}$$

接收到零售商的订货之后，制造商为了最大化直销渠道的利润，根据零售商的订货量来预测整个市场的需求规模，从而决定直销量。因此，$\forall i$、$j\in$

$\{H,L\}$，制造商最优化直销量的利润函数为

$$\max_{q_m} U_m = \max_{q_m}\{[D_j(q_r)-q_r-q_m^j(q_r)-c]q_m^j(q_r)- k_m\sqrt{\mathrm{Var}\{[D_j(q_r)-q_r-q_m^j(q_r)-c]q_m^j(q_r)\}} \tag{5-27}$$

通过计算，知道制造商的最优直销量为

$$q_m^j(q_r)=\frac{D_j(q_r)-q_r-c-k_m\sqrt{\mathrm{Var}[D_j(q_r)]}}{2},\quad \forall i、j\in\{H,L\} \tag{5-28}$$

进一步，$\forall i、j\in\{H,L\}$，制造商的期望效用为

$$E[U_m]=\delta\{[D_j(q_r)-q_r(D_L)-q_m^j(q_r)-c]q_m^j(q_r)\} +(1-\delta)\{[D_{j(q_r)}-q_r(D_H)-q_m^j(q_r)-c]q_m^j(q_r)\}-k_mX \tag{5-29}$$

其中 X 的取值为

$$X=\delta q_m^i(q_r)^2\mathrm{Var}[D_i(q_r)-q_r(D_L)-q_m^i(q_r)-c]+ (1-\delta)q_m^j(q_r)^2\mathrm{Var}[D_j(q_r)-q_r(D_H)-q_m^j(q_r)-c]$$

$\forall i、j\in\{H,L\}$，零售商的效用函数为

$$U_r^{ij}=q_r[D_i-q_r-q_m^j(q_r)-w]-k_rq_r\sqrt{\mathrm{Var}[D_i-q_r-q_m^j(q_r)-w]} \tag{5-30}$$

相应地，零售商的期望效用为

$$\begin{aligned} V_{ij}(q_r)&=E[U_r^{ij}]\\ &=\delta\left\{\frac{a}{2}-q_r(D_L)-\frac{E[D_j(q_r)]-q_r(D_L)-c-k_m\sqrt{\mathrm{Var}\{E[D_j(q_r)]\}}}{2}-w\right\}q_r(D_L)\\ &+(1-\delta)\left\{\frac{\beta a}{2}-q_r(D_H)-\frac{E[D_j(q_r)]-q_r(D_H)-c-k_m\sqrt{\mathrm{Var}[D_j(q_r)]}}{2}-w\right\}q_r(D_H)\\ &-k_r\sqrt{\delta q_r(D_L)^2[\mathrm{Var}(D_L)+\frac{1}{4}\mathrm{Var}D_j(q_r)]+(1-\delta)q_r(D_H)^2\{\mathrm{Var}(D_H)+\frac{1}{4}\mathrm{Var}[D_j(q_r)]\}} \end{aligned} \tag{5-31}$$

当 $\delta=0$ 时，即市场规模总是高的，有

$$\frac{\partial V_{ij}(q_r)}{\partial q_r(D_H)}=\begin{cases}\frac{\beta a}{4}-w+\frac{c}{2}+\frac{\beta a}{4\sqrt{3}}(k_m-\sqrt{5}k_r)-q_r(D_H),\\ i=j(q_r)=H\\ \frac{\beta a}{2}-\frac{a}{4}-w+\frac{c}{2}+\frac{a}{4\sqrt{3}}(k_m-\sqrt{1+4\beta^2}k_r)-q_r(D_H),\\ i=H,j=L\end{cases} \tag{5-32}$$

类似地，当 $\delta=1$ 时，即市场规模总是低的，有

$$\frac{\partial V_{ij}(q_r)}{\partial q_r(D_L)}=\begin{cases}\frac{a}{4}-w+\frac{c}{2}+\frac{a}{4\sqrt{3}}(k_m-\sqrt{5}k_r)-q_r(D_L),\\ i=j(q_r)=L\\ \frac{a}{2}-\frac{\beta a}{4}-w+\frac{c}{2}+\frac{a}{4\sqrt{3}}(\beta k_m-\sqrt{4+\beta^2}k_r)-q_r(D_L),\\ i=L,j=H\end{cases} \tag{5-33}$$

根据上述等式，可得 $\frac{\partial^2 V_{ij}(q_r)}{\partial q_r(D_i)^2}=-1<0$，(5-9)式的效用函数是一个凹函数，存在一个最大化效用的唯一的解 $q_r(D_i)$。通过最大化零售商的期望效用，即(5-9)式，得到零售商的订货量，与制造商批发价格有关的函数：

$$q_r(D_i)=\begin{cases}\frac{1}{2}\left[E(D_i)-2w+c+(k_m-\sqrt{5}k_r)\sqrt{\mathrm{Var}(D_i)}\right]^+,i=j(q_r)\\ \frac{1}{2}\left[2E(D_i)-E(D_j)-2w+c+k_m\sqrt{\mathrm{Var}(D_j)}-\right.\\ \left.2k_r\sqrt{\mathrm{Var}(D_i)+\frac{1}{4}\mathrm{Var}(D_j)}\right]^+,i\neq j(q_r)\end{cases}$$

其中 $i\in\{H,L\}$，$(\cdot)^+$。具体来说，

$$q_r(D_i)=\begin{cases}\frac{\beta a}{4}-w+\frac{c}{2}+\frac{\beta a}{4\sqrt{3}}(k_m-\sqrt{5}k_r), & i=j(q_r)=H\\ \frac{\beta a}{2}-\frac{a}{4}-w+\frac{c}{2}+\frac{a}{4\sqrt{3}}(k_m-\sqrt{1+4\beta^2}k_r), & i=H,j=L\end{cases} \tag{5-34}$$

$$q_r(D_i)=\begin{cases}\frac{a}{4}-w+\frac{c}{2}+\frac{a}{4\sqrt{3}}(k_m-\sqrt{5}k_r), & i=j(q_r)=L\\ \frac{a}{2}-\frac{\beta a}{4}-w+\frac{c}{2}+\frac{a}{4\sqrt{3}}(\beta k_m-\sqrt{4+\beta^2}k_r), & i=L,j=H\end{cases} \tag{5-35}$$

5.4.2 不对称信息下风险规避行为对收益函数的影响

根据公式 (5-12)和(5-13)得到以下命题的结论。

命题 5.5 $\forall i、j\in\{H,L\}$，$\forall i、j\in\{H,L\}$，效用函数 $V_{ij}(q_r)$是关于 q_r 的凹函数，下列结论成立：

(1)零售商的最优订货量是

$$q_r(D_i)=\begin{cases}\frac{1}{2}\left[E(D_i)-2w+c+(k_m-\sqrt{5}k_r)\sqrt{\mathrm{Var}(D_i)}\right]^+, i=j(q_r)\\ \frac{1}{2}\left[2E(D_i)-E(D_j)-2w+c+k_m\sqrt{\mathrm{Var}(D_j)}-\right.\\ \left.\qquad 2k_r\sqrt{\mathrm{Var}(D_i)+\frac{1}{4}\mathrm{Var}(D_j)}\right]^+, \quad i\neq j(q_r)\end{cases} \tag{5-36}$$

当制造商和零售商都具有风险规避行为时，即 $k_m>0, k_r>0$，如果$i=j(q_r)$且 $k_m>\sqrt{5}k_r-\frac{E(D_i)-2w+c}{\sqrt{\mathrm{Var}(D_i)}}$，有 $q_r(D_i)>0$；否则 $k_m\leqslant\sqrt{5}k_r-\frac{E(D_i)-2w+c}{\sqrt{\mathrm{Var}(D_i)}}$，有 $q_r(D_i)=0$。当 $i\neq j(q_r)$且 $k_m>\frac{2k_r\sqrt{\mathrm{Var}(D_i)+\frac{1}{4}\mathrm{Var}(D_j)}-(2E(D_i)-E(D_j)-2w+c)}{\sqrt{\mathrm{Var}(D_j)}}$时，有$q_r(D_i)>0$，否则 $q_r(D_i)=0$。当制造商没有风险规避行为时，$k_m=0, k_r>0$，如果 $i=j(q_r)$ 且 $k_r<\frac{E(D_i)-2w+c}{\sqrt{5\mathrm{Var}(D_i)}}$，则 $q_r(D_i)>0$；如果 $i\neq j(q_r)$ 且 $k_r<\frac{2E(D_i)-E(D_j)-2w+c}{2\sqrt{\mathrm{Var}(D_i)+\frac{1}{4}\mathrm{Var}(D_j)}}$时，有 $q_r(D_i)>0$，否则 $q_r(D_i)=0$。当零售商没有风险规避行为时，$k_m>0, k_r=0$，可用类似方法分析。

(2)当信息对称时候，即 $i=j$ 时，用 q_r^{ii} 表示 $q_r(D_i)$，有

$$q_r^{ii}=\frac{1}{2}\left[E(D_i)-2w+c+(k_m-\sqrt{5}k_r)\sqrt{\mathrm{Var}(D_i)}\right]^+ \tag{5-37}$$

根据上式，可以求得一阶导数 $\frac{\partial q_r^{ii}}{\partial k_r}=-\frac{\sqrt{5\mathrm{Var}(D_i)}}{2}<0$，$\frac{\partial q_r^{ii}}{\partial k_m}=\frac{\sqrt{\mathrm{Var}(D_i)}}{2}>0$；当 $i=H$ 时，$q_r^{HH}=\frac{1}{2}\left[\frac{\beta a}{2}-2w+c+(k_m-\sqrt{5}k_r)\frac{\beta a}{2\sqrt{3}}\right]$，同样地，当 $i=L$ 时，可求得 $q_r^{LL}=\frac{1}{2}\left[\frac{a}{2}-2w+c+(k_m-\sqrt{5}k_r)\frac{a}{2\sqrt{3}}\right]$。

命题 5.5 的证明：根据零售商的效用函数，计算可知 $\frac{\partial^2 U_r^{ii}}{\partial q_r^2}=-1<0$，故表明该效用函数为凹函数，存在唯一的 q_r 使得该效用函数达到最大值，令 $\frac{\partial U_r^{ii}}{\partial q_r}=0$，$i=j$，可以得到 $q_r^{ii}=E[D_i]-w-k_r\sqrt{\mathrm{Var}(D_i)}$，$\forall i\in\{H,L\}$。证毕。

命题 5.5 阐述了信息对称情况下，即制造商可以预测真实的市场规模时，零售商的最优订货量。命题 5.5(1) 给出了最优订货量的表达式。由于双渠道结构下，制造商开设的直销渠道与零售商的传统零售渠道形成竞争关系，那么命题 5.5(1) 表明零售商的订货量是随着零售商的风险规避程度的增加而减小的，是随着制造商的风险规避程度的增加而增加的。因为制造商是根据零售商订货量对市场规模进行判断的，从而确定直销量。在市场规模高的情况下，制造商错误估计成市场规模低时，零售商所得到的效用(U_r^{HL})比制造商正确估计为市场规模大时，零售商所得到的效用(U_r^{HH})要大，即 $U_r^{HL}>U_r^{HH}$。由此，为了使制造商不能准确地估计出市场的真实需求规模，零售商有隐瞒市场真实规模的动机，零售商可能故意减少订货量，使得制造商得出市场规模低的错误估计，从而使自身获得较高的效用。

参数取值为：$a=1.5$，$\beta=1.2$，$w=0.15$，$c=0.1$。

面对零售商扭曲市场真实规模信息的这种动机，制造商如何决策从而保证做出市场需求规模准确的预测呢？因为供应链成员之间存在信息不对称，相比于制造商，零售商掌握着更为准确的市场规模信息，而制造商仅仅是从零售商的订货量中推测市场的有效信息。制造商可以设定一个阈值 $\bar{q}_r$，若零售商的订货量超过阈值 $\bar{q}_r$ 则制造商认为市场需求规模高；否则，制

造商认为市场需求规模低。因而，面对具有风险规避行为的零售商，对风险规避的制造商来说，如何确定适当的阈值来准确判断市场规模是至关重要的。为此，得到以下命题5.6。

命题5.6 考虑零售商和制造商都存在风险规避行为，市场需求规模的信息不对称，为了准确判断真实的市场规模，制造商应该设定的阈值为 $\bar{q}_r=\frac{E-\sqrt{E^2-8F}}{4}$，其中 $E=2\beta a-4w-a+2c+\frac{a}{\sqrt{3}}(k_m-\sqrt{1+4\beta^2}\,k_r)$，$F=\frac{1}{8}\left[\beta a-4w+2c+(k_m-\sqrt{5}k_r)\frac{\beta a}{\sqrt{3}}\right]^2$。

命题5.6的证明：令 $\bar{q}_r$ 满足 $U_r^{HH}(q_r^{HH})=U_r^{HL}(\bar{q}_r)$，且 $\bar{q}_r<q_r^{HH}$，$q_r^{HH}=\frac{1}{2}\left[\frac{\beta a}{2}-2w+c+(k_m-\sqrt{5}k_r)\frac{\beta a}{2\sqrt{3}}\right]$，则可得到下面两个公式：

$$E[U_r^{HH}(q_r^{HH})]=\frac{1}{2}\left[\frac{\beta a}{8}+\frac{\beta a}{8\sqrt{3}}(k_m+\sqrt{5}k_r)-\frac{1}{2}w+\frac{c}{4}\right]\times\left[\frac{\beta a}{2}-2w+c+(k_m-\sqrt{5}k_r)\frac{\beta a}{2\sqrt{3}}\right]-\frac{\sqrt{5}\beta a k_r}{8\sqrt{3}}\times\left[\frac{\beta a}{2}-2w+c+(k_m-\sqrt{5}k_r)\frac{\beta a}{2\sqrt{3}}\right]$$

$$E[U_r^{HL}(\bar{q}_r)]=\left(\frac{\beta a}{2}-\frac{1}{2}\bar{q}_r-w-\frac{\frac{a}{2}-c-\frac{a}{2\sqrt{3}}k_m}{2}\right)\bar{q}_r-\frac{a\sqrt{1+4\beta^2}}{4\sqrt{3}}k_r\bar{q}_r$$

求解关于 $\bar{q}_r$ 的一元二次方程 $2\bar{q}_r^2-E\bar{q}_r+F=0$，其中

$$F=\frac{1}{8}\left[\beta a-4w+2c+(k_m-\sqrt{5}k_r)\frac{\beta a}{\sqrt{3}}\right]^2$$

$$E=2\beta a-4w-a+2c+\frac{a}{\sqrt{3}}(k_m-\sqrt{1+4\beta^2}\,k_r)$$

得到 $\bar{q}_r=\frac{E-\sqrt{E^2-8F}}{4}$。需要注意的是：$\bar{q}_r$ 之所以要满足不等式 $\bar{q}_r<q_r^{HH}$，是为了确保零售商的 $\bar{q}_r$ 小于其在市场规模高时的最优订货量，下面说明 $\hat{q}_r\leqslant\bar{q}_r$ 的原因。

(1)如果阈值 $\hat{q}_r>\bar{q}_r$，接下来分析市场规模高低的两种情况。当零售商观察到市场规模高时，为了误导制造商相信市场规模是低的，零售商不会选择高市场规模对应的最优订货量，零售商的订货量会低于 q_r^{H*}，来达到扭曲

信息的目的。具体地，零售商将订货量 q_r 设定在 $\hat{q}_r$ 和 $\bar{q}_r$ 之间，即 $\hat{q}_r<q_r<\bar{q}_r$（如图5-8所示）。此时，尽管市场规模高但制造商却通过扭曲的订货量判断市场规模是低的，这样零售商获得了更多的效用。当市场规模低时，同理可分析出零售商有动机扭曲订货量信息。总之，当阈值 $\bar{q}_r$ 大于 $\hat{q}_r$ 时，制造商判断出的市场信息是不准确的。

(2)如果阈值 $\hat{q}_r\leqslant\bar{q}_r$，不妨令 $\hat{q}_r=\bar{q}_r$（$\hat{q}_r<\bar{q}_r$ 情形下与 $\hat{q}_r=\bar{q}_r$ 情形下的分析方法及结论是相同的）。

1)若市场规模为 D_H（参见图5-8中最上面两条曲线），当 $q_r<\hat{q}_r=\bar{q}_r$ 时，有 $U_r^{HL}(q_r)\leqslant U_r^{HH}(q_r^{H*})$，当 $q_r=\hat{q}_r=\bar{q}_r$ 时 $U_r^{HL}(q_r)=U_r^{HH}(q_r^{H*})$，即市场规模为 D_H 时，如果零售商扭曲订货量来使制造商认为市场规模为 D_L 的话，则零售商的效用始终小于等于信息对称情况下零售商所能获得的最大效用。因此，当市场规模高时，零售商不会扭曲订货信息来使制造商认为市场规模是低的，零售商的最优订货量为 $q_r=q_r^{H*}$。

②若市场规模为 D_L，同理可得，对称信息情况下零售商最优订货量为 $\bar{q}_r=\min\{\bar{q}_r,q_r^{LL}\}$，其中，$q_r^{LL}=\frac{1}{2}\left[\frac{a}{2}-2w+c+(k_m-\sqrt{5}k_r)\frac{a}{2\sqrt{3}}\right]$。

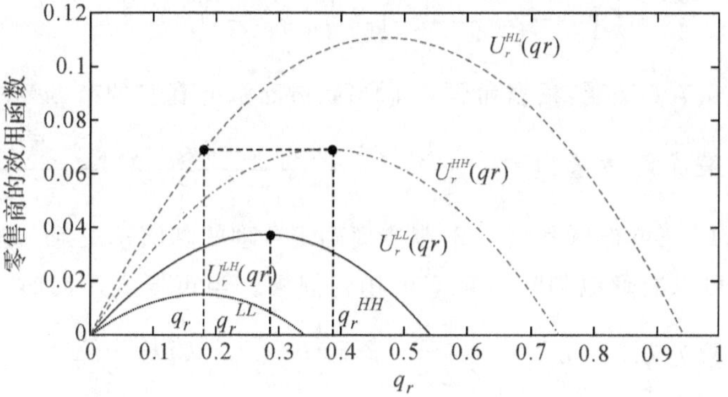

图5-8 制造商预测市场规模为高或低时零售商的效用函数和阈值 $\bar{q}_r$

根据上述分析，制造商根据 $\bar{q}_r$ 就能准确地推断出真实的市场规模，即 $\bar{q}_r = \frac{E-\sqrt{E^2-8F}}{4}$，其中，有 $E=2\beta a-4w-a+2c+\frac{a}{\sqrt{3}}(k_m-\sqrt{1+4\beta^2}k_r)$，和 $F=\frac{1}{8}\left(\beta a-4w+2c+(k_m-\sqrt{5}k_r)\frac{\beta a}{\sqrt{3}}\right)^2$。

命题 5.7 考虑在制造商和零售商的风险规避行为且需求信息不对称的情形下，存在唯一的完美 Bayes 分离均衡。

(1)零售商的最优订货量为

$$q_r^{i*}=\begin{cases}\frac{1}{2}\left[\frac{\beta a}{2}-2w+c+(k_m-\sqrt{5}k_r)\frac{\beta a}{2\sqrt{3}}\right], & i=H\\ \bar{q}_r, & i=L\end{cases} \tag{5-38}$$

(2)制造商的最优直销量为

$$\begin{aligned}q_m^{i*}&=\frac{D_i-q_r^{i*}-c-k_m\sqrt{\mathrm{Var}(D_i)}}{2}\\&=\begin{cases}\frac{1}{4}\left(\frac{\beta a}{2}+2w-3c+\sqrt{5}k_r\frac{\beta a}{2\sqrt{3}}\right)-\frac{3\beta a}{8\sqrt{3}}k_m, & i=H\\ \frac{1}{2}\left(\frac{a}{2}-c-\frac{a}{2\sqrt{3}}k_m\right)-\frac{1}{2}\bar{q}_r, & i=L\end{cases}\end{aligned} \tag{5-39}$$

命题 5.7 的证明：根据命题 5.1，当制造商掌握真实的市场需求规模时，零售商的最优订货量为 $q_r^{ii}=\left[\frac{E(D_i)-2w+c+(k_m-\sqrt{5}k_r)\sqrt{\mathrm{Var}(D_i)}}{2}\right]^+$，$\forall i\in\{H,L\}$。再根据命题 5.2，制造商确定合理的阈值 $\bar{q}_r$ 之后，基于零售商的订货量可以准确地判断出真实市场的规模。当市场规模高时，零售商的最优订货量为 $q_r^{H*}=q_r^{HH}=\frac{1}{2}\left[\frac{\beta a}{2}-2w+c+(k_m-\sqrt{5}k_r)\frac{\beta a}{2\sqrt{3}}\right]$；当市场规模低时，零售商的订货量应小于阈值。参照 U_r^{LL} 曲线代表的含义，具体的订货量为 $q_r^{L*}=\bar{q}_r$。

下面证明命题 5.7(2)。由命题 5.7 知

$$q_m^j(q_r)=\frac{D_j(q_r)-q_r-c-k_m\sqrt{\mathrm{Var}[D_j(q_r)]}}{2},\quad \forall i、j\in\{H,L\}$$

通过设定阈值，制造商已能准确判断真实市场规模，即 $D_j(q_r)=D_i$，零售商的最优订货量为

$$q_r = q_r^{i*}$$

制造商的直销量为

$$q_m^{i*} = \frac{D_i - q_r^{i*} - c - k_m \sqrt{\mathrm{Var}(D_i)}}{2}$$

证毕。

下面通过数值实验分析所有命题的管理意义，并分析成员的行为对成员效用的影响。

5.4.3 数值实验分析

接下来分析制造商和零售商的风险规避行为对成员的最优决策以及收益函数带来的影响。相关数据的具体取值分别为：$a=1.5$，$\beta=1.2$，$w=0.2$，$c=0.1$，$\delta=0.7$，$\beta a=1.8$。为了反映供应链成员的风险规避行为对他们的最优决策和收益函数的影响，当 $k_m>0$ 且 $k_r>0$ 时，双方成员都是风险规避的。根据上文，知零售商的最优订货量和制造商的最优直销量分别如(5-38)和(5-39)式所示。

根据 $q_r(D_i)>0$ 知，k_m 和 k_r 需满足约束条件。

若 $i=j(q_R)$，则 $k_m>\sqrt{5}k_r-\dfrac{E(D_i)-2w+c}{\sqrt{\mathrm{Var}(D_i)}}$；若 $i=j(q_R)$，则 k_m 需满足的约束条件是

$$k_m > \frac{2k_r\sqrt{\mathrm{Var}(D_i)+\frac{1}{4}\mathrm{Var}(D_j)}-[2E(D_i)-E(D_j)-2w+c]}{\sqrt{\mathrm{Var}(D_j)}}$$

根据阈值 $\bar{q}_r>0$，得 k_m 和 k_r 需满足的约束条件是

$$k_m > \sqrt{1+4\beta^2}\,k_r - \frac{\sqrt{3}}{a}(2\beta a - 4w - a + 2c)$$

通过计算，得到双方成员风险规避程度给零售商的最优订货量和制造商的最优直销量带来的影响，即

$$\frac{\partial q_r^{i*}}{\partial k_r} = \begin{cases} -\dfrac{\sqrt{5}\beta a}{4\sqrt{3}}, & i=H \\ \min\left\{\dfrac{\partial \bar{q}_r}{\partial k_r}, -\dfrac{\sqrt{5}a}{4\sqrt{3}}\right\}, & i=L \end{cases}$$

$$\frac{\partial q_r^{i*}}{\partial k_m}=\begin{cases}\dfrac{\beta a}{4\sqrt{3}}, & i=H\\ \min\left\{\dfrac{\partial \bar{q}_r}{\partial k_m},\dfrac{a}{4\sqrt{3}}\right\}, & i=L\end{cases}$$

$$\frac{\partial q_m^{i*}}{\partial k_r}=\begin{cases}\dfrac{\sqrt{5}\beta a}{8\sqrt{3}}, & i=H\\ -\dfrac{1}{2}\min\left\{\dfrac{\partial \bar{q}_r}{\partial k_r},-\dfrac{\sqrt{5}a}{4\sqrt{3}}\right\}, & i=L\end{cases}$$

$$\frac{\partial q_m^{i*}}{\partial k_m}=\begin{cases}-\dfrac{1}{2}\sqrt{\mathrm{Var}(D_i)}-\dfrac{\beta a}{8\sqrt{3}}, & i=H\\ -\dfrac{1}{2}\sqrt{\mathrm{Var}(D_i)}-\dfrac{1}{2}\min\left\{\dfrac{\partial \bar{q}_r}{\partial k_m},\dfrac{a}{4\sqrt{3}}\right\}, & i=L\end{cases}$$

图 5-9 描述了供应链双方成员的风险规避的程度给零售商的最优订货量以及制造商的最优直销量带来的影响，即制造商设定的阈值随着制造商风险规避程度的增加而增加，随着零售商风险规避程度的增加而减小，这与计算结果相一致。

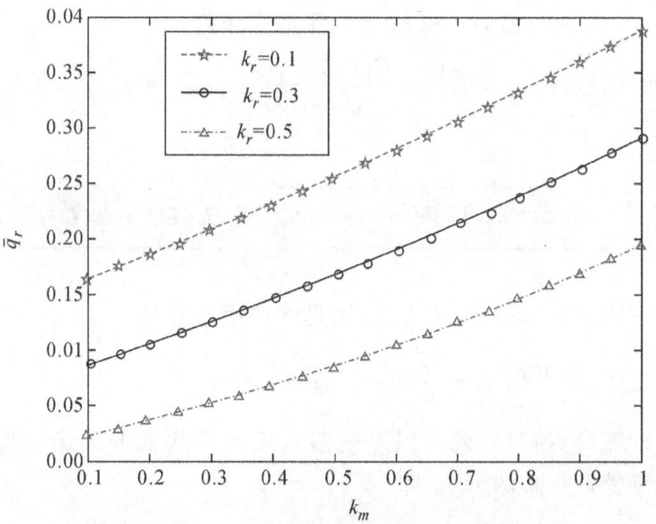

图 5-9　制造商风险规避程度对阈值的影响

图 5-10(a)给出了制造商的风险规避程度对零售商最优订货量的影响，图 5-10(b)描述了制造商的风险规避程度对制造商最优直销量的影响。值

得注意的是，当 $k_m=0$ 且 $k_r=0$ 时，制造商是风险中性的，零售商是风险中性的；当 $k_m>0$ 且 $k_r=0$ 时，制造商是风险规避的，零售商是风险中性的；当 $k_m=0$，$k_r>0$，制造商是风险中性的，零售商是风险规避的。

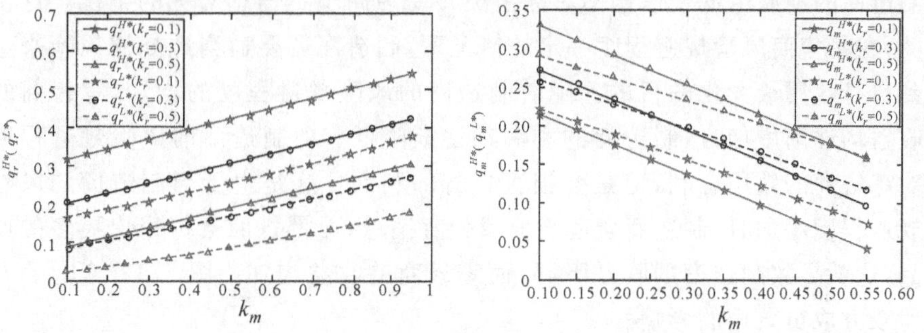

(a) (b)

图 5-10 风险规避程度对成员最优决策的影响

从图 5-10(a) 中可以看出，随着制造商的风险规避程度 k_m 的增加，零售商的最优订货量也在增加，真实市场规模高时零售商的订货量明显高于市场规模低时的订货量。当 k_m 固定的时候，零售商的风险规避程度越大，相应的零售商的最优订货量越少。图 5-10(b)表明，随着 k_m 的增加，制造商的直销量在不断下降。值得注意的是，当 k_r 固定的时候，随着 k_m 的增加，当市场规模高时，制造商的直销量由高于低市场规模情况下的直销量逐步转变为低于低市场规模下的直销量。图 5-11 给出了 k_m 对双方成员收益的影响。

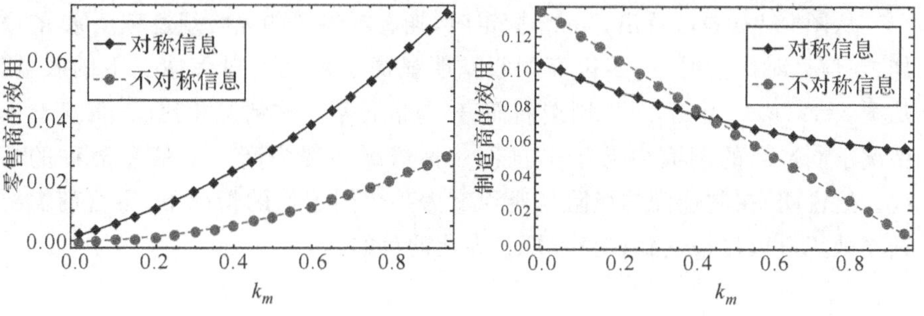

(a) (b)

图 5-11 $k_r=0.5$，k_m 对信息对称和不对称情况下成员最优收益的影响

从图 5-11(a)可看出，随着制造商的风险规避程度 k_m 的增加，对于零售商来说，在信息对称的情况下，零售商的收益明显高于信息不对称情况下的收益。而对于制造商而言，与信息不对称情况相比较，在信息对称的情况下制造商的利润由低于信息不对称情况转变为高于不信息对称的情况。这说明，在零售商风险规避程度一定的情况下，制造商需要适当地规避风险来达到自身效用最大化的目的。随着制造商的风险规避程度的增加，零售商的收益均逐渐增加，但制造商的利润却逐渐降低。即制造商的风险规避程度对零售商的效用有利，但是会损害自身的利润。这是由于当制造商的风险规避程度增加时，制造商会适当地减少直销量，而零售商会销售出更多的产品，这就导致制造商的收益下降，而零售商的收益增加。图 5-12 给出了 k_r 对双方成员效用的影响。

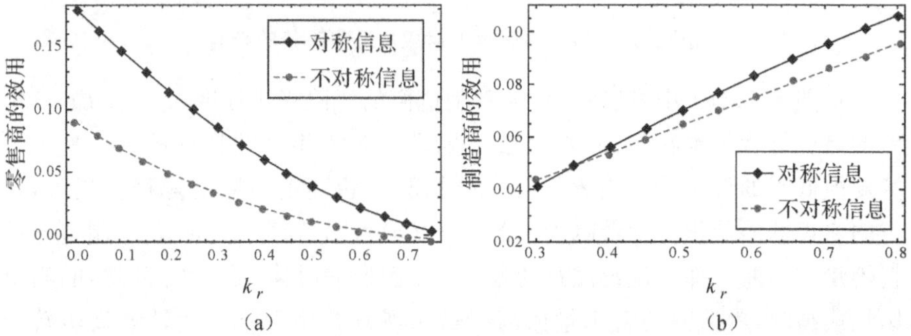

图 5-12　$k_m=0.5$，k_r 对信息对称和不对称情况下成员最优收益的影响

从图 5-12(a)可看出，当 k_m 固定时，随着零售商的风险规避程度 k_r 的增加，在信息对称情况下，零售商的收益明显高于信息不对称情况下的收益。从图 5-12(b)可看出，对于制造商而言，与信息不对称情况相比较，信息对称情况下制造商的利润由低于信息不对称情况转变为高于不信息对称的情况。这说明，在制造商的风险规避程度为某个固定值的情况下，零售商需要适当地规避风险来达到自身效用最大化的目的。

5.5 本章附录

5.5.1 引理5.2和命题5.1的证明

当信息对称的时候，零售商没有信息作假的动机，最优订货量是

$$q_R(w;i)=\frac{\mu_i-2w+c-k\sigma}{2}\left(\text{其是正的，因为 } w<\frac{\mu_i+c-k\sigma}{2}\right)$$

效用函数是

$$V_{ij}(q_R)=\frac{1}{2}[2\mu_i-\mu_j-q_R(w;j)+c-2w-\sqrt{5}k\sigma]q_R(w;j),$$
$$\forall i、j\in\{H,L\},i\neq j \tag{A5-1}$$

类似地，有

$$V_{ii}(q_R)=\frac{1}{2}[\mu_i-q_R(w;i)+c-2w-k\sigma]q_R(w;i),\forall i\in\{H,L\}$$

很明显，有

$$V_{HH}\left(\frac{\mu_H-2w+c-k\sigma}{2}\right)=\frac{1}{8}(\mu_H-2w+c-k\sigma)^2 \tag{A5-2}$$

$$V_{HL}\left(\frac{\mu_L-2w+c-k\sigma}{2}\right)$$
$$=\frac{1}{8}(4\mu_H-3\mu_L-2w+c+k\sigma-2\sqrt{5}k\sigma)(\mu_L-2w+c-k\sigma) \tag{A5-3}$$

则可得

$$V_{HL}\left(\frac{\mu_L-2w+c-k\sigma}{2}\right)\leqslant\frac{1}{8}(\mu_H-2w+c-k\sigma)^2$$

$$\overline{w}=\frac{1}{4}(3\mu_L-\mu_H+2c-2k\sigma)$$

很明显，如果 $V_{HL}\left(\frac{\mu_L-2w+c-k\sigma}{2}\right)\leqslant V_{HH}\left(\frac{\mu_H-2w+c-k\sigma}{2}\right)$，则零售商如果观察到高的市场规模，则没有动机去模仿低市场规模的订货量。（注意到，当真实市场规模低的时候，零售商不会模仿高市场规模的

情况）。当 $w \geqslant \bar{w} = \frac{3\mu_L - \mu_H + 2c - 2k\sigma}{4}$，则 $V_{HL}\left(\frac{\mu_L - 2w + c - k\sigma}{2}\right) > V_{HH}\left(\frac{\mu_H - 2w + c - k\sigma}{2}\right)$；当 $w < \bar{w}$ 时，效用是相同的。观察到高市场规模的零售商可能尝试模仿低市场规模下的订货量。最终，存在一个分离均衡。当观察到低的市场规模的时候，零售商向下扭曲订货量到某一个水平；当观察到高市场规模的时候，零售商没有动机去做假，即

$$V_{HL}[q_R(w;L)] \leqslant V_{HH}\left(\frac{\mu_H - 2w + c - k\sigma}{2}\right)$$

通过条件

$$\frac{1}{2}[2\mu_H - \mu_L - 2w + c - q_R(w;L) - \sqrt{5}k\sigma]q_R(w;L) \leqslant \frac{1}{8}(\mu_H - 2w + c - k\sigma)^2$$

获得订货量的一个阈值

$$\bar{q}_R(w) = \frac{1}{2}(2\mu_H - \mu_L - 2w + c - k\sigma) - \frac{1}{2}\sqrt{B} \tag{A5-4}$$

其中 $B = (\mu_H - \mu_L)(3\mu_H - \mu_L - 4w + 2c - 2k\sigma)$

可以得到

$$q_R(w;i) = \begin{cases} \frac{\mu_H - 2w + c - k\sigma}{2}, & i = H \\ \bar{q}_R(w), & i = L \end{cases} \tag{A5-5}$$

其中 $\bar{q}_R(w) = \min\left\{\left(\frac{\mu_L - 2w + c - k\sigma}{2}\right)^+, \bar{q}_R(w)\right\}$

制造商的直销量是

$$q_M(w;i) = \frac{\mu_i - q_R(w;i) - c}{2}$$

总之，一个分离均衡被构建。

5.5.2 命题 5.2 的证明

当 $w \geqslant \bar{w}$ 时，零售商不会欺骗制造商，$q_R(w;i) = \frac{\mu_i - 2w + c - k\sigma}{2}$。在自然的分离均衡中制造商的期望利润是（NS 代表自然分离，即没有信息扭曲

的情况）

$$E[\Pi_M^{NS}(w)]=w[\lambda\left(\frac{\mu_H-2w+c-k\sigma}{2}\right)+(1-\lambda)\left(\frac{\mu_L-2w+c-k\sigma}{2}\right)]+\lambda\left(\frac{\mu_H+2w-3c+k\sigma}{4}\right)^2+(1-\lambda)\left(\frac{\mu_L+2w-3c+k\sigma}{4}\right)^2 \tag{A5-6}$$

当 $w\leqslant\overline{w}$ 时，当真实市场规模低的时候，零售商扭曲订货量，因此 $q_R(w;L)=\bar{q}_R(w)$。制造商的期望利润是（SD 代表存在信息扭曲的分离）

$$E[\Pi_M^{SD}(w)]=w\left[\lambda\left(\frac{\mu_H-2w+c-k\sigma}{2}\right)+(1-\lambda)\bar{q}_R(w)\right]+\lambda\left(\frac{\mu_H+2w-3c+k\sigma}{4}\right)^2+(1-\lambda)\left(\frac{\mu_L-\bar{q}_R(w)-c}{2}\right)^2 \tag{A5-7}$$

制造商根据上述两种类型的分离均衡设定最优的批发价格，即制造商可以通过求解下面的两个有约束条件的规划问题来选择适合自身的最优决策：

$$\max E[\Pi_M^{NS}(w)]$$
$$\text{s. t. } w\geqslant\overline{w}$$

和

$$\max E[\Pi_M^{SD}(w)]$$
$$\text{s. t. } w<\overline{w}$$

通过 $E[\Pi_M^{NS}(w)]$的一阶导数可以推出无约束的最优解：

$$w^{AI}=w^{NS*}=\frac{3\mu-c-k\sigma}{6}$$

$E[\Pi_M^{SD}(w)]$的一阶导数是

$$\frac{\mathrm{d}E[\Pi_M^{SD}(w)]}{\mathrm{d}w}=\frac{\lambda}{4}(3\mu_H-6w-c-k\sigma)+\frac{1}{4}(1-\lambda)(\mu_H+2\mu_L-6w-c-k\sigma)\left(1-\frac{M}{N}\right) \tag{A5-8}$$

令$\dfrac{M}{N}=\dfrac{\sqrt{\mu_H-\mu_L}}{\sqrt{3\mu_H-\mu_L+2c-4w-2k\sigma}}$，则一阶导数是

$$\lambda(3\mu_H-6w-c-k\sigma)+(1-\lambda)(\mu_H+2\mu_L-6w-c-k\sigma)\left(1-\frac{M}{N}\right)=0 \tag{A5-9}$$

$\bar{q}_R(w)$关于 w 的一阶导数是

$$\frac{\mathrm{d}\bar{q}_R(w)}{\mathrm{d}w}=-1+\frac{1}{\sqrt{C}}(\mu_H-\mu_L)>-1$$

$$C=(\mu_H-\mu_L)(\mu_H-\mu_L+2(\mu_H-2w+c)-2k\sigma)=M^2N^2$$

根据条件

$$\frac{\sqrt{\mu_H-\mu_L}}{\sqrt{3\mu_H-\mu_L+2c-4w-2k\sigma}}=\frac{M}{N}=\frac{M}{\sqrt{G+M^2}},G=2(\mu_H-2w+c-k\sigma)$$

当 $w<\bar{w}$ 时，$\bar{w}=\frac{1}{4}(3\mu_L-\mu_H+2c-2k\sigma)$，$G>3(\mu_H-\mu_L)>0$ 时，$0<\frac{M}{N}<1$。

当 $\lambda=0$ 时，式(A5-1)的解是 $w_f=\frac{\mu_H+2\mu_L-c-k\sigma}{6}$，当 $\lambda=1$ 时，$w_f=\frac{1}{6}(3\mu_H-c-k\sigma)$，其中$\frac{M}{N}=\frac{\sqrt{\mu_H-\mu_L}}{\sqrt{3\mu_H-\mu_L+2c-4w-2k\sigma}}$。

注意到，$w<\bar{w}$ 意味着 $0<1-\frac{M}{N}<1$。通过隐函数定理知道，w_f 是随着 λ 的增加而增加的。因此，对于$\frac{\mathrm{d}E[\Pi_M^{NS}(w)]}{\mathrm{d}w}=0$，$w_f<\bar{w}$ 成立，必须有 $3\mu_H-c-k\sigma-6w_f>0$ 和 $\mu_H+2\mu_L-c-k\sigma-6w_f<0$。(很明显，$3\mu_H-c-k\sigma>\mu_H+2\mu_L-c-k\sigma$)。

因此，得到

$$\begin{aligned}\frac{\mathrm{d}E[\Pi_M^{SD}(w_f)]}{\mathrm{d}w}&\geqslant\frac{1}{4}[\lambda(3\mu_H-6w_f-c-k\sigma)+\\&(1-\lambda)(\mu_H+2\mu_L-6w_f-c-k\sigma)]\\&>\frac{1}{4}[3\mu-c-6w_f-k\sigma]\end{aligned}$$

由$\frac{\mathrm{d}E[\Pi_M^{SD}(w)]}{\mathrm{d}w}=\frac{\lambda}{4}(3\mu_H-6w-c-k\sigma)+\frac{1}{4}(1-\lambda)(\mu_H+2\mu_L-6w-c-k\sigma)\left(1-\frac{M}{N}\right)<0$ 和$\frac{1}{4}[3\mu-c-6w_f-k\sigma]<0$ 可得到，如果$\frac{\mathrm{d}E[\Pi_S^{NS}(w)]}{\mathrm{d}w}=0$ 有一个解 $w_f\in(0,\bar{w})$，这表明无约束最大化 $E[\Pi_M^{SD}(w)]$的解 w_f 必定大于无约束最大化 $E[\Pi_M^{NS}(w)]$的解$\frac{3\mu-c-k\sigma}{6}$。注意到，可以得出 $E[\Pi_S^{SD}(w)]$的

二阶和三阶导数。特别地，当 $w\leqslant\bar{w}$ 时，三阶导数$\frac{\mathrm{d}^3E[\Pi_M^{SD}(w)]}{\mathrm{d}w^3}$总是正的，当 $w\leqslant\bar{w}$ 时，二阶导数$\frac{\mathrm{d}^2E[\Pi_M^{SD}(w)]}{\mathrm{d}w^2}$是递增的。因此，$\frac{\mathrm{d}E[\Pi_M^{SD}(w)]}{\mathrm{d}w}=0$ 在区间 $(0,\bar{w})$ 至多存在一个解。

因为 $\bar{w}=\frac{3\mu_L-\mu_H+2c-2k\sigma}{4}\leqslant\frac{3\mu-c-k\sigma}{6}$，则 $c<\frac{3(1+2\lambda)(\mu_H-\mu_L)+4k\sigma}{8}$。注意到 $E[\Pi_M^{NS}(w)]$ 和 $E[\Pi_M^{SD}(w)]$ 的值在 $w=\bar{w}$ 处是相等的，这是因为当 $w=\bar{w}$ 时，没有扭曲情况下的零售商的均衡订货量与扭曲存在的情况下的均衡订货量一致。因此，如果 $\bar{w}\leqslant w^{NS*}=\frac{3\mu-c-k\sigma}{6}$，或者等价地，$c\leqslant\frac{3(1+2\lambda)(\mu_H-\mu_L)+4k\sigma}{8}$，则 w^{NS*} 导出了一个自然的分离均衡；而且 $E[\Pi_S^{SD}(w)]$ 在 $w=\bar{w}$ 处必定是增加的，$E[\Pi_M^{SD}(w)]$ 在 $w=0$ 处是增加的，$E[\Pi_M^{SD}(w)]$ 的一阶导数的任何解大于 w^{NS*} 或者 $\bar{w}$。因此，如果 $c\leqslant\frac{3(1+2\lambda)(\mu_H-\mu_L)+4k\sigma}{8}$，则 $\bar{w}<w^{NS*}$，$w^{AI}=w^{NS*}=\frac{3\mu-c-k\sigma}{6}$ 是制造商的最优批发价格。相反，如果 $\bar{w}>w^{NS*}$，等价地，$c>\frac{3(1+2\lambda)(\mu_H-\mu_L)+4k\sigma}{8}$，则 w^{NS*} 不能导出自然的分离均衡，解 $\bar{w}$ 将会是制造商为了实现自然的分离均衡做出的最优选择。注意到，如果$\frac{\mathrm{d}E[\Pi_M^{SD}(w)]}{\mathrm{d}w}=0$ 有一个解 $w_f\in(0,\bar{w})$，则 w_f 导出了扭曲的分离均衡，这是最优解。如果$\frac{\mathrm{d}E[\Pi_M^{SD}(w)]}{\mathrm{d}w}=0$ 在区间 $(0,\bar{w})$ 没有解，则 $E[\Pi_M^{SD}(w)]$ 在区间 $(0,\bar{w})$ 必定是增加的，解 $\bar{w}$ 将是制造商的最优的批发价格。在给定最优的批发价格的情况下，可直接获得零售商的订货量，然后是制造商的直销量。

注意到，给定没有扭曲情况下分离均衡中的批发价格 $w^{AI}=\frac{3\mu-k\sigma-c}{6}$，制造商的期望利润是

$$\Pi_M^{AI}=\frac{1}{16}\left[\frac{4}{3}(k^2\sigma^2+3\mu^2)+\left(9+\frac{1}{3}\right)c^2-\frac{8c}{3}(2k\sigma+3\mu)+\sigma^2\right]\tag{A5-10}$$

其中 $D=\lambda(\mu_H-\mu)^2+(1-\lambda)(\mu_L-\mu)^2=\lambda\mu_H^2+(1-\lambda)\mu_L^2-\mu^2$。制造商在没有扭曲的分离均衡中的期望利润不能清楚地表达出来。

最后一步是描述边界条件使得制造商和零售商的销售量严格意义上是

正的。如果制造商的直销成本低的话，零售商在低市场规模下的销售数量将首先达到零。当 $c\leqslant\frac{3(1+2\lambda)(\mu_H-\mu_L)+4k\sigma}{8}$，这种情况在自然的分离均衡中总是会发生的(当零售商在低市场规模下的订货量为零的时候，高市场规模下零售商不可能在订货量方面做假，因此，这必定是没有扭曲存在的分离均衡)。很容易表明，当 $c>\frac{3(1+2\lambda)(\mu_H-\mu_L)+4k\sigma}{8}$时，零售商的订货量是正的。相反，随着制造商直销成本的增加，制造商的直销量可能为零。给定 μ_H 和 μ_L，定义最小的阈值 $\bar{c}(\lambda)$，使得至少在一种市场规模下制造商的直销数量为零。

命题 5.2(1)中 1)的证明如下。

制造商可以选择一个批发价格使得零售商在低市场规模下不订货。此时，制造商的最优期望利润和零售商的期望效用是

$$\Pi_M^{AI}=\lambda\left[\left(\frac{\mu_H-2w^{AI}+c-k\sigma}{2}\right)w^{AI}+\left(\frac{\mu_H+2w^{AI}-3c+k\sigma}{4}\right)^2\right]+(1-\lambda)\left(\frac{\mu_L-c}{2}\right)^2 \tag{A5-11}$$

$$E[U_R]=\frac{1}{8}(\mu_H+c-2w-k\sigma)[\lambda(\mu_H+c-2w+k\sigma)-2\sqrt{\lambda}k\sigma] \tag{A5-12}$$

存在一个唯一的最优解 $w^{AI}=\frac{3\mu_H-k\sigma-c}{6}$，博弈均衡是 $q_R^{AI}(H)=\frac{4c}{3}$，$q_R^{AI}(L)=0$。

当 $c\in\left(\max\left\{\frac{-3\sqrt{\lambda}(\mu_H-\mu_L)+2k\sigma}{4},0\right\},\frac{3\sqrt{\lambda}(\mu_H-\mu_L)+2k\sigma}{4}\right)$时，零售商的期望效用是 $U_R^{AI}=\frac{2c}{9}\lambda k\sigma-\frac{4c}{3}k\sigma\sqrt{\lambda}$，制造商的期望利润是

$$\Pi_M^{AI}=\frac{c^2(4\lambda+3)-c(6\mu+4k\lambda\sigma)+\lambda k^2\sigma^2+3(\mu^2+D)}{12} \tag{A5-13}$$

在区域 R_1，零售商的期望效用是

$$U_R^{AI}=\frac{2c}{9}\lambda k\sigma-\frac{4c}{3}k\sigma\sqrt{\lambda} \tag{A5-14}$$

在区域 R_2，零售商的期望效用是

$$U_R^{AI}=\frac{1}{72}\lambda(3\mu_H-3\mu+4c+5k\sigma)(3\mu_H-3\mu+4c-3k\sigma)+$$

$$\frac{1}{72}(1-\lambda)(3\mu_L-3\mu+4c+5k\sigma)(3\mu_L-3\mu+4c-3k\sigma)-$$

$$\frac{1}{6}k\sigma\sqrt{\lambda(3\mu_H-3\mu+4c-3k\sigma)^2+(1-\lambda)(3\mu_L-3\mu+4c-3k\sigma)^2}$$

(A5-15)

5.5.3 命题5.3的证明

首先表明，在区域 R_1，制造商由于入侵传统零售渠道是获益还是受损取决于在给定 k 情况下直销成本 c 满足的条件。在这个区域，存在自然的分离均衡，可以求出制造商的期望利润。从5.3节获知，在没有制造商入侵的情况下，在条件 $0<k\leqslant\frac{2\mu_L-\mu}{\sigma}$（零售商订货量和制造商的批发价格都大于零）下，制造商的期望利润是 $\Pi_M^N=\frac{(\mu-k\sigma)^2}{8}$。

因此，得出

$$\Pi_M^{AI}-\Pi_M^N=\frac{1}{16}\left[\left(1+\frac{1}{3}\right)c^2+2(\mu-2c)^2+\sigma^2+\frac{2}{3}k\sigma(6\mu-k\sigma-8c)\right]$$

(A5-16)

令 $h_1=\frac{3}{56}\left(8\mu+\frac{16}{3}k\sigma\right)-E$，其中

$$E=\frac{3}{14}\sqrt{4\left(\mu+\frac{2}{3}k\sigma\right)^2-\frac{7}{3}\left[\lambda\mu_H^2+(1-\lambda)\mu_L^2+\mu^2+\frac{2}{3}k\sigma(6\mu-k\sigma)\right]}$$

其次，当研究区域 R_2 的时候，得到下面的结果。通过求解 $\Pi_M^{AI}-\Pi_M^N>0$，得到 c 的可行范围是 $c>\frac{3}{56}(8\mu+\frac{16}{3}k\sigma)+E$ 或 $0\leqslant c\leqslant\max\{h_1,0\}$。即在这个范围内，制造商将因为入侵而获益。相应地，如果 $\max\{h_1,0\}<c<h_2$，其中 $h_2=\frac{3}{56}(8\mu+\frac{16}{3}k\sigma)+E$，得到 $\Pi_M^{AI}-\Pi_M^N<0$。换句话说，制造商将因为入侵了传统零售渠道而给自己带来损失。

接下来，推导区域 R_1 中制造商在信息不对称入侵情况和不入侵情况下的期望利润差：

$$\Pi_M^{AI}-\Pi_M^N=\frac{c^2(4\lambda+3)-c(6\mu+4k\lambda\sigma)+\lambda k^2\sigma^2+3(\mu^2+D)}{12}-\frac{(\mu-k\sigma)^2}{8}$$

$$=\frac{1}{24}((8\lambda+6)c^2-(12\mu+8\lambda k\sigma)c+(2\lambda-3)k^2\sigma^2+3\mu^2)$$
$$+\frac{1}{4}(\mu k\sigma+\lambda\mu_H^2+(1-\lambda)\mu_L^2-\mu^2) \qquad (A5\text{-}17)$$

通过求解 $\Pi_M^{AI}-\Pi_M^N=0$，得到 $c=g_1$ 或 $c=g_2$，其中

$$g_1=\frac{6\mu+4\lambda k\sigma-F}{2(4\lambda+3)},g_2=\frac{6\mu+4\lambda k\sigma+F}{2(4\lambda+3)}$$，还有

$$F=\sqrt{4(3\mu+2\lambda k\sigma)^2-2(4\lambda+3)\{6\mu k\sigma+(2\lambda-3)k^2\sigma^2-3\mu^2+6[\lambda\mu_H^2+(1-\lambda)\mu_L^2]\}}$$

在区域 R_1，得到下面的结果：如果 $c<g_1$ 或 $c>g_2$，则 $\Pi_M^{AI}-\Pi_M^N>0$。否则，$g_1<c<g_2$，则 $\Pi_M^{AI}-\Pi_M^N<0$ 成立。

5.5.4 命题 5.4 的证明

当制造商入侵的时候，在区域 R_1，零售商的最优期望利润是

$$U_R^{AI}=\frac{2c}{9}\lambda k\sigma-\frac{4c}{3}k\sigma\sqrt{\lambda} \qquad (A5\text{-}18)$$

在区域 R_2，零售商的最优期望效用 U_R^{AI} 为

$$U_R^{AI}=\frac{1}{72}\lambda[3(1-\lambda)(\mu_H-\mu_L)+4c+5k\sigma][3(1-\lambda)(\mu_H-\mu_L)+4c-3k\sigma]+\frac{1}{72}(1-\lambda)[-3\lambda(\mu_H-\mu_L)+4c+5k\sigma][-3\lambda(\mu_H-\mu_L)+4c-3k\sigma]-\frac{1}{6}k\sigma_H[3(1-\lambda)(\mu_H-\mu_L)+4c-3k\sigma] \qquad (A5\text{-}19)$$

在可行域 R_2，除了 c 之外，当所有的参数都固定，有 $\frac{\partial U_R^{AI}}{\partial c}=\frac{1}{9}(4c-5k\sigma)$。对于任何给定的 k，当 $c>\frac{5}{4}k\sigma$ 时，U_R^{AI} 随着 c 的增加而增加。当 $c<\frac{5}{4}k\sigma$ 时，U_R^{AI} 随着 c 的增加而降低。当 $c=\frac{5}{4}k\sigma$ 时，U_R^{AI} 达到最大值。

在无制造商入侵的基准情况下，零售商的期望效用 U_R^N 是

$$U_R^N=\frac{D+\mu k\sigma}{4}+\frac{(\mu-3k\sigma)(\mu+k\sigma)}{16}-\frac{1}{2}k\sigma\sqrt{4(D+\mu^2)+(\mu+k\sigma)^2-4\mu} \qquad (A5\text{-}20)$$

这里，U_R^N 与 c 无关，即独立于 c。

令(A5-18)和(A5-20)相等，则得到

$$\frac{2c}{9}\lambda k\sigma-\frac{4c}{3}k\sigma\sqrt{\lambda}=\frac{[\lambda\mu_H^2+(1-\lambda)\mu_L^2]-\mu(\mu-k\sigma)}{4}+\frac{(\mu-3k\sigma)(\mu+k\sigma)}{16}-\frac{1}{2}k\sigma\sqrt{4[\lambda\mu_H^2+(1-\lambda)\mu_L^2]+(\mu+k\sigma)^2-4\mu}$$

可得到阈值

$$c_R^l(\lambda)=\frac{9}{2(\lambda k\sigma-6\sqrt{\lambda}k\sigma)}\times\left[\frac{(A+\mu^2)-\mu(\mu-k\sigma)}{4}+\frac{(\mu-3k\sigma)(\mu+k\sigma)}{16}-\frac{1}{2}k\sigma\sqrt{4(A+\mu^2)+(\mu+k\sigma)^2-4\mu}\right] \tag{A5-21}$$

其中零售商在两种情况下的效用是相等的。同样地，比较式(A5-19)和(A5-20)也会产生一个阈值 $c_R^h(\lambda)$，注意到阈值是 λ 的隐函数。如果 $\max\left\{\frac{-3\sqrt{\lambda}(\mu_H-\mu_L)+2k\sigma}{4},\frac{k\sigma}{2}\right\}<c_R^l(\lambda)\leqslant\min\left\{\frac{3\sqrt{\lambda}(\mu_H-\mu_L)+2k\sigma}{4},\frac{3\mu_H-k\sigma}{2},\frac{3\mu_H+k\sigma}{5}\right\}$，则零售商在 $c\in\left\{\max\left[\frac{-3\sqrt{\lambda}(\mu_H-\mu_L)+2k\sigma}{4},\frac{k\sigma}{2}\right],c_R^l(\lambda)\right\}$ 是状况更差/坏的，在 c 的另一个范围 $c\in\left\{c_R^l(\lambda),\min\left[\frac{3\sqrt{\lambda}(\mu_H-\mu_L)+2k\sigma}{4},\frac{3\mu_H-k\sigma}{2},\frac{3\mu_H+k\sigma}{5}\right]\right\}$ 内是状况更好的。否则，如果 $c_R^h(\lambda)<b$，则零售商在 $c\in\left\{\max\left[\frac{2k\sigma+3\lambda(\mu_H-\mu_L)}{4},\frac{3\sqrt{\lambda}(\mu_H-\mu_L)+2k\sigma}{4}\right],c_R^h(\lambda)\right\}$ 的情况下效用状况更差，在 $c\in(c_R^h(\lambda),b]$ 是状况更好的。总之，由于制造商的入侵，导致零售商是状况更好还是状况更差取决于 c 的限制范围。基于上述结果，得到一个阈值 $c_R(\lambda)$，可能是 $c_R^l(\lambda)$、$c_R^h(\lambda)$ 也可能是 b。阈值 $c_R(\lambda)$ 的存在，使得零售商在 $c\in\left\{\max\left[\frac{2k\sigma+3\lambda(\mu_H-\mu_L)}{4},\frac{3\sqrt{\lambda}(\mu_H-\mu_L)+2k\sigma}{4}\right],c_R(\lambda)\right\}$ 时，期望利润是状况更差/坏 的，当 $c\in(c_R(\lambda),b)$ 时，零售商是效用状况更好的。

5.5.5 注记5.1的证明

在区域 R_3，当零售商向下扭曲订货量的时候，制造商的效用可能是状况更好也可能是状况更差/坏的。当市场规模低的时候，对于制造商的最优批发价格来说不存在一个闭环形式的解。推导出制造商在什么情况下是状况更好或状况更差/坏的是一个技术上存在挑战的问题。因此，分析当 $\lambda \to 0$ 时的简单的极限情况，得到了下面的结果。

当没有入侵情况存在的时候，制造商的最优期望利润是 $\Pi_M^N = \frac{(\mu_L - k\sigma)^2}{8}$，零售商的最优期望效用是 $U_R^N = \frac{(\mu_L - k\sigma)(\mu_L + 3k\sigma)}{16} - \frac{1}{2} k\sigma_H \sqrt{5\mu_L^2 + 2\mu_L k\sigma + k\sigma - 4\mu_L}$。制造商的最优批发价格是

$$w^N = \begin{cases} \frac{\mu_H + 2\mu_L - c - k\sigma}{6}, & \frac{5(\mu_H - \mu_L) + 4k\sigma}{8} \leqslant c < \bar{c}(\lambda) \\ \overline{w}, & \frac{3(\mu_H - \mu_L) + 4k\sigma}{8} < c < \frac{5(\mu_H - \mu_L) + 4k\sigma}{8} \end{cases} \tag{A5-22}$$

其中 $\overline{w} = \frac{1}{4}(3\mu_L - \mu_H + 2c - 2k\sigma)$。得到下面的结果：

$$\begin{aligned} E[\Pi_M^{SD}(w)] - \Pi_M^N = & \frac{1}{2}\lambda w^{AI}(\mu_H - 2w^{AI} + c - k\sigma) \\ & - \frac{(\mu_L - k\sigma)^2}{8} + \frac{1}{16}\lambda(\mu_H + 2w^{AI} - 3c + k\sigma)^2 \\ & + \frac{1}{2}(1-\lambda)w^{AI}[2\mu_H - \mu_L - 2w^{AI} + c - k\sigma \\ & - \sqrt{(\mu_H - \mu_L)(3\mu_H - \mu_L - 4w^{AI} + 2c - 2k\sigma)}] \\ & + \frac{1}{16}(1-\lambda)[3\mu_L - 3c - 2\mu_H + 2w^{AI} + k\sigma \\ & + \sqrt{(\mu_H - \mu_L)(3\mu_H - \mu_L - 4w^{AI} + 2c - 2k\sigma)}]^2 \end{aligned} \tag{A5-23}$$

$$\begin{aligned} E[U_R(w)] - U_R^N = & \frac{1}{8}\lambda(\mu_H - 2w^{AI} + c + k\sigma)(\mu_H - 2w^{AI} + c - k\sigma) + \frac{1}{8}(1-\lambda)\times \\ & (5\mu_L - 4\mu_H + c - 2w^{AI} + k\sigma + MN)(2\mu_H - \mu_L - 2w^{AI} + c - k\sigma - MN) - \\ & \frac{1}{2}k\sigma\sqrt{\lambda(\mu_H - 2w^{AI} + c - k\sigma)^2 + (1-\lambda)(2\mu_H - \mu_L - 2w^{AI} + c - k\sigma - MN)^2} \\ & - \frac{(\mu_L - k\sigma)(\mu_L + 3k\sigma)}{16} + \frac{1}{2}k\sigma\sqrt{5\mu_L^2 + 2\mu_L k\sigma + k\sigma - 4\mu_L} \end{aligned} \tag{A5-24}$$

当 k 取值不同的时候，$E[\Pi_M^{SD}(w)]$ 与 Π_M^N 之间的差值，即 $E[\Pi_M^{SD}(w^{AI})]-\Pi_M^N>0$ 或 $E[\Pi_M^{SD}(w^{AI})]-\Pi_M^N<0$。给定双方的利润函数关于 λ 是连续的，根据 $\mu_H>0,\mu_L>0,\lambda>0$，在制造商入侵的区域 R_3，得知双方成员的效用状况更好还是状况更差/坏 取决于 c 和 k 的取值。

5.5.6 对称信息情况下成员的利润/效用

考虑制造商入侵传统零售渠道但信息对于供应链双方成员来说是已知信息的情况，即制造商和零售商都知道真实的市场规模的情况。对于每个市场规模 a_i、$i\in[H,L]$，在观察到零售商的订货量 q_R 之后，制造商的最优决策是由下式决定的：

$$\max_{q_m}[\mu_i-q_R-q_M(q_R)-c]q_S \tag{A5-25}$$

根据上式，得到制造商的最优直销数量是 $q_M(q_R)=\frac{\mu_i-q_R-c}{2}$。预测到制造商的反应，零售商根据下式来选择自身的订货量：

$$\begin{aligned}&\max_{q_R}\lambda\left[\frac{\mu_H-q_R(w;H)+c-2w}{2}\right]q_R(w;H)+\\&(1-\lambda)\left[\frac{\mu_L-q_R(w;L)+c-2w}{2}\right]q_R(w;L)-\\&\frac{1}{2}k\sigma\sqrt{\lambda\left[\frac{\mu_H-q_R(w;H)+c-2w}{2}\right]^2+(1-\lambda)\left[\frac{\mu_L-q_R(w;L)+c-2w}{2}\right]^2}\end{aligned} \tag{A5-26}$$

零售商的最优订货量函数是 $q_R(w;i)=\frac{\mu_i-2w+c-k\sigma}{2}$，制造商的最优直销量函数是 $q_M[q_R(w;i)]=\frac{\mu_i+2w-3c+k\sigma}{4}$。

制造商的利润函数可以表达为

$$\begin{aligned}&\max_w q_R(w;i)w+\{\mu_i-q_R(w;i)-q_M[q_R(w;i)]-c\}q_M[q_R(w;i)]\\&=\max_w\frac{\mu_i-2w+c-k\sigma}{2}w+\left(\frac{\mu_i+2w-3c+k\sigma}{4}\right)^2\end{aligned} \tag{A5-27}$$

通过最大化制造商的利润函数，得到每个市场规模下的最优解：

$$w^{SI}(i)=\frac{3\mu_i-c-k\sigma}{6},\qquad q_R^{SI}(i)=\frac{2c-k\sigma}{3},\qquad q_M^{SI}(i)=\frac{3\mu_i-5c+k\sigma}{6}$$

当信息对称的时候，制造商的最优期望利润是

$$\Pi_M^{SI}=\frac{1}{18}(2c-k\sigma)[\lambda(3\mu_H-c-k\sigma)+(1-\lambda)(3\mu_L-c-k\sigma)]+\frac{1}{36}\lambda(3\mu_H-5c+k\sigma)^2+\frac{1}{36}(1-\lambda)(3\mu_L-5c+k\sigma)^2 \quad (A5\text{-}28)$$

零售商的最优期望利润是

$$U_R^{SI}=\frac{1}{18}(c+k\sigma)(4c-5k\sigma) \quad (A5\text{-}29)$$

三个可行区域中的成员利润/效用之间的差距分析如下。

(1)在区域 R_1，有

$$\Pi_M^{AI}=\frac{1}{12}[c^2(4\lambda+3)-c(6\mu+4k\lambda\sigma)+k^2\lambda\sigma^2+3(\mu^2+\sigma^2)]$$

$$U_R^{AI}=\frac{2c}{9}\lambda k\sigma_H-\frac{4c}{3}k\sigma_H\sqrt{\lambda}$$

则对制造商来说，有下式成立：

$$\Pi_M^{SI}-\Pi_M^{AI}=\frac{1}{18}(2c-k\sigma)[\lambda(3\mu_H-c-k\sigma)+(1-\lambda)(3\mu_L-c-k\sigma)]+\frac{1}{36}\lambda(3\mu_H-5c+k\sigma)^2+\frac{1}{36}(1-\lambda)(3\mu_L-5c+k\sigma)^2-\frac{1}{12}[c^2(4\lambda+3)-c(6\mu+4k\lambda\sigma)+k^2\lambda\sigma^2+3(\mu^2+\sigma^2)] \quad (A5\text{-}30)$$

对零售商来说，下式成立：

$$U_R^{SI}-U_R^{AI}=\frac{1}{18}(c+k\sigma)(4c-5k\sigma)-\frac{2c}{9}\lambda k\sigma+\frac{4c}{3}k\sigma\sqrt{\lambda} \quad (A5\text{-}31)$$

当 $c>\frac{k\sigma(1-\lambda)}{1-2\lambda}$ 时，$\frac{\partial(\Pi_M^{SI}-\Pi_M^{AI})}{\partial c}=\frac{1}{3}c(1-2\lambda)-\frac{1}{3}k\sigma(1-\lambda)>0$，当 $c>\frac{k\sigma}{8}$ 时，$\frac{\partial c(U_R^{SI}-U_R^{AI})}{\partial c}>0$ 成立。

(2) 在区域 R_2，有

$$\Pi_M^{AI}=\frac{1}{18}(2c-k\sigma)(3\mu-k\sigma-c)+\frac{1}{16}\lambda(\mu-\frac{10c}{3}+\mu_H+\frac{2}{3}k\sigma)^2+\frac{1}{16}(1-\lambda)(\mu-\frac{10c}{3}+\mu_L+\frac{2}{3}k\sigma)^2 \quad (A5\text{-}32)$$

$$U_R^{AI}=\frac{1}{72}\lambda(3\mu_H-3\mu+4c+5k\sigma)(3\mu_H-3\mu+4c-3k\sigma)+$$

$$\frac{1}{72}(1-\lambda)(3\mu_L-3\mu+4c+5k\sigma)(3\mu_L-3\mu+4c-3k\sigma)-$$
$$\frac{1}{6}k\sigma\sqrt{\lambda(3\mu_H-3\mu+4c-3k\sigma)^2+(1-\lambda)(3\mu_L-3\mu+4c-3k\sigma)^2} \quad (A5\text{-}33)$$

则 $\Pi_M^{SI}-\Pi_M^{AI}$ 可以通过上述两个等式来求得。另外，还可得到

$$\frac{\partial(\Pi_M^{SI}-\Pi_M^{AI})}{\partial c}=0$$
$$\frac{\partial(U_R^{SI}-U_R^{AI})}{\partial c}=-\frac{1}{18}k\sigma+\frac{2k\sigma(4c-3k\sigma)}{3\sqrt{\lambda(3\mu_H-3\mu+4c-3k\sigma)^2+(1-\lambda)(3\mu_L-3\mu+4c-3k\sigma)^2}} \quad (A5\text{-}34)$$

当 $c>\frac{1}{48}\sqrt{\lambda(3\mu_H-3\mu+4c-3k\sigma)^2+(1-\lambda)(3\mu_L-3\mu+4c-3k\sigma)^2}+\frac{3}{4}k\sigma$时，有$\frac{\partial(U_R^{SI}-U_R^{AI})}{\partial c}>0$ 成立。

(3)在区域 R_3，可得

$$E[\Pi_M(w^{AI})]=\frac{1}{2}\lambda w^{AI}(\mu_H-2w^{AI}+c-k\sigma)+\frac{1}{16}\lambda(\mu_H+2w^{AI}-3c+k\sigma)^2+\frac{1}{2}(1-\lambda)w^{AI}(2\mu_H-\mu_L-2w^{AI}+c-k\sigma-\sqrt{(\mu_H-\mu_L)(3\mu_H-\mu_L-4w^{AI}+2c-2k\sigma)})+\frac{1}{16}(1-\lambda)[3\mu_L-3c-2\mu_H+2w^{AI}+k\sigma+\sqrt{(\mu_H-\mu_L)(3\mu_H-\mu_L-4w^{AI}+2c-2k\sigma)}]^2 \quad (A5\text{-}35)$$

同理，$\Pi_M^{SI}-E[\Pi_M(w^{AI})]$也可通过上述两个等式来求得。

5.6 本章小结

双渠道供应链中的两个渠道间存在激烈的竞争,供应链的成员可能表现出风险规避行为,风险规避行为能够影响到成员的最终决策,甚至是整个供应链的利润。因此研究成员的风险规避行为对供应链决策的影响是至关重要的问题。与此同时,由于零售商能更加准确地预测出真实的市场规模,制造商却面临市场规模信息不对称的问题。成员的风险规避行为和信息不对称都将对决策产生影响。正是基于这样的背景,本章从制造商的视角出发,在信息不对称的情形下,将成员的风险规避行为引入双渠道供应链的订货量决策中,重点研究的是风险规避行为对双方的最优决策以及利润或效用的影响。

在 5.2 节到 5.4 节中,采用均值—方差方法来度量零售商的风险规避行为,建立了博弈模型,证明了唯一的贝叶斯均衡解的存在性。制造商可以设置一个阈值,并根据该阈值来帮助其准确判断真实的市场规模,即当零售商的订货量大于该阈值时,制造商认为市场规模为高;否则认为市场规模为低。本章在零售商拥有更多市场规模信息的情况下,调查了制造商入侵和零售商的风险规避程度给成员的决策以及利润/效用带来的影响。研究发现,制造商入侵会导致零售商在观察到低的市场规模之后,向下扭曲订货量。这样,制造商就有可能做出关于市场规模的错误判断。本章还给出了制造商的单位销售成本和零售商的风险规避程度的三个可行区域,根据可行域求解出零售商的最优订货量和制造商的最优直销量。最后,通过数值实验比较了对称信息和不对称信息两种情况下供应链成员的利润和效用。

在 5.5 节中,考虑了制造商和零售商都具有风险规避行为的情况,采用均值—方差方法来度量成员的风险规避行为。假设市场需求是服从均匀分布的,零售商拥有更多的需求信息,制造商只知道关于需求分布的概率密度函数和分布函数。面临不对称的需求信息,制造商为了准确地判断出真实的市场规模,应该设定相应的阈值。通过数值实验,给出了供应链双方成员的风险规避的程度对零售商的最优订货量和制造商的最优直销量带来的影响。研究发现,制造商设定的阈值随着制造商风险规避程度的增加而增加,随着零售商风险规避程度的增加而减小，这与计算结果相一致。数值实验表明，在零售商风险规避程度为某个固定值的情况下，制造商需要适当地规避风险来达到自身效用最大化的目的。未来可以考虑成员的其他行为因素带来的影响，比如过度自信、公平关切行为等，还有其他不对称信息给成员最优决策带来的影响，比如生产成本信息不对称、服务成本信息不对称等情况。

第6章

随机商誉下的双渠道供应链动态合作广告策略研究

6.1 双渠道供应链的合作广告问题

合作广告经常被用于提升销量[177]。一些学者的研究表明广告能够增加销量，避免过度库存[178]。Chiang 等的研究表明在双渠道供应链系统中引入直销渠道可以降低零售价格，增加利润[17]。为了缓解渠道冲突，制造商可能会选择与零售商在广告方面进行合作。制造商和零售商之间的合作广告就是签订一个协议，零售商负责支付地方性广告成本，而制造商则为了缓和与零售商的渠道冲突和矛盾会选择为零售商分担部分地方性广告的费用。因此，在一个双渠道供应链中，合作和竞争是共存的。

合作广告首次出现在 Berger 的文献中[179]。从那时起，许多学者开始研究供应链中的合作广告问题。目前，关于供应链合作广告的研究成果已经有很多，可以把已有研究分为静态和动态模型两大类。在静态模型方面，Dant 和 Berger 的研究表明，制造商在广告方面对零售商进行补贴，会促使零售商加大促销的力度，从而提高供应链的利润[180]。Yue 在制造商提供价格折扣的情况下研究了合作广告情形下的供应链协调问题，指出，当成员双方进行合作时，存在最优的地方性广告水平和全国性水平[181]。Yang 和 Xie 在双渠道供应链中引入公平关切行为，探讨了合作广告对供应链成员决策的影响[182]。以上文献都是用静态模型对供应链中的广告合作问题展开分析的，都没有从动态建模的角度进行研究。

本章关注的是连续时间动态模型，这也是最近几年的研究热点。在动态模型的研究方面，Chintagunta 研究了单渠道中的均衡动态合作广告策略[183]。傅强等运用微分对策的方法研究了协同合作广告博弈，发现合作情况下的广告投入优于非合作博弈时的对应值[184]。He 等探讨了合作广告机制下动态随机供应链的最优反馈 Stackelberg 策略[185]。Jørgensen 等研究了供应链成员为了提升销量进行的长期和短期的广告努力[186]。Jørgensen 等发现商誉依赖于制造商的广告努力而不是零售商的广告努力，在促销努力对商誉产生负面影响的假设基础上展开研究，结果表明，合作广告策略是一个协调机制，与商誉对销售是否产生边际递减作用无关[187]。Jørgensen 和 Zaccour 对使用博弈理论进行研究的合作广告问题进行了综述[188]。

进一步，Giovanni 针对商誉影响下的动态广告，研究了 Stackelberg 反馈策略，发现广告补助能改善供应链成员的收益[189]。Bass 等建立了微分博弈模型，研究广告是如何依赖于成本和每个公司的每种广告类型的[190]。Karray 等考虑了随着时间的变化品牌广告的持续性影响[191]。Zhang 等在垂直供应链中把参考价格效应引入合作广告研究中[192]。关于合作广告的更加详细的综述可以参考 Aust 等的研究[193]。以上文献都是在单渠道供应链情况下展开的，很少有文献是针对双渠道供应链展开研究的。比如，Tsay 等调查了动态的品牌广告对双渠道中市场份额的影响[146]。Yan 等考虑了双渠道供应链中 Bertrand 博弈和 Stackelberg 博弈两种情况下竞争者的广告策略[194]。

基于以上研究成果，本章构建了一个双渠道供应链系统。该系统是由一个制造商和一个零售商组成的，制造商是 Stackelberg 博弈的主导者。为了提升销售量，制造商投资全国性广告，零售商则投资地方性广告。假设两个渠道的需求都受到广告商誉的影响，通过建立广告微分博弈模型，考虑 Nerlove-Arrow 广告方程的约束，运用 Stackelberg 微分博弈来研究广告合作策略对双方最优决策的影响。为了加强双方成员之间的合作，制造商为零售商的地方性广告分担一部分成本。不同于先前的研究，本章考虑了动态双渠道供应链中的合作广告问题。另外，不同于先前关注重点在不同的博弈情况，本章关注的是如何协调双渠道供应链，通过双向收益共享合同使得供应链达到协调。

6.2 动态双渠道系统的模型描述

考虑一个动态双渠道供应链系统，由一个制造商和一个独立的传统零售商构成。制造商生产和通过两个渠道分销产品，即传统零售渠道和一个网络直销渠道。为了提升销量，制造商投资全国性广告，零售商决策地方性广告。全国性广告主要是指制造商长期的品牌宣传和形象。两个成员间的竞争用 Stackelberg 微分博弈模型来描述，其中制造商是主导者，零售商是跟随者。制造商和零售商的市场份额随着时间而发生变化，这依赖于当前和过去的广告效应。假设随着时间 t 的变化，制造商的全国性广告水平为 $a_m(t)$，零售商的地方性广告水平用 $a_r(t)$ 表示。令 π_m 表示制造商批发产品给传统零售商所获取的边际利润，π_d 表示制造商通过网络渠道销售产品给消费者获得的边际利润，π_r 表示零售商销售产品取得的边际利润。本章主要关注最优广告水平对于双渠道供应链利润的影响。令 π_m、π_d 和 π_r 是固定的常数，这是为了避免定价决策，从而使得本章侧重在合作广告的研究方面。

假设制造商生产的产品在网络渠道和零售渠道中的商誉变化都受到广告的正面影响，则商誉 $G(t)$ 满足如下的 Nerlove-Arrow 广告方程：

$$\begin{aligned}&\dot{G}(t)=r_1a_m(t)+u_2a_r(t)-\delta G(t)\\&G(0)=G_0\end{aligned}\tag{6-1}$$

其中：$G(t)$ 是随着时间 t 变化的累积商誉；$G_0\geqslant 0$ 是初始商誉；$u_1>0$ 反映了全国性广告对累积商誉的影响；$u_2>0$ 反映了地方性广告对累积商誉的影响；$\delta>0$ 是商誉的衰减因子，对商誉起负面作用，这意味着消费者在某种程度上可能忘记品牌的影响。

实际上，制造商和零售商都不会无限制地增加广告水平。根据 Sethi 等(2000)[195] 的研究，假设控制变量的上界存在，即

$$0\leqslant a_m(t),\qquad a_r(t)\leqslant M\tag{6-2}$$

其中，M 是足够大的常数。因此，需要使用上述条件来求解相关的利润最大化问题。

令 $D_m(t)$ 表示制造商在时刻 $t\geqslant 0$ 的市场需求，这依赖于制造商自身以及零售商的广告水平还有产品商誉。类似地，零售商在时刻 t 的销售数量

$D_r(t)$主要受到制造商的全国性广告水平、零售商的地方性广告以及产品商誉的影响。制造商和零售商都是通过合作广告策略来做出对自身最有利的决策的。根据 Jørgensen 等，假设广告成本函数是关于不同广告水平的二次函数[187]，即

$$c_m(t)=\frac{1}{2}a_m^2(t),\qquad c_r(t)=\frac{1}{2}a_r^2(t) \tag{6-3}$$

这是在广告研究领域被广泛采用的假设[196,197]。则零售渠道和网络渠道的需求函数分别表示如下：

$$D_r(t)=(1-\theta)G(t)+a_r(t)+ba_m(t) \tag{6-4}$$

$$D_d(t)=\theta G(t)+a_m(t)+ba_r(t) \tag{6-5}$$

其中 $D_r(t),D_m(t)>0$，b 表示两种广告水平之间的交叉弹性系数，$0<b<1$。参数 θ 表示网络渠道的市场份额，这可看作是网络渠道的消费者忠诚度。

假设随着时间的变化，制造商和零售商双方都拥有相同的贴现率 ρ。为了补偿零售商的损失，激励零售商在地方性广告方面投入更多，制造商采用合作广告策略，其中制造商将分析零售商广告投入的一部分成本。

假设 φ 代表制造商将补偿零售商广告成本的参与率。进一步，假设条件 $\delta\geqslant\frac{u_2(1-\theta)\pi_r}{b\pi_d+\pi_m-\pi_r}-\rho$ 成立，这是为了避免复杂的情况。$\left(\right.$如果 $\delta<\frac{u_2(1-\theta)\pi_r}{b\pi_d+\pi_m-\pi_r}-\rho$，则对于零售商来说，采取合作广告策略将是无利可图的，这不在本章考虑范围之内。$\left.\right)$

在后续讨论中，将求解最优的全国性广告水平和地方性广告水平以及制造商的最优参与率。

6.3 基于 Stackelberg 微分博弈的合作广告模型

6.3.1 分散式双渠道供应链决策模型

当双方成员独立做决策时，决策的时序如下：作为博弈的主导者，制造商首先选择参与率 φ 和随着时间变化的全国性广告投入水平 $a_m(t)$。为了

刺激零售商加大广告投入，φ 可能是制造商给零售商的补贴。其次，在参与率 φ 和全国性广告投入水平 $a_m(t)$ 给定的条件下，根据制造商的决策，零售商将决定随着时间变化的地方性广告水平 $a_r(t)$。既然广告水平可能一直变化，根据 Zhang 等(2013)[198] 的 Stackelberg 微分博弈模型，假设两个成员同时做决策。

目标函数是一个无限时间内积分的贴现利润。给定式(6-1)、式(6-3)到式(6-5)中的成本和需求函数，制造商和零售商的最优目标为

$$\begin{aligned}\max_{a_m} J_m &= \max_{a_m}\int_0^{+\infty} e^{-\rho t}\Pi_m \mathrm{d}t \\ &= \max_{a_m}\int_0^{+\infty} e^{-\rho t}[\pi_d D_d(t)+\pi_m D_r(t)-c_m(t)-\varphi c_r(t)]\mathrm{d}t\end{aligned} \tag{6-6}$$

$$\max_{a_r} J_r = \max_{a_r}\int_0^{+\infty} e^{-\rho t}\Pi_r \mathrm{d}t = \max_{a_r}\int_0^{+\infty} e^{-\rho t}[\pi_r D_r(t)-(1-\varphi)c_r(t)]\mathrm{d}t \tag{6-7}$$

当参与率 φ 固定的时候，给出制造商和零售商的最优均衡解。制造商知道零售商将参考自己给定的参与率和全国性广告水平做出其决策，且全国性广告水平不依赖于参与率的大小。那么，制造商和零售商的当前 Hamiltonian 函数为

$$H_m=\pi_d D_d(t)+\pi_m D_r(t)-c_m(t)-\varphi c_r(t)+\lambda_m \dot{G}(t) \tag{6-8}$$

$$H_r=\pi_r D_r(t)-(1-\varphi)c_r(t)+\lambda_r \dot{G}(t) \tag{6-9}$$

把式(6-1)、式(6-3)到式(6-5)代入到式(6-8)和式(6-9)中，得到制造商和零售商的 Hamiltonian 值函数分别为

$$\begin{aligned}H_m=&\pi_d[\theta G(t)+a_m(t)+ba_r(t)]+\pi_m[(1-\theta)G(t)+a_r(t)+ba_m(t)] \\ &-\frac{1}{2}a_m^2(t)-\frac{1}{2}\varphi a_r^2(t)+\lambda_m[u_1 a_m(t)+u_2 a_r(t)-\delta G(t)]\end{aligned}$$

$$\begin{aligned}H_r=&\pi_r[(1-\theta)G(t)+a_r(t)+ba_m(t)]-\frac{1}{2}(1-\varphi)a_r^2(t)+ \\ &\lambda_r[u_1 a_m(t)+u_2 a_r(t)-\delta G(t)]\end{aligned}$$

注意，本章中方程解的最优策略不仅依赖于当前状态的反馈 Stackelberg 解，还依赖于时间的反馈 Stackelberg 解。但是，模型中的所有参数不依赖于时间，所以在无限的时间内供应链成员在任何的时期内面临的都是同样的博弈，所以可把策略限制为静态策略。相应地，均衡也是静态的反馈均

衡[199]。因此，反馈策略是与时间无关的策略（本章为了方便起见，在后续内容中略去了时间单位）。

命题 6.1 当制造商为零售商的地方性广告提供支持时，制造商在 Stackelberg 微分博弈下的均衡解是

$$\bar{a}_m=\frac{\rho+\delta-1}{\rho+\delta}(\pi_d+b\pi_m)+\frac{\theta\pi_d+(1-\theta)\pi_m}{\rho+\delta}u_1$$

零售商的均衡解是 $\bar{a}_r=b\pi_d+\pi_m$。

在分散式供应链中，制造商的最优参与率是

$$\bar{\varphi}=\begin{cases}1-\dfrac{\pi_r}{b\pi_d+\pi_m}\left(1+\dfrac{u_2(1-\theta)}{\rho+\delta}\right), & \delta\geqslant\dfrac{u_2(1-\theta)\pi_r}{b\pi_d+\pi_m-\pi_r}-\rho\\ 0, & \delta<\dfrac{u_2(1-\theta)\pi_r}{b\pi_d+\pi_m-\pi_r}-\rho\end{cases}$$

制造商和零售商的最优利润分别为

$$\begin{aligned}\Pi_m^d=&\pi_d(1+\theta u_1)\left[\frac{\rho+\delta-1}{\rho+\delta}(\pi_d+b\pi_m)+\frac{\theta\pi_d+(1-\theta)\pi_m}{\rho+\delta}u_1\right]\\&+\pi_d(b+\theta u_2)(b\pi_d+\pi_m)+\pi_m[1+(1-\theta)u_2](b\pi_d+\pi_m)\\&+\pi_m[b+(1-\theta)u_1]\left[\frac{\rho+\delta-1}{\rho+\delta}(\pi_d+b\pi_m)+\frac{\theta\pi_d+(1-\theta)\pi_m}{\rho+\delta}u_1\right]\\&-\frac{1}{2}\left[\frac{\rho+\delta-1}{\rho+\delta}(\pi_d+b\pi_m)+\frac{\theta\pi_d+(1-\theta)\pi_m}{\rho+\delta}u_1\right]^2\\&-\frac{1}{2}\left[1-\frac{\pi_r}{b\pi_d+\pi_m}\left(1+\frac{u_2(1-\theta)}{\rho+\delta}\right)\right](b\pi_d+\pi_m)^2\end{aligned}$$

零售商的最优利润是

$$\begin{aligned}\Pi_r^d=&\pi_r[(1-\theta)u_1+b]\left[\left(1-\frac{1}{\rho+\delta}\right)(\pi_d+b\pi_m)+\frac{\theta\pi_d+(1-\theta)\pi_m}{\rho+\delta}u_1\right]\\&+\pi_r(b\pi_d+\pi_m)\left[u_2(1-\theta)-\frac{u_2(1-\theta)}{2(\rho+\delta)}+\frac{1}{2}\right]\end{aligned}$$

命题 6.1 的证明见本章附录。

通过求解均衡广告水平关于边际利润的导数，得到

$$\frac{\partial\bar{a}_m}{\partial\pi_d}=1-\frac{1}{\rho+\delta}+\frac{\theta}{\rho+\delta}u_1>0$$

$$\frac{\partial\bar{a}_m}{\partial\pi_m}=b\left(1-\frac{1}{\rho+\delta}\right)+\frac{(1-\theta)}{\rho+\delta}u_1>0$$

$$\frac{\partial\bar{a}_r}{\partial\pi_d}=b$$

$$\frac{\partial \bar{a}_r}{\partial \pi_m}=1$$

这意味着一个高的边际利润可以促使制造商和零售商在广告水平方面投入更多。注意到，广告水平对于零售商的边际利润没有影响，则

$$\frac{\partial \bar{a}_m}{\partial \pi_r}=0$$

$$\frac{\partial \bar{\varphi}}{\partial \pi_r}=-\frac{1}{b\pi_d+\pi_m}\left(1+\frac{u_2(1-\theta)}{\rho+\delta}\right)<0$$

$$\frac{\partial \bar{\varphi}}{\partial \pi_d}=\frac{b\pi_r}{(b\pi_d+\pi_m)^2}\left(1+\frac{u_2(1-\theta)}{\rho+\delta}\right)>0$$

$$\frac{\partial \bar{a}_r}{\partial \pi_r}=0$$

$$\frac{\partial \bar{\varphi}}{\partial \pi_m}=\frac{\pi_r}{(b\pi_d+\pi_m)^2}\left(1+\frac{u_2(1-\theta)}{\rho+\delta}\right)>0$$

这就是说，一个高的 π_d 和 π_m 可以提高制造商的参与率，但是一个高的 π_r 对于制造商来说是不利的。

命题 6.2 当最优的全国性广告水平和地方性广告水平分别是 $\bar{a}_m$ 和 $\bar{a}_r$ 时，产品关于时间 t 的累积商誉为

$$G(t)=(G_0-G_s)e^{-\delta t}+G_s \tag{6-10}$$

其中，$G_s=u_1\bar{a}_m+u_2\bar{a}_r$。注意到，式(6-10)表示的商誉，在 $t\to+\infty$ 时，将最终实现稳态 G_s，这主要是受到最优的全国性广告水平和地方性广告水平的影响。

命题 6.2 的证明见本章附录。

通过商誉 G_s 的表达式，知道产品的商誉是与两个广告水平正相关的，也就是说，广告可以累积一个高的商誉。

6.3.2 集中式决策模型——基准模型

当制造商和零售商是集中式决策时，供应链有最优的绩效，则设定集中式决策情况下整个供应链的利润作为基准情况。在本小节，考虑制造商和零售商是垂直整合的情况，计算系统的最优决策，即全国性广告水平和地方性广告水平。因此，目标函数是最大化总的贴现利润的当前值。

这种情形下，目标函数是

$$\max_{a_m,a_r} J_c = \max_{a_m,a_r}\int_0^{+\infty} e^{-\rho t}\Pi_c \mathrm{d}t$$
$$= \max_{a_m,a_r}\int_0^{+\infty} e^{-\rho t}[\pi_d D_m(t) + (\pi_m + \pi_r)D_r(t) - c_m(t) - c_r(t)]\mathrm{d}t$$

给定式(6-1)到式(6-4)表示的成本函数、商誉函数以及需求函数，使用标准的最优控制理论来求解上述问题，定义当前的价值函数为

$$\max_{a_m,a_r}\Pi_c = \max_{a_m,a_r}\int_0^{+\infty} e^{-\rho t}\Big\{\pi_d(\theta G + a_m + ba_r) + (\pi_m + \pi_r)[(1-\theta)G + a_r + ba_m] - \frac{1}{2}a_m^2 - \frac{1}{2}a_r^2\Big\}\mathrm{d}t \tag{6-11}$$

系统的 HJB 方程为

$$\rho V_c = \max_{a_m,a_r}\int_0^{+\infty}\{\pi_d(\theta G + a_m + ba_r) + (\pi_m + \pi_r)[(1-\theta)G + a_r + ba_m]\}\,\mathrm{d}t + \max_{a_m,a_r}\int_0^{+\infty}\Big[-\frac{1}{2}a_m^2 - \frac{1}{2}a_r^2 + \frac{\partial V_c}{\partial G}(u_1 a_m + u_2 a_r - \delta G)\Big]\mathrm{d}t$$

其中，$\frac{\partial V_c}{\partial G}$表示整个供应链与消费者商誉水平相关的协状态变量，这是与状态变量 G 相关的影子价格。影子价格是最优利润的变化程度，可以通过放松单位约束条件来取得，可以理解为生产和销售单位产品对将来利润的影响。如果影子价格是正的，当前价格对于将来的收益应是降低的，反之亦然[200]。

命题 6.3 当制造商和零售商作为一个整体系统时，随着时间变化的最优全国性广告水平和地方性广告水平都是常数，其均衡解如下：

$$a_m^* = \left(1 + \frac{\theta u_1}{\rho+\delta}\right)\pi_d + \left(b + \frac{(1-\theta)u_1}{\rho+\delta}\right)(\pi_m + \pi_r)$$
$$a_r^* = \left(b + \frac{\theta u_2}{\rho+\delta}\right)\pi_d + \left[1 + \frac{(1-\theta)u_2}{\rho+\delta}\right](\pi_m + \pi_r)$$

随着时间 t 的变化，产品的累积商誉是 $G(t) = (G_0 - G_{ss})e^{-\delta t} + G_{ss}$，其中 $G_{ss} = u_1 a_m^* + u_2 a_r^*$。注意到，上述等式中的商誉最终将达到稳态 G_{ss}，当 $t \to +\infty$时，这主要受到最优的全国性广告和地方性广告水平的影响。

命题 6.3 的证明见本章附录。

把 a_m^*、a_r^*、G_{ss} 代入 Π_c 中，得到

$$\Pi_c^* = E\pi_d(\theta(u_1^2 + u_2^2) + u_1 + bu_2) + \pi_d^2[1 + b^2 + \theta(u_1 + bu_2)] + \pi_d(\pi_m + \pi_r)[(1-\theta)(u_1 + bu_2) + 4b + \theta u_2 + b\theta u_1]$$

$$+(\pi_m+\pi_r)^2[1+b^2+(1-\theta)(bu_1+u_2)]$$
$$+E(\pi_m+\pi_r)[(1-\theta)(u_1^2+u_2^2)+u_2+bu_1]$$
$$-\frac{1}{2}[\pi_d+b(\pi_m+\pi_r)+Eu_1]^2-\frac{1}{2}[b\pi_d+(\pi_m+\pi_r)+Eu_2]^2 \tag{6-12}$$

其中，$E=\dfrac{\theta\pi_d+(\pi_m+\pi_r)(1-\theta)}{\rho+\delta}$。

通过比较集中式和分散式决策情况下的均衡结果，容易得到

$$\Pi_c^*>\Pi_m^d+\Pi_r^d,\qquad a_m^*>\bar{a}_m,\qquad a_r^*>\bar{a}_r$$

基于上述分析，知道供应链在 Stackelberg 博弈情况下不能被协调。在下文中，使用一个收益共享合同来协调供应链。

6.4 双向收益共享合同

在分析供应链的协调性之前，首先给出定义的供应链协调概念。基于 Gan 等提出的协调定义[201]，这里给出本章供应链协调的定义。

命题 6.4 一个合同可以协调供应链，当且仅当下面的条件被满足：(1)每个成员的利润不低于分散式决策情况下的利润；(2) 整个供应链的总利润等于集中式情况下的总利润。

假设制造商的利润比例用 η 表示，则 $1-\eta$ 是零售商的比例，其中 $0<\eta<1$。为了实现收益共享合同，成员的比例必须满足下面的条件：

$$\begin{cases}\eta\Pi_c^*\geqslant\Pi_m^d\\(1-\eta)\Pi_c^*\geqslant\Pi_r^d\end{cases}$$

根据上述公式，得到 $\eta\in\left[\dfrac{\Pi_m^d}{\Pi_c^*},\dfrac{\Pi_c^*-\Pi_r^d}{\Pi_c^*}\right]$。为了更方便地表达条件，令

$\bar{\eta}=\min\left\{\dfrac{\Pi_m^d}{\Pi_c^*},\dfrac{\Pi_c^*-\Pi_r^d}{\Pi_c^*}\right\}$，$\bar{\eta}=\max\left\{\dfrac{\Pi_m^d}{\Pi_c^*},\dfrac{\Pi_c^*-\Pi_r^d}{\Pi_c^*}\right\}$，则 $\eta\in[\bar{\eta},\bar{\eta}]$。这是一个 Pareto 区域，在区域内，双渠道供应链可以达到协调。

很明显，在区间$[\bar{\eta},\bar{\eta}]$内，制造商和零售商都希望从服务合作带来的价值里面分享到更多的利润。如果 $\eta\to\bar{\eta}$，则制造商将获取更多的利润。如果 $\eta\to\bar{\eta}$，则零售商将获取更多的利润。接下来，将讨论两个成员的利润比例。

由于假设两个成员的贴现率是相同的，所以使用 Rubinstein 提出的方

法[202]，得到制造商的利润比例为 $\eta=\frac{\rho}{1+\rho}(\bar{\eta}-\bar{\eta})+\bar{\eta}$。

此时，制造商和零售商的价值函数分别为

$$V_m{}'=\left[\frac{\rho}{1+\rho}(\bar{\eta}-\underline{\eta})+\underline{\eta}\right]\Pi_c^*$$

$$V_r{}'=\left[1-\frac{\rho}{1+\rho}(\bar{\eta}-\underline{\eta})-\underline{\eta}\right]\Pi_c^*=\left[1-\frac{\rho}{1+\rho}\bar{\eta}-\frac{1}{1+\rho}\underline{\eta}\right]\Pi_c^*$$

关于上述两个公式求微分，得到

$$\frac{\partial V_m{}'}{\partial\rho}=\frac{1}{(1+\rho)^2}(\bar{\eta}-\underline{\eta})\Pi_c^*>0$$

$$\frac{\partial V_r{}'}{\partial\rho}=-\frac{1}{(1+\rho)^2}(\bar{\eta}-\underline{\eta})\Pi_c^*<0$$

显然，当 ρ 增加的时候，制造商将获取更多的利润，然而零售商将失去更多的利润。

6.5 数值实验分析

本节通过一系列数值实验来得出更多的管理启示。这里，假设全国性广告带来的影响大于地方性广告带来的影响，也就是说，$u_1>u_2$。基本数据定义如下：$u_1=0,5$，$u_2=0.2$，$\pi_m=10$，$\pi_r=25$，$\pi_d=26$，$\delta=0.6$，$\rho=0.15$，$b=0.9$。参数满足条件 $\delta\geqslant\frac{u_2(1-\theta)\pi_r}{b\pi_d+\pi_m-\pi_r}-\rho$，这是为了避免复杂的情况。$\left(\text{如果 }\delta<\frac{u_2(1-\theta)\pi_r}{b\pi_d+\pi_m-\pi_r}-\rho\text{，则零售商通过合作广告将没有利润。}\right)$

为了比较单一的传统供应链和双渠道供应链中的结果，应用需求函数 $D(t)=G(t)+a_r(t)+a_m(t)$ 来获取如下的制造商和零售商的利润函数：

$$\max_{a_m} J_m=\max_{a_m}\int_0^{+\infty}e^{-\rho t}\Pi_m\mathrm{d}t$$

$$=\max_{a_m}\int_0^{+\infty}e^{-\rho t}[\pi_m D(t)-c_m(t)-\varphi c_r(t)]\mathrm{d}t$$

$$\max_{a_r} J_r=\max_{a_r}\int_0^{+\infty}e^{-\rho t}\Pi_r\mathrm{d}t=\max_{a_r}\int_0^{+\infty}e^{-\rho t}[\pi_r D(t)-(1-\varphi)c_r(t)]\mathrm{d}t$$

其中 ρ 是贴现率。图 6-1 给出了单渠道和双渠道下均衡广告水平的比较结果。可以看到，随着网络渠道的消费者忠诚度 θ 的增加，单渠道和双渠道下制造商的均衡广告水平的差距将降低，然而零售商的均衡广告水平的差距将总是保持稳定。这意味着，如果越来越多的消费者转移到网络渠道，双方成员都将降低各自的广告水平，特别是制造商将从网络渠道获取更多的利润，因为消费者容易搜索来自于网络渠道的信息，网络渠道自身就有一个很强的广告效应。然而，零售商基本上维持其广告水平，当传统零售渠道的消费者有大部分转移到网络渠道购物时，零售商可能会稍降低地方性广告水平。

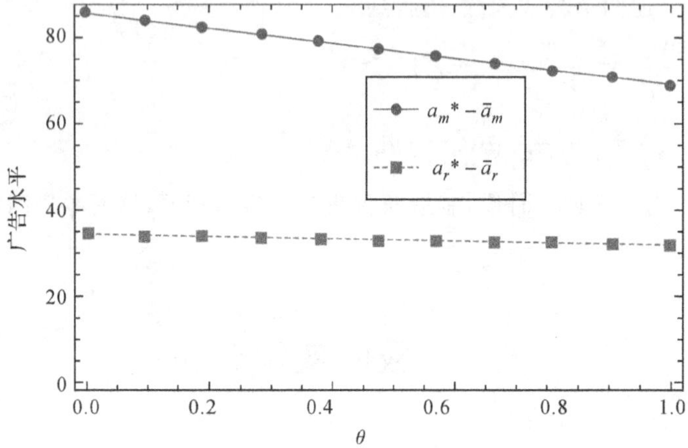

图 6-1　消费者忠诚度 θ 对广告水平的影响

图 6-2 展示了 θ 对制造商参与合作广告的影响。明显地，单渠道下制造

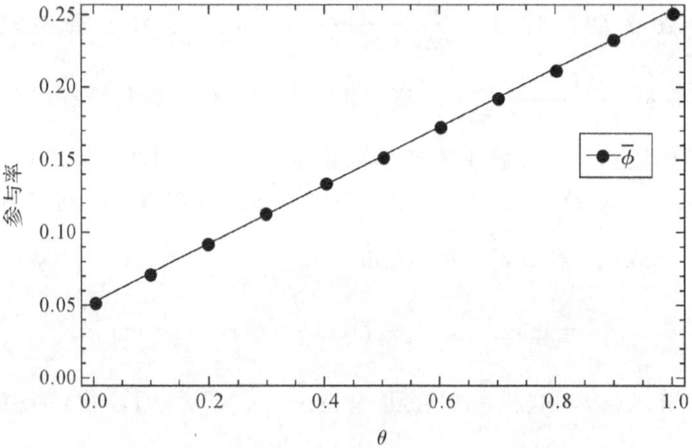

图 6-2　消费者忠诚度 θ 对制造商合作广告参与率的影响

商的合作广告参与率高于双渠道下的参与率，因为零售商是制造商产品的唯一购买者。但是，在双渠道供应链中，制造商可以通过网络渠道来销售产品，所以制造商的合作广告参与率比较低。可以看出，随着 θ 的增加，这个比例将增加。这可能是因为当更多的消费者转移到制造商的网络渠道时，制造商将通过增加分享比率来弥补零售商因为降低销售量带来的损失。

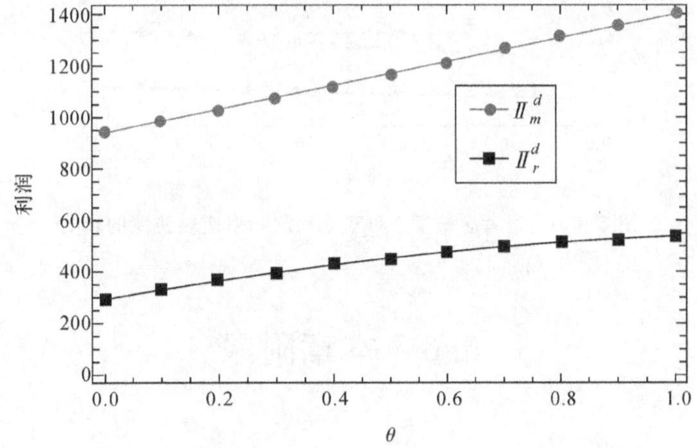

图 6-3　消费者忠诚度 θ 对供应链成员利润的影响

在图 6-3 中可以看到，随着网络渠道的引入，制造商的利润将增加，零售商的利润也呈现增加的趋势。制造商的利润将随着 θ 的增加而大幅度增加。相反，零售商的利润随着 θ 的增加呈现缓慢增加的趋势。也就是说，因为制造商将增加合作广告参与率，零售商会因此而获益。

进一步，令 $\eta=\frac{\Pi_m^d}{\Pi_c^*}$，图 6-4 给出了当考虑供应链协调的时候，网络渠道的消费者忠诚度 θ 对于双方利润的影响。

注意到，制造商和零售商两者的利润在协调之后都得到增加。制造商利润增加的比零售商利润增加的幅度要大。另外，制造商的利润随着 θ 的增加缓慢降低。原因可能是投资的全国性广告和地方性广告的广告水平都是随着 θ 的增加而慢慢降低。

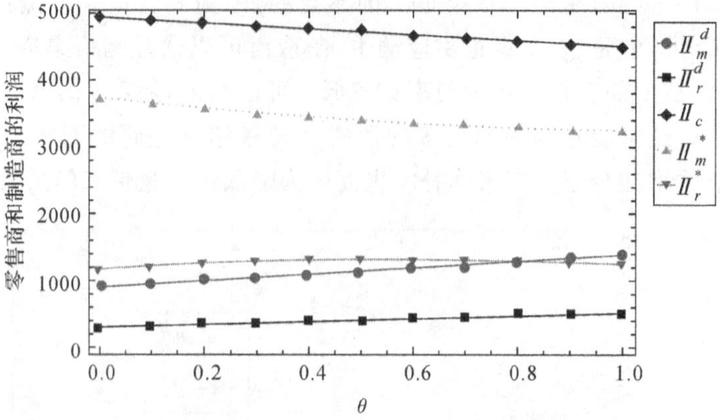

图 6-4　消费者忠诚度 θ 对双方利润和供应链协调的影响

6.6　本章附录

6.6.1　命题 6.1 的证明

考虑制造商的一阶导数，得到

$$\frac{\partial H_m}{\partial a_m}=0 \tag{A6-1}$$

$$\frac{\partial H_m}{\partial \lambda_m(t)}=u_1 a_m(t)+u_2 a_r(t)-\delta G(t) \tag{A6-2}$$

$$\dot{\lambda}(t)=\rho\lambda_m(t)-\frac{\partial H_m}{\partial G(t)} \tag{A6-3}$$

公式(A6-1)意味着

$$a_m(t)=\pi_d+b\pi_m+\lambda_m(t)u_1 \text{ 或 } a_m(t)-\pi_d-b\pi_m=\lambda_m(t)u_1 \tag{A6-4}$$

把$\frac{\partial H_m}{\partial G}=\theta\pi_d+(1-\theta)\pi_m-\delta\lambda_m(t)$代入式(A6-3)中，得到

$$\dot{\lambda}_m(t)=(\rho+\delta)\lambda_m(t)-\theta\pi_d-(1-\theta)\pi_m \tag{A6-5}$$

把式(A6-4)关于时间求导数，代入式(A6-5)，可得

$$\dot{a}_m(t)=\pi_d+b\pi_m+(\rho+\delta)\lambda_m(t)u_1-\theta\pi_d u_1-(1-\theta)\pi_m u_1 \tag{A6-6}$$

把式(A6-4)代入式(A6-6),得到

$$\dot{a}_m(t)=(\rho+\delta)a_m(t)-(\rho=\delta-1)(\pi_d+b\pi_m)-\theta\pi_d u_1-(1-\theta)\pi_m u_1 \tag{A6-7}$$

类似地,考虑零售的决策问题:

$$\dot{a}_r(t)=(\rho+\delta)a_r(t)-\frac{1}{1-\varphi}[(\rho+\delta)+u_2(1-\theta)]\pi_r \tag{A6-8}$$

求解式(A6-7)和式(A6-8)来获得 $a_m(t)$ 和 $a_r(t)$:

$$a_m(t)=c_1(\rho+\delta)e^{(\rho+\delta)t}+\bar{a}_m \tag{A6-9}$$

$$a_r(t)=c_2(\rho+\delta)e^{(\rho+\delta)t}+\bar{a}_r \tag{A6-10}$$

其中

$$\bar{a}_m=\frac{1}{\rho+\delta}[(\rho+\delta-1)(\pi_d+b\pi_m)+\theta\pi_d u_1+(1-\theta)\pi_m u_1] \tag{A6-11}$$

$$\bar{a}_r=\frac{1}{(1-\varphi)(\rho+\delta)}[(\rho+\delta)+u_2(1-\theta)]\pi_r=\frac{1}{1-\varphi}\left[1+\frac{u_2(1-\theta)}{\rho+\delta}\right]\pi_r \tag{A6-12}$$

注意到,c_1 和 c_2 是需要决定的参数,$\rho+\delta>0$。一旦 c_1、$c_2\neq0$,当 $t\to+\infty$时,式(A6-11)和式(A6-12)给出的广告水平将是无穷大的。这是可能发生的情况,因为式(A6-11)和式(A6-12)不满足公式(6-2)的约束条件。因此,均衡解是常数。

把式(A6-11)和式(A6-12)代入得

$$\begin{aligned}\Pi_m=&\pi_d(\theta G(t)+a_m(t)+ba_r(t))+\pi_m[(1-\theta)G(t)+a_r(t)\\&+ba_m(t)]-\frac{1}{2}a_m^2(t)-\frac{1}{2}\varphi a_r^2(t)\end{aligned}$$

进一步得到制造商的利润为

$$\begin{aligned}\Pi_m=&[\pi_d\theta+\pi_m(1-\theta)](u_1\bar{a}_m+u_2\bar{a}_r)\\&+\frac{\pi_r}{1-\varphi}(b\pi_d+\pi_m)\left[1+\frac{u_2(1-\theta)}{\rho+\delta}\right]\\&-\frac{1}{2}\varphi\left(\frac{\pi_r}{1-\varphi}\right)^2\left[1+\frac{u_2(1-\theta)}{\rho+\delta}\right]^2+\frac{1}{\rho+\delta}(\pi_d+b\pi_m)\\&[(\rho+\delta-1)(\pi_d+b\pi_m)+\theta\pi_d u_1+(1-\theta)\pi_m u_1]-\frac{1}{2}\frac{1}{(\rho+\delta)^2}\\&[(\rho+\delta-1)(\pi_d+b\pi_m)+\theta\pi_d u_1+(1-\theta)\pi_m u_1]^2\end{aligned} \tag{A6-13}$$

对式(A6-13)关于 φ 求偏导数:

$$\frac{\partial \Pi_m}{\partial \varphi}=\frac{\pi_r(b\pi_d+\pi_m)}{(1-\varphi)^2}\left[1+\frac{u_2(1-\theta)}{\rho+\delta}\right]-\frac{1}{2}\left\{\frac{\pi_r}{1-\varphi}\left[1+\frac{u_2(1-\theta)}{\rho+\delta}\right]\right\}^2$$
$$-\frac{\pi_r^2(1+\varphi)}{2(1-\varphi)^3}\left[1+\frac{u_2(1-\theta)}{\rho+\delta}\right]^2 \tag{A6-14}$$

通过求解式(A6-14),得到

$$\bar{\varphi}=1-\frac{\pi_r}{b\pi_d+\pi_m}\left[1+\frac{u_2(1-\theta)}{\rho+\delta}\right] \tag{A6-15}$$

把式(A6-15)和式(A6-13)代入得,

$$\bar{a}_r=\frac{1}{1-\varphi}\left[1+\frac{u_2(1-\theta)}{\rho+\delta}\right]\pi_r=b\pi_d+\pi_m \tag{A6-16}$$

同理,有

$$\frac{\partial H_r}{\partial a_r}=0 \tag{A6-17}$$

$$\frac{\partial H_r}{\partial \lambda_r}=u_1a_m+u_2a_r-\delta G \tag{A6-18}$$

$$\dot{\lambda}_r=\rho\lambda_r-\frac{\partial H}{\partial G} \tag{A6-19}$$

式(A6-17)意味着

$$a_r=\frac{1}{1-\varphi}(\pi_r+u_2\lambda_r)$$

$$(1-\varphi)a_r-\pi_r=u_2\lambda_r \tag{A6-20}$$

把$\frac{\partial H_r}{\partial G}=\pi_r(1-\theta)-\delta\lambda_r$ 代入式(A6-19),得到

$$\dot{\lambda}_r=(\rho+\delta)\lambda_r-\pi_r(1-\theta) \tag{A6-21}$$

对式(A6-20)关于时间求导数,然后代入式(A6-21),得到

$$\dot{a}_r=\frac{1}{1-\varphi}[(\rho+\delta)u_2\lambda_r-u_2\pi_r(1-\theta)]$$

把式(A6-20)代入上式中,得到

$$\dot{a}_r=\frac{1}{1-\varphi}\{(\rho+\delta)[(1-\varphi)a_r-\pi_r]-u_2\pi_r-u_2\pi_r(1-\theta)\}$$
$$=(\rho+\delta)a_r-\frac{1}{1-\varphi}\pi_r[(\rho+\delta)-u_2(1-\theta)]$$

6.6.2 命题 6.2 的证明

把 $a_m(t)=\bar{a}_m$ 和 $a_r(t)=\bar{a}_r$ 代入式(6-1)中，得到

$$\frac{\mathrm{d}G(t)}{\mathrm{d}t}=u_1\bar{a}_m+u_2\bar{a}_r-\delta G(t) \tag{A6-22}$$

上述公式的通解是

$$G(t)=K\mathrm{e}^{-\delta t}+G_s$$

其中：$G_s=u_1\bar{a}_m+u_2\bar{a}_r$；$K$ 是任意的一个常数。令 $t=0$，使 $G(0)=G_0$，得到 $K=G_0-G_s$。

商誉函数是

$$G(t)=(G_0-G_s)\mathrm{e}^{-\delta t}+G_s$$

其中：$G_s=u_1\bar{a}_m+u_2\bar{a}_r$。

6.6.3 命题 6.3 的证明

$$\begin{aligned}\rho V_c=&\max_{a_m,a_r}\int_0^{+\infty}\{\pi_d[\theta G+a_m+ba_r]+(\pi_m+\pi_r)[(1-\theta)G+a_r+ba_m]\}\mathrm{d}t\\&+\max_{a_m,a_r}\int_0^{+\infty}\left\{-\frac{1}{2}a_m^2-\frac{1}{2}a_r^2+\frac{\partial V_c}{\partial G}[u_1a_m+u_2a_r-\delta G]\right\}\mathrm{d}t\end{aligned} \tag{A6-23}$$

一阶导数是

$$\pi_d+b(\pi_m+\pi_r)-a_m+\frac{\partial V_c}{\partial G}u_1=0 \tag{A6-24}$$

$$b\pi_d+\pi_m+\pi_r-a_r+\frac{\partial V_c}{\partial G}u_2=0 \tag{A6-25}$$

则得到最优的全国性广告水平和最优的地方性广告水平分别是

$$a_m^*=\pi_d+b(\pi_m+\pi_r)+\frac{\partial V_c}{\partial G}u_1 \tag{A6-26}$$

$$a_r^*=b\pi_d+\pi_m+\pi_r+\frac{\partial V_c}{\partial G}u_2 \tag{A6-27}$$

把式(A6-26)和式(A6-27)代入式(A6-23)中，得到

$$\rho V_c=\max_{a_m,a_r}\int_0^{+\infty}\left\{\left[\theta\pi_d-\frac{\partial V_c}{\partial G}\delta+(\pi_m+\pi_r)(1-\theta)\right]G\right.$$

$$+\frac{1}{2}\left(b\pi_d+\pi_m+\pi_r+\frac{\partial V_c}{\partial G}u_2\right)^2\Bigg\}\mathrm{d}t$$

$$+\max_{a_m,a_r}\int_0^{+\infty}\left\{\frac{1}{2}\left[b(\pi_m+\pi_r)+\frac{\partial V_c}{\partial G}u_1-\pi_d\right]^2\right.$$

$$\left.+2\pi_d\left[b(\pi_m+\pi_r)+\frac{\partial V_c}{\partial G}u_1\right]\right\}\mathrm{d}t \tag{A6-28}$$

令

$$V_c^*(G)=h_1G+h_2 \tag{A6-29}$$

可求出 ρV_c 为

$$\rho V_c=\max_{a_m,a_r}\int_0^{+\infty}\Big\{[\theta\pi_d-h_1\delta+(\pi_m+\pi_r)(1-\theta)]G$$

$$+\frac{1}{2}(b\pi_d+\pi_m+\pi_r+h_1u_2)^2\Big\}\mathrm{d}t+\max_{a_m,a_r}\int_0^{+\infty}\Big\{\frac{1}{2}[b(\pi_m+\pi_r)$$

$$+h_1u_1-\pi_d]^2+2\pi_d[b(\pi_m+\pi_r)+h_1u_1]\Big\}\mathrm{d}t$$

将上式和式(A6-29)的系数进行比较，得到

$$h_1=\frac{\theta\pi_d+(\pi_m+\pi_r)(1-\theta)}{\rho+\delta}$$

$$h_2=\frac{1}{2\rho}(b\pi_d+\pi_m+\pi_r+\frac{\theta\pi_d+(\pi_m+\pi_r)(1-\theta)}{\rho+\delta}u_2)^2$$

$$+\frac{1}{2\rho}\left[b(\pi_m+\pi_r)+\frac{\theta\pi_d+(\pi_m+\pi_r)(1-\theta)}{\rho+\delta}u_1-\pi_d\right]^2$$

$$+\frac{2}{\rho}\pi_d\left[b(\pi_m+\pi_r)+\frac{\theta\pi_d+(\pi_m+\pi_r)(1-\theta)}{\rho+\delta}u_1\right]$$

则获得最优的全国性广告水平和地方性广告水平分别为

$$a_m^*=\pi_d+b(\pi_m+\pi_r)+\frac{\theta\pi_d+(\pi_m+\pi_r)(1-\theta)}{\rho+\delta}u_1$$

$$a_r^*=b\pi_d+\pi_m+\pi_r+\frac{\theta u_2\pi_d+(\pi_m+\pi_r)(1-\theta)u_2}{\rho+\delta}$$

6.6.4 预备知识

由 $A\ddot{x}+B\dot{x}+C=0$，可以求得 $x=-\frac{AC}{B^2}\mathrm{e}^{-\frac{b}{a}t}-\frac{C}{B}t-\frac{C}{B}$。

这里

$$(b\gamma\pi_m-\pi_r+\gamma\pi_d)\ddot{x}+\{u_2[\gamma\pi_m\theta+(1-\theta)(\gamma\pi_d-\pi_r)]+\delta(b\gamma\pi_m-\pi_r+\gamma\pi_d)\}\dot{x}+\frac{1}{\rho+\delta}\{\gamma\pi_m(\delta+\theta u_1)+(u_1-\theta u_1+b\delta)(\gamma\pi_d-\pi_r)\}\{(\rho+\delta-1)(\pi_m+b\pi_d)+u_1[\theta\pi_m+(1-\theta)\pi_d]\}+\frac{1}{\rho+\delta}(\gamma\pi_m+b\gamma\pi_d-b\pi_r)\{(\rho+\delta-1)(\pi_m+b\pi_d)+[\theta\pi_m+(1-\theta)\pi_d]u_1\}=0$$

相应地

$$A=b\gamma\pi_m-\pi_r+\gamma\pi_d$$

$$B=u_2[\gamma\pi_m\theta+(1-\theta)(\gamma\pi_d-\pi_r)]+\delta(b\gamma\pi_m-\pi_r+\gamma\pi_d)$$

$$C=\frac{1}{\rho+\delta}[\gamma\pi_m(\delta+\theta u_1)+(u_1-\theta u_1+b\delta)(\gamma\pi_d-\pi_r)]\{(\rho+\delta-1)(\pi_m+b\pi_d)+u_1[\theta\pi_m+(1-\theta)\pi_d]\}+\frac{1}{\rho+\delta}(\gamma\pi_m+b\gamma\pi_d-b\pi_r)\{(\rho+\delta-1)(\pi_m+b\pi_d)+[\theta\pi_m+(1-\theta)\pi_d]u_1\}$$

所以,可以得出

$$x=-\frac{AC}{B^2}e^{-\frac{b}{a}t}-\frac{C}{B}t-\frac{C}{B}$$

6.7 本章小结

本章考虑了一个制造商和一个独立的零售商构建的双渠道供应链系统,其中制造商和零售商的需求都是随时间动态变化的,需求依赖于当前广告水平和过去广告努力的持续性影响。本章应用 Stackelberg 微分博弈模型,分析了双渠道供应链中制造商和零售商的合作广告策略,分别求出了分散式决策情况下和集中式决策情况下的均衡解。然后,比较了单渠道和双渠道供应链中均衡解和利润,且探讨了制造商引入网络渠道之后双方的利润变化,发现制造商开设网络渠道之后,可以使得双方成员都获益。这也进一步证明了双渠道运营模式成为当今许多制造商的新选择。本章还通过一个双向收益共享合同实现了供应链的协调。

由于考虑广告影响的需求函数中存在竞争情况的文献很少,未来可以考虑零售价格和批发价格以及广告对需求产生影响的情况下双渠道供应链的最优策略。这方面的问题值得进一步展开研究。

第7章

结论与展望

7.1 总　结

本书以电子商务环境下的双渠道供应链为问题背景，引入成员的行为因素，针对供应链成员的最优定价和服务策略及信息不对称情况下的信息甄别、动态合作广告等问题进行了深入研究。主要研究工作和成果如下。

(1)本书针对目前相关研究情况进行了综述和分析。首先在总结国内外研究现状的基础上，概述了已有文献中常用的衡量公平关切和风险规避行为的方法。事实上，以往关于双渠道供应链的研究工作大多是基于成员完全理性的假设，对成员的行为因素考虑得较少，但心理学和行为经济学家已经证实决策者只具有有限理性。因此，深入研究供应链系统运作中各种行为偏好给供应链决策带来的影响具有重要意义。

(2)不同于传统决策者是完全理性的假设，本书首先在双渠道供应链中引入公平关切行为，分析了零售商在与直销渠道的竞争中为提高竞争力而提供增值服务的激励措施。研究发现，随着传统零售渠道的消费者忠诚度增加，零售商将提高传统零售渠道的价格，然而制造商将降低批发价格以促使零售渠道达到公平的结果，渠道效率会得到提升。但是，随着零售商公平关切程度的增加，制造商的利润会降低，零售商的利润逐步增加，整个供应链的绩效下降。所以，当零售商为消费者提供增值服务且具有公平关切行为时，整个供应链不能通过一个常数批发价合同来协调。

对供应链管理领域，这部分的贡献在于：首先拓展了当前研究增值服务或成员公平关切行为的文献成果。已有文献都是单独考虑增值服务，或者单独考虑公平关切行为的，并没有同时考虑这两方面因素对供应链影响的研究成果。如果同时考虑这两方面因素的影响，则决策问题变得较为复杂，但是也更加接近现实。其次，尽管很多文献研究了公平关切行为，但很少有人研究双渠道供应链系统中成员的公平关切行为。本书基于双渠道供应链中两个渠道的竞争性情况，研究了零售商的公平关切行为对于供应链成员以及整个供应链策略和利润的影响，研究发现双方成员的决策与完全理性情况下的决策存在偏差。

(3)双渠道供应链中的成员可以通过为消费者提供服务的方式来提升自身渠道的实际需求，已有文献大多关注售后服务，目前文献很少研究售前体验式服务。本书进一步把双渠道供应链中零售商提供的售前体验式服务作为研究重点。尤其是，目前很多消费者愿意去零售店体验产品，然后又返回到网络平台上去购买产品，出现了消费者的搭便车行为。基于这种背景，本书研究了由一个制造商和一个独立的零售商构建的双渠道供应链系统，拥有实体店的零售商为消费者提供体验式服务。设置了两种问题情景：一是网上网下服务不合作，出现消费者的搭便车行为；二是网上网下服务合作。探索了消费者的搭便车行为对供应链成员决策的影响，也分析了服务合作合同如何设计才可以实现两方双赢的局面，给出了对于供应链双方都有利的服务合作合同，分析了体验式服务对于成员定价和利润的影响。与服务非合作策略进行比较，服务合作策略给双渠道供应链的成员带来了竞争性优势。

(4)前面部分都是考虑完全信息对称下的双渠道供应链决策问题。这部分考虑在需求信息不对称的情况下，由于零售商在收集市场数据方面拥有特别的优势，比如直接面对消费者、在预测市场需求方面具有长期经验等，则与制造商相比，零售商能更加准确地分析市场波动和市场需求的变化。因此，本部分考虑了在零售商表现出风险规避行为，制造商引入直销渠道的背景下，零售商可能故意扭曲向制造商订购的订货量，造成供应链成员间信息不对称的情形。制造商在接收到扭曲的市场规模信号后，会导致制造商在直销渠道的销售数量方面做出错误的决策。与不对称信息相关的文献很少有考虑供应链成员在决策过程中表现出来的风险偏好行为，本书研究了在市场规模信息不对称的假设下，制造商应该如何准确地判断出市场规模，并且分析了零售商的风险规避行为和制造商的直销成本对于供应链均衡解的影响。

(5)最后，本书研究了一个动态双渠道供应链系统。该系统由一个制造商和一个独立的传统零售商构成。制造商生产的产品通过传统零售渠道和网络直销渠道进行市场销售。为了提升销量，制造商和零售商分别投资全国性广告和地方性广告，成员间的竞争采用 Stackelberg 微分博弈进行建模描述，其中制造商是主导者，零售商是跟随者。制造商和零售商的市场份额随时间动态变化，这依赖于当前和过去的广告效应。假设两个渠道的需求都受到广告的商誉影响，分析研究了广告对最优决策的影响，且设计了双向收益共享合同来实现双渠道供应链的协调。

7.2 展 望

本书研究了双渠道供应链环境下的最优定价与服务合作、动态合作广告以及不对称信息甄别等问题，引入市场竞争与合作的环境和成员的行为，从多个角度展开了相关研究。但由于时间、论文篇幅和本人认知能力的有限性，还有很多相关问题值得进一步探讨。未来研究工作包括以下几个方面。

7.2.1 基于行为因素的可扩展研究方向

本书研究中考虑了零售商的公平关切行为、风险规避行为，消费者的搭便车行为。根据已有的行为运筹相关理论，供应链成员可能表现出各种不同的行为，因此可以在本书研究的基础上，进一步研究其他行为因素对双渠道相关问题的影响，比如成员的过度自信行为、消费者的退货行为等。研究网络渠道的消费者退货和制造商对退货产品进行再制造的相关问题都值得展开研究。已有研究大多假设消费者仅仅是价格和服务敏感型的，实际上消费者在做出购买选择之前，还可能根据购买成本、渠道偏好、消费体验、网络购物产品的送货提前期、产品的价值评价等多个因素进行考虑。影响消费者渠道选择的上述因素，也是双渠道供应链成员制定定价策略和其他策略需要考虑的。因此，把影响消费者选择行为的因素引入双渠道供应链中，也是未来研究的不可或缺的内容。近年来出现的 O2O 商业模式是融合线上交易与线下服务独特特点的新的销售模式，可以增加顾客体验和促使产品的竞争力提升，将线下线上融为一体。在 O2O 商业模式下，产品价格、售前和售后服务体验、物流的时间成本、消费者的出行成本以及对新渠道的接受程度等多种因素影响着消费者的购买决策，还有零售商的库存水平以及利润，这方面的供应链最优决策问题值得深入研究。考虑到库存是协调双渠道供应链的核心，因此研究库存的影响因素，通过制订合适的合同或契约来达到实现双渠道供应链的协调目标就显得尤为重要。

7.2.2 考虑产品个性化定制的未来研究

随着科学技术的不断前进，产品的生命周期变得越来越短，新产品不断出现，这将使得双渠道供应链中出现在同一周期内销售多种不同类型的产品或多种替代产品的情形，零售商对不同产品可能采取不同的销售策略。考虑到市场上产品的多样性与可替代性，本书的研究主要集中在单一产品的生产和销售上，下一步可以考虑多种产品或替代产品同时在双渠道供应链销售的情形，原来双渠道供应链中的定价和服务策略是否仍然合适，还需要继续深入探讨。

企业使用互联网的信息系统平台可直接获取用户需求，然后据此进行个性化定制并销售给用户，从而实现对用户需求的快速响应。阿里巴巴集团副总裁曾鸣认为，定制是以个性化营销、柔性化生产、社会化物流为支柱搭成的由消费者驱动的全新商业模式。借助于网络的快速发展，由消费者驱动的按需定制商业模式成为企业的主要发展方向。按需定制强调的是以低成本即时或快速满足消费者的个性化需求。企业可直接获取用户需求，然后进行产品的个性化定制，从而实现对消费者需求的快速响应。电子商务技术起到促使供应链快速响应动态的市场需求的作用。定制模式的运行起点是消费者需求。企业在获取需求信息后，整合供应链资源进行生产。现有定制模式包括团购、预售和消费者定制等多种模式。大部分都属于较浅层面如价格、包装等的定制，较少涉及更深层次的定制，例如消费者参与设计、研发等。已有文献对产品定制进行了初步研究，涉及电子产品、手机等多个高科技领域的应用。影响定制模式成功与否的因素包括产品价格、消费者个性化需求等。

基于互联网的个性化定制、云制造等新型制造模式强调用户和企业之间的共创，从消费者个性化需求出发，设计制造出满足其需求的产品，在未来研究过程中，考虑按需定制，基于用户需求进行供应链的产品与服务的最优化决策是有研究价值的。具体来说，定制前用户需求的获取，定制中定制产品的生产、修改等，定制后售后服务、用户评价等，都是影响企业的关键成功因素。

7.2.3 信息不对称下的决策策略研究

在供应链管理中，信息不对称现象普遍存在，如制造商拥有更多的关于生产能力、产品质量和生产成本等方面的信息，而销售商拥有更多的关于销售成本、市场预测等方面的信息。企业单边信息不对称将会导致逆向选择问题，使决策者的决策变量（如产量、订货量等）产生扭曲，从而破坏供应链协同，影响供应链效率。而在更多的供应链实践中，往往每个企业都有自己的信息优势，供应链系统中的双边信息不对称的现象也普遍存在。而拥有私人信息的企业往往以自己的收益最大化为目标，而不是考虑整个链的收益，因此隐匿或者谎报信息的行为有可能发生。在双边信息不对称的情形下，节点企业的目标不一致将对企业决策和供应链效率产生更大的影响。因此，如何减少双边不对称信息的影响并且实现供应链协同是值得关注的问题。拥有信息的成员会因为信息带来的优势而获取更多的利益，信息不对称的成员则可能做出关于信息的错误判断，从而导致决策失误，进而影响自身利益。总之，不对称的信息会导致利益的转移。利用经济博弈论和信息经济学的相关理论知识来研究供应链企业的协同机制的构建已经成为供应链研究领域的重要研究内容。

总而言之，信息贯穿于供应链全程，供应链协同能够让供应链系统的节点企业充分了解到上下游各企业的需求信息与供给信息，从而制定最优的决策策略，降低供应链的整体成本，提升整体利润。供应链从供应方向需求方流动的需求信息（如消费者需求、生产计划、采购合同等）不对称问题是值得深入研究的。供应链协同中的信息共享一直存在信息不对称、谎报信息等导致的信息失真、隐匿信息等导致的信息丢失以及信息延迟等问题，因此供应链中信息的有效协同是供应链管理领域的一个难点问题。在信息共享过程中供应链节点企业出现的信息泄露现象等安全问题也会打击供应链成员参与信息共享的积极性,从而影响到供应链的利润和整体绩效。供应链系统中的内部网络是企业协同的基础。在复杂多变的市场环境中如何去制定成员的最优策略始终是我们关注的重点。简言之,基于国家和企业对创新和经济发展的战略性需要,未来可以致力于研究电子商务环境下的供应链协同问题,可以对企业实施供应链管理提供强大的理论指导和实践指导。

7.2.4 考虑新产品开发的未来研究

在新需求和新技术的共同驱动下,电子商务已成为互联网应用的重要内容。以阿里巴巴为代表的浙江省电子商务的迅速发展进一步促进了互联网企业的崛起,而成功开发新产品是企业发展的核心诉求。市场需求的不确定性和同类替代性产品的竞争,给制造企业研发新产品带来了很大压力。新产品的开发是一个复杂的系统工程,信息的收集与分析和生产要素的配置存在一定程度的不确定性,特别是市场需求的不确定性和同类替代性产品的竞争,给制造企业研发新产品带来了很大压力。而企业通过与供应商、零售商等上下游合作伙伴进行紧密合作,形成联盟,可实现信息共享和收益共享,成本和风险共担。

自20世纪90年代供应链联盟出现以来,许多世界知名制造企业如IBM、戴尔、CISO等公司通过构建灵活有效的供应链联盟极大提高了经营效率,降低了经营成本。探讨在电商环境下,供应链成员在新产品协同开发中的优化决策问题具有重要的现实意义。电子商务环境下的供应链新产品开发过程中还需要考虑供应链成员的风险规避行为,建立更为准确、合理的风险度量标准,建立完善的风险防范体系。

由于新产品开发供应链的概念较新,在当前的研究成果中,学者们主要是从电子商务环境下供应链企业新产品开发的角度来研究供应链中的最优决策与优化问题。新产品的开发活动不仅需要考虑企业的自身条件,还需要考虑不同销售渠道带来的影响。

7.2.5 考虑技术创新的供应链成员最优策略制定和供应链协同问题研究

随着我国科技实力的大幅提升,不少技术领域处于国际领先水平。华为总裁任正非在“科技三会”上所言的“无人领航、无既定规则、无人跟随”的困境，实质上反映了华为行业地位变化之后的困惑，也从一个方面映射出技术创新对企业发展的意义。进行有效的客户知识管理为供应链技术创新提供了解决之道。供应链技术创新与客户知识管理的供应链协同问题值得进一步研究。大数据的发展使得当今的网络环境成了一个巨大的、精准映射并持续记录人类社会经济行为特征的数字世界。

客户知识分散在供应链的各个环节中，而这种片面的信息对企业来说是无法用来准确分析当前市场动态环境的。由于消费者的特征和偏好是不断发生变化的，这就需要供应链的各个节点企业积极地进行知识的整合，充分实现知识共享，并创造出新的知识，进行技术创新。能否及时，充分地把握利用原始数据，事关企业能否抢占到战略制高点。数据最终需要转换为知识才会对各种行为产生影响。现有研究都围绕大数据对知识管理的影响、大数据对知识挖掘和获取方面的影响进行了大量的分析。如何研究大数据给双渠道或多渠道供应链带来的新的变革，并揭示其影响供应链成员做出优化策略的机制问题是值得我们关注的。目前关于这方面的研究成果还较少，有待进一步深入开展研究工作。大数据不仅影响着供应链的演化，还会成为一种新的研究视角与分析工具。

参考文献

[1] Baker W L, Lin E, Marn M V, et al. Getting prices right on the web[J]. Mckinsey, 2001, (2): 54-63.

[2] 许垒,李勇建. 考虑消费者行为的供应链混合销售渠道结构研究[J]. 系统工程理论与实践,2013,33(7):1672-1681.

[3] Gallego G, Moon I. The distribution free newsboy problem: Review and extensions[J]. Journal of the Operational Research Society, 1993, 44: 825-834.

[4] Jeuland A R, Shugan S M. Managing channel profits[J]. Marketchy Science, 1983, 2: 239-272.

[5] Zusman P, Etgar, M. The marketing channel as an equilibrium set of contracts[J]. Management Science, 1981, 27: 284-302.

[6] Monahan J P. A quantity discount Pricing model to increase vendor Profits[J]. Management Science, 1984, 30: 720-726.

[7] Balvers R J. Actively learning about demand and dynamics of price adjustment[J]. The Economic Journal, 1990, 23(9): 882-898.

[8] Trehame J T, Sox C R. Adaptive inventory control for nonstationary demand and partial information[J]. Management Science, 2002, 48(5): 607-624.

[9] Li L. Information sharing in a supply chain with horizontal competition [J]. Management Science, 2002, 48(9): 1196-1212.

[10] 柳键,赖明勇,张汉江. 基于趋势需求的供应链订货与定价决策优化[J]. 系统工程,2003,21(5):48-53.

[11] 马祖军. 供应链中供需协调及数量折扣定价模型[J]. 西南交大学报,2004,39(2):185-188.

[12] 牟德一,涂幕生,陈秋双. 制造商、零售商的联合定价决策模型[J]. 南开

大学学报(自然科学版),2004,37(3):55—60.
[13] Dai Y,Chao X,Fang S C. Pricing in revenue management for multiple firms competing for customers[J]. International Journal of Production Economics,2005,98:1—16.
[14] 崔元锋. 基于 stacklberg 主从对策论的供应链转移定价研究[J]. 商业时代,2005,24:19—21.
[15] 于少强,杨华龙. 基于电了商务的物流供应链灵活定价[J]. 大连海事大学学报,2006,32(1):43—50.
[16] Li Y,Xu L,Li D. Examining relationships between the return policy, product quality,and pricing strategy in online direct selling[J]. International Journal of Production Economics,2013,144:451—460.
[17] Chiang W,Chhajed D,Hess D J. Direct marketing,indirect profits:A Strategic analysis of dual-channel supply-chain design[J]. Management Science,2003,49(1):1—20.
[18] Dumrongsiri A,Fan M,Jain A,et al. A supply chain model with direct and retail channels[J]. European Journal of Operational Research, 2008,187(3):691—718.
[19] 晏妮娜,黄小原,刘兵. 电子市场环境中供应链双源渠道主从对策模型[J]. 中国管理科学,2007,(3):98—102.
[20] 陈云,王浣尘,沈惠璋. 电子商务零售商与传统零售商的价格竞争研究[J]. 系统工程理论与实践,2006,(1):35—41.
[21] Lin I I,Mahmassani H S. Can online grocers deliver? Some logistics considerations[J]. Transportation Research Record, 2002, 1817: 17—24.
[22] Kalish S. Monopolist pricing with dynamic demand and production cost[J]. Management Science,1983,2(2):135—159.
[23] Elmaghraby W, Keskinocak P. Dynamic pricing in the presence of inventory considerations: research overview, current practices, and future directions[J]. Management Science,2003,49(10):1287—1309.
[24] Bitran G, Caldentey R. An overview of pricing models for revenue management[J]. Manufacturing & Service Operations Management, 2003,5(3):203—229.

[25] Heching A, Leung Y T. Product pricing in the e-business era[M]. Berlin: Springer, 2005.

[26] Narahari Y, Raju C, Shah S. Dynamic pricing models for electronic business[R]. Indian: Electronic Enterprises Laboratory, Indian Institute of Science, 2003.

[27] Bitran G, Caldentey R. An overview of pricing models for revenue management[J]. Manufacturing & Service Operations Management, 2003, 5(3): 203-229.

[28] Eliashberg J, Jeuland A P. The Impacts of competitive entry in a developing market upon dynamic pricing strategies[J]. Marketing Science, 1986, 5: 20-36.

[29] Gallego G, Ryzin G V. Optimal dynamic pricing of inventories with stochastic demand over finite horizons[J]. Management Science, 1994, 40(8): 999-1020.

[30] Bitran G R, Mondschein S V. Periodic pricing of seasonal products in retailing[J]. Management Science, 1997, 43(1): 64-79.

[31] Federgruen A, Heching A. Combined pricing and inventory control under uncertainty. Operations Research, 1999, 47(3): 454-475.

[32] Robinson B, Lakhani C. Dynamic price models for new-product planning[J]. Management Science, 1975, 21(10): 1113-1122.

[33] Spence A M. The learning curve and competition[J]. The Bell Journal of Economics, 1981, 12(1): 49-70.

[34] Fibich G, Lowengart O. Explicit solutions of optimization models and differential games with nonsmooth (asymmetric) reference-price effect[J]. Operations Research, 2003, 51(5): 721-734.

[35] Xu K, Chiang W Y, Liang L. Dynamic pricing and channel efficiency in the presence of the cost learning effect[J]. International transactions in operational research, 2011, 18: 579-604.

[36] Chiang W Y. Supply chain dynamics and channel efficiency in durable product pricing and distribution[J]. Manufacturing & Service Operations Management, 2012, 14(2): 327-343.

[37] Lariviere M, Porteus E. Selling to the newsvendor: an analysis of price—

only contracts[J]. Manufacturering & Service Operations Management, 2001,3(4):293－305.

[38] Keser C, Paleologo G A. Experimental investigation of supplier-retailer contracts:The wholesale price contract[R]. Cirano,2004.

[39] Gerchak Y,Wang Y. Revenue-sharing vs. wholesale-price contracts in assembly systems with random demand[J]. Production and Operations Management,2004,13(1):23－33.

[40] Dong L,Zhu K. Two-wholesale-price contracts: push, pull, and advance-purchase discount contracts[J]. Manufacturing & Service Operations Management,2007,9(3):291－311.

[41] Zhao Y X, Choi T M, Cheng T C E, et al. Mean-risk analysis of wholesale price contracts with stochastic price-dependent demand[J]. Annals of Operations Research,2014:1－28.

[42] Li Q,Liu Z. Supply chain coordination via a two-part tariff contract with price and sales effort dependent demand[J]. Decision Science Letters,2015,4(1):27－34.

[43] Spengler J J. Vertical integration and antitrust policy[J]. Journal of Political Economy,1950,58(4):347－352.

[44] Cachon G P, Lariviere M A. Contracting to assure supply: How to share demand forecasts in a supply chain[J]. Management Science, 2001,47(5):629－646.

[45] Wang Y,Jiang L,Shen Z J. Channel performance under consignment contract with revenue sharing[J]. Management Science,2004,50(1): 34－47.

[46] Cachon G P,Lariviere M A. Supply chain coordination with revenue-sharing contracts:strengths and limitations[J]. Management Science, 2005,51(1):30－44.

[47] Yao Z, Stephen C H, Lai K K. Manufacturer's revenue-sharing contract and retail competition[J]. European Journal of Operational Research,2008,186(2):637－651.

[48] Cao T L, Hong Y. Channel coordination through a revenue sharing contract in a two-period newsboy problem[J]. European Journal of

Operational Research,2009,198(3):822—829.

[49] Xu G,Dan B,Zhang X,et al. Coordinating a dual-channel supply chain with risk-averse under a two-way revenue sharing contract [J]. International Journal of Production Economics,2014,147:171—179.

[50] Heese H S,Eda K Z. Enabling opportunism: revenue sharing when sales revenues are unobservable. Production and Operations Management, 2014,23(9):1634—1645.

[51] Tang S Y,Kouvelis P. Pay-back-revenue-sharing contract in coordinating supply chains with random yield [J]. Production and Operations Management,2014,23(12):2089—2102.

[52] Güth W, Schmittberger R, Schwarze B. An experimental analysis of ultimatum bargaining[J]. Journal of Economic Behavior & Organization, 1982,3(4):367—388.

[53] Camerer,Thaler,Ultima tums. Dictators and manners[J]. Journal of Economic Perspectives,1995,(9):209—219.

[54] Ostrom E,Walker J,Gardner R. Covenants with and without a sword: self. [J]. American Political Science Review,1992,86(2):404—417.

[55] Falk A, Fehr E, Fischbacher U. Testing theories of fairness-Intentions matter[J]. Games and Economic Behavior,2008,62(1):287—303.

[56] Mccabe B D. Trust, reciprocity and social history [J]. Games and Economic Behavior,1995:122—142.

[57] Bolton L E,Warlop L,Alba J W. Consumer perceptions of price (un) fairness[J]. Journal of Consumer Research,2003,29(3):474—491.

[58] Feinberg F M,Krishna A,Zhang Z J. Do we care what others get? A behaviorist approach to targeted promotions[J]. Journal of Marketing Research,2002,39(3):277—291.

[59] Kahneman D,Knetsch J,Thaler R. Fairness as a constraint on profit seeking: entitlements in the market [J]. The American Economic Review,1986,76(4):728—741.

[60] Xia L,Monroe K B,Cox J L. The price is unfair! A conceptual framework of price fairness perceptions[J]. The Journal of Marketing,2004,68(4): 1—15.

[61] Fehr E, Schmidt K M. A theory of fairness, competition and co-operation[J]. The Quarterly Journal of Economics,1999,114(3):817－868.

[62] Kaufmann P J,Stern L W. Relational exchange norms,perceptions of unfairness,and retained hostility in commercial litigation[J]. Journal of Conflict Resolution,1988,32(3):534－552.

[63] Kumar N. The power of trust in manufacturer-retailer relationships [J]. Harvard Business Review,1996,74(11－12):92－106.

[64] Loch C H,Wu Y Z. Social preferences and supply chain performance: An experimental study[J]. Management Science,2008,54(11):1835－1849.

[65] Olmstead A L, Rhode P. Rationing without government: The west coast gas famine of 1920[J]. The American economic review,1985,75(5):1044－1055.

[66] Scheer L K,Kumar N,Steenkamp E M. Reactions to perceived inequity in U. S. and Dutch interorganizational relationships[J]. Academy of Management Journal,2003,46(3):303－316.

[67] Cui H T, Raju J, Zhang Z. Fairness and channel coordination[J]. Management Science,2007,53(8):1303－1314.

[68] 刘作仪,查勇.行为运作管理:一个正在显现的研究领域[J].管理科学学报,2009,12(4):64－74.

[69] Rabin M. Incorporating fairness into game theory and economics[J]. The American Economic Review,1993,83(5):1281－1302.

[70] Tversky A,Kahneman D. Judgment under uncertainty:heuristics and biases[J]. Science,1974,185(4157):1124－1131.

[71] Hogarth R M. Judgment and Choice:The Psychology of Decision (2nd ed.) [M]. Oxford,England:John Wiley & Sons. 1987.

[72] Barberis N,Thaler R. A survey of behavioral finance[J]. Handbook of the Economics of Finance,2003,1:1053－1128.

[73] Katok E,Pavlov V. Fairness in supply chain contracts: A laboratory study[J]. Journal of Operations Management,2013,31(3):129－137.

[74] Bolton G E, Ockenfels A. ERC: A theory of equity, reciprocity, and

competition[J]. The American Economic Review, 2000, 90(1): 166－193.

[75] Bruyn A D, Bolton G E. Estimating the influence of fairness on bargaining behavior[J]. Management Science, 2008, 54(10): 1774－1791.

[76] 杜少甫，杜婵，梁樑. 考虑公平关切的供应链契约与协调[J]. 管理科学学报，2010，13(11)：41－48.

[77] 杜婵. 考虑公平关切的供应链契约研究[D]. 合肥：中国科学技术大学硕士学位论文，2011.

[78] 张岳平，石岿然. 考虑损失规避与公平关切的供应链协调问题[J]. 南京工业大学学报(社会科学版)，2011，10(4)：69－73.

[79] Konrad K A, Lommerud K E. Relative standing comparisons, risk taking, and safety regulations[J]. Journal of Public Economics, 1993, 51(3): 345－358.

[80] Fehr E, Klein A, Klaus M S. Fairness and contract design[J]. Econometrica, 2007, 75(1): 121－154.

[81] Ho T H, Zhang J J. Designing pricing contracts for boundedly rational customers: does the framing of the fixed fee matter? [J]. Management Science, 2008, 54(4): 686－700.

[82] 肖玉明. 考虑利润分配公平性的供应链激励模型[J]. 预测，2009，28(1)：42－47.

[83] 邢伟，汪寿阳，赵秋红，等. 考虑渠道公平的双渠道供应链均衡策略[J]. 系统工程理论与实践，2011，31(7)：1249－1256.

[84] Chen J L, Zhao X B, Shen Z J. The horizontal fairness concern of backup supplier in a Triadic supply chain[R/OL]. Working paper. http://dx.doi.org/10.2139.ssrn.2015703, 2012.

[85] Ma L, Zeng Q, Dai S. Channel coordination with fairness concerns and consumer rebate[C]. Paper presented at the 9th International Conference of Service Systems and Service Management, 2012.

[86] Yang J, Xie J, Deng X, et al. Cooperative advertising in a distribution channel with fairness concerns[J]. European Journal of Operational Research, 2012.

[87] 谭佳音，李波．零售商公平关切对收益共享契约供应链协调作用的影响研究[J]．华东经济管理，2012，26(6)：118－121．

[88] 邱国斌．政府补贴背景下公平关切对零售商与制造商决策的影响[J]．南昌航空大学学报(社会科学版)，2013，15(1)：45－52．

[89] Elena K, Olsen T, Pavlov V. Wholesale pricing under mild and privately known concerns for fairness[J]. Production and Operations Management, 2012, 23(2): 285－302.

[90] Wei G X, Yin Y X. Buy-back contract incorporating fairness in approach of stackelberg game[J]. American Journal of Industrial and Business Management, 2014, 4: 40－44.

[91] Wang N, Zhang Y J, Wang X H, et al. Channel coordination in logistics service supply chain under service integrator's fairness concerns[C]. Paper presented at the 11th International Conference of Service Systems and Service Management, 2014.

[92] Du S, Nie T, Chu C, et al. Newsvendor model for a dyadic supply chain with Nash bargaining fairness concerns[J]. International Journal of Production Research, 2014, 52(17): 5070－5085.

[93] 牛占文，郁艳青，何龙飞．批发价格契约下考虑公平关切的供应链协调及契约设计[J]．工业工程，2014，17(4)：63－69．

[94] Ho T H, Su X M, Wu Y Z. Distributional and peer-induced fairness in supply chain contract design[J]. Production and Operations Management, 2014, 23(2): 161－175.

[95] 丁雪峰，魏芳芳．公平关切下制造商主导的闭环供应链定价策略[J]．工业工程，2014，17(4)：78－84．

[96] Tsay A A. Risk sensitivity in distribution channel partnerships: implications for manufacturer return policies[J]. Journal of Retailing, 2002, 78(2): 147－160.

[97] Gan X, Sethi S P, Yan H. Channel coordination with a risk-neutral supplier and a downside-risk-averse retailer [J]. Production and Operations Management, 2005, 14(1): 80－99.

[98] Wang C X, Webster S. Channel coordination for a supply chain with a risk-neutral manufacturer and a loss-averse retailer [J]. Decision

Sciences,2007,38(3):361－389.

[99] Xiao T,Yang D. Price and service competition of supply chains with risk-averse retailers under demand uncertainty[J]. International Journal of Production Economics,2008,114(1):187－200.

[100] Wu J, Wang S, Chao X, et al. Impact of risk aversion on optimal decisions in supply contracts[J]. International Journal of Production Economics,2010,128(2):569－576.

[101] Chiu C H, Choi T M, Li X. Supply chain coordination with risk sensitive retailer under target sales rebate[J]. Automatica,2011,47(8):1617－1625.

[102] Ozgun C D,Chen Y H,Li J B. Customer and retailer rebates under risk aversion[J]. International Journal of Production Economics, 2011,133:736－750.

[103] Ma L,Liu F,Li S,et al. Channel bargaining with risk-averse retailer [J]. International Journal of Production Economics, 2012, 139(1): 155－167.

[104] Li B,Chen P,Li Q,et al. Dual-channel supply chain pricing decisions with a riskaverse retailer[J]. International Journal of Production Research,2014,52(23):7132－7147.

[105] 杨德礼,郭琼. 基于不同风险偏好组合的供应链协作方式的研究[J]. 管理科学,2005,18(5):50－54.

[106] 叶飞. 含风险规避者的供应链收益共享契约机制研究[J]. 工业工程与管理,2006,11(4):50－53.

[107] 陈菊红,郭福利. Downside-risk 控制下的供应链收益共享契约设计研究[J]. 控制与决策,2009,24(1):122－124.

[108] 秦娟娟,赵道致. 风险偏好信息非对称下的供应链寄存契约研究[J]. 管理学报,2011,8(2):284－288.

[109] 罗春林,黄健,柳键. 不同风险偏好下的供应链定价与订货策略[J]. 计算机集成制造系统,2012,18(4):859－866.

[110] 禹海波,王莹莉,董承华. 需求不确定性对混合条件风险价值约束供应链系统的影响[J]. 控制与决策,2014,29(11):2011－2017.

[111] 禹海波,王莹莉. 不确定性对混合 CVaR 约束库存系统的影响[J]. 运

筹与管理,2014,23(1):20－25.
[112] 曹文彬,左慧慧.零售商风险规避对制造商双渠道选择的影响[J].商业研究,2014,446(6):20－26.
[113] Dong L,Liu H. Equilibrium forward contracts on nonstorable commodities in the presence of market power[J]. Operations Research,2007,55(1):128－145.
[114] Choi T M,Li D,Yan H,et al. Channel coordination in supply chains with agents having mean-variance objectives[J]. Omega,2008,36(4):565－576.
[115] Nagarajan M,Sošić G. Game-theoretic analysis of cooperation among supply chain agents:Review and extensions[J]. European Journal of Operational Research,2008,187(3):719－745.
[116] Wei Y,Choi T M. Mean-variance analysis of supply chains under wholesale pricing and profit sharing schemes[J]. European Journal of Operational Research,2010,204(2):255－262.
[117] Zhao Y,Wang S,Cheng T C E,et al. Coordination of supply chains by option contracts: A cooperative game theory approach[J]. European Journal of Operational Research,2010,207(2):668－675.
[118] 叶飞,林强.风险规避型供应链的收益共享机制研究[J].管理工程学报,2012,26(1):113－118.
[119] 侯玲,陈东彦,滕春贤.在风险规避下考虑质量因素的竞争供应链的均衡策略研究[J].运筹与管理,2013,22(1):112－119.
[120] 闻卉,曹晓刚,黎继子.基于CVaR的供应链回购策略优化与协调研究[J].系统工程学报,2013,28(2):211－217.
[121] 张晓林,李广.鲜活农产品供应链协调研究——基于风险规避的收益共享契约分析[J].技术经济与管理研究,2014,(2):13－17.
[122] Dholakia R R,Zhao M,Dholakia N. Multichannel retailing:a case study of early experiences[J]. Journal of Interactive Marketing,2005,19(2):63－74.
[123] Xiao T,Choi T M. Purchasing choices and channel structure strategies for a two-echelon system with risk-averse players[J]. International Journal of Production Economics,2009,120(1):2009.

[124] 王虹,周晶.具有风险规避参与者的双渠道供应链最优策略研究[J].计算机集成制造系统,2009,11:2241-2246.

[125] 王虹,周晶.竞争和风险规避对双渠道供应链决策的影响[J].管理科学,2010,1:10-17.

[126] 王虹,倪卫涛,周晶.非对称信息下双渠道供应链的定价决策[J].管理学报,2010,7(2).

[127] 李书娟,张子刚,黄洋.风险规避对双渠道供应链运作模式的影响研究[J].工业工程与管理,2011,16(1):32-36.

[128] 王虹,孙玉玲,周晶.制造商信息私有条件下的双渠道供应链定价决策.运筹与管理[J].2013,22(6):117-122.

[129] Markowitz H M. Porfolio selection: efficient diversification of Investment [M]. New York: John Wiley & Sons, 1959.

[130] Lau H, Lau A. Manufacturer's pricing strategy and return policy for a single period commodity[J]. European Journal of Operation Research, 1999, 116: 291-304.

[131] Choi T, Li D, Yan H. Mean-variance analysis of a single supplier and retailer supply chain under a returns policy[J]. European Journal of Operational Research, 2008, 184(1): 356-376.

[132] Xu M, Wang Q, Ouyang L H. Coordinating contracts for two-stage fashion supply chain with risk-averse retailer and price-dependent demand [J]. Mathematical Problems in Engineering, 2013. doi: 10.1155/2013/259164.

[133] Atkinson A. Incentives, uncertainty, and risk in the newsboy problem [J]. Decision Sciences, 1979, 10: 341-353.

[134] Porteus E L, Whang S. Supply chain contracting: non-recurring engineering charge, minimum order quantity, and boilerplate contracts [D]. Graduate School of Business, Stanford University, 1999.

[135] Burnetas A, Gilbert S M, Smith C E. Quantity discounts in single-period supply contracts with asymmetric demand information[J]. IIE Transactions, 2007, 39(5): 465-479.

[136] Zhou Y W. A comparison of different quantity discount pricing policies in a two-echelon channel with stochastic and asymmetric demand information

[J]. European Journal of Operational Research, 2007, 181: 686－703.
[137] Hsieh C C, Wu C H, Huang Y J. Ordering and pricing decisions in a two-echelon supply chain with asymmetric demand information[J]. European Journal of Operational Research, 2008, 190: 509－525.
[138] Gan X, Sethi S P, Zhou J. Commitment-penalty contracts in drop-shipping supply chains with asymmetric demand information[J]. European Journal of Operational Research, 2010, 204: 449－462.
[139] Kalkanci B, Chen K Y, Erhun F. Contract complexity and performance under asymmetric demand information: An experimental evaluation[J]. Management Science, 2011, 57(4): 689－704.
[140] Lai G, Xiao W, Yang J. Supply chain performance under market valuation: An operational approach to restore efficiency[J]. Management Science, 2012, 58(10): 1933－1951.
[141] Lei D, Li J, Liu Z. Supply chain contracts under demand and cost disruptions with asymmetric information[J]. International Journal of Production Economics, 2012, 139: 116－126.
[142] Li Z, Gilbert S, Lai G. Supplier encroachment under asymmetric information[J]. Management Science, 2013, 60(2): 449－462.
[143] Li Z, Gilbert S, Lai G. Supplier encroachment as an enhancement or a hindrance to nonlinear pricing[J]. Production & Operations Management, 2015, 24(1): 89－109.
[144] Li Z, Ryan J K, Shao L, et al. Supply contract design for competing heterogeneous suppliers under asymmetric information[J]. Production and Operations Management, 2015, 24(5): 791－807.
[145] Wei J, Govindan K, Li Y, et al. Pricing and collecting decisions in a closed-loop supply chain with symmetric and asymmetric information [J]. Computers & Operations Research, 2015, 54: 257－265.
[146] Tsay A A, Agrawal N. Channel conflict and coordination in the E-commerce age[J]. Production and Operations Management, 2004, 13 (1): 93－110.
[147] Liu B, Zhang R, Xiao M D. Joint decision on production and pricing for online dual channel supply chain system[J]. Applied Mathematical

Modelling,2010,34:4208—4218.

[148] Cai G S,Zhang Z G,Zhang M. Game theoretical perspectives on dual-channel supply chain competition with price discounts and pricing schemes[J]. International Journal of Production Economics,2009,117(1):80—96.

[149] Devaraj S,Fan M,Kohli R. Antecedents of B2C channel satisfaction and preference: Validating E-commerce metrics [J]. Information Systems Research,2002,13(3):316—333.

[150] Rohm A J,Swaminathan V. A typolpgy of online shoppers based on shopping motivations[J]. Journal of Business Research,2004,57:748—757.

[151] Hu W,Li Y. Retail service for mixed retail and E-tail channels[J]. Annals of Operations Research,2012,192(1):151—171.

[152] Sayman S, Hoch S J, Raju J S. Positioning of store brands[J]. Marketing Science,2002,21(4):378—397.

[153] Mukhopadhyay S K, Yao D Q, Yue X H. Information sharing of value-adding retailer in a mixed channel hi-tech supply chain[J]. Journal of Business Research,2008,61(9):950—958.

[154] Yao D Q, Yue X H, Liu J. Vertical cost information sharing in a supply chain with value-adding retailers[J]. Omega, 2008, 36: 838—851.

[155] Sarkar B,Majumder A. Integrated vendor-buyer supply chain model with vendor's setup cost reduction[J]. Applied Mathematics and Computation,2013,224:362—371.

[156] Rohm A J,Swaminathan V. A typology of online shoppers based on shopping motivations[J]. Journal of Business Research,2004,57:748—757.

[157] Dumrongsiri A,Fan M,Jain A. A supply chain model with direct and retail channels[J]. European Journal of Operational Research,2008,187:691—718.

[158] Kumar N,Ruan R. On manufacturers complementing the traditional retail channel with a direct online channel[J]. Quantitative & Marketing

Economics,2006,4(3):289－323.

[159] Yao D Q, Liu J J. Competitive pricing of mixed retail and e-tail distribution channels[J]. Omega,2005:235－247.

[160] Samar K M,Yao D Q,Yue X H. Information sharing of value-adding retailer in a mixed channel hi-tech supply chain [J]. Journal of Business Research,2008,61:950－958.

[161] Yan R,Pei Z. Retail service and firm profit in a dual-channel market [J]. Journal of Retailing and Consumer Services, 2009, 16 (4): 306 －314.

[162] Kaya M. Essays in supply chain contracting: Dual channel management with service competition and quantity risk in outsourcing[D]. California: Stanford University,2006.

[163] 肖剑. e-供应链环境下制造商与零售商的合作策略研究[D]. 重庆:重庆大学博士学位论文,2009.

[164] Shaw C,John I. Building great customer experiences[M]. Palgrave: Macmillan,2005.

[165] Pullman M E,Michael A G. Ability of experience design elements to elicit emotions and loyalty behaviors[J]. Decision Sciences,2004,35 (3):551－578.

[166] Yan R,Pei Z. Retail services and firm profit in a dual-channel market [J]. Journal of Retailing and Consumer Services, 2009, 16 (4): 306 －314.

[167] Dan B,Xu G,Liu C. Pricing policies in a dual-channel supply chain with retail services[J]. International Journal of Production Economics, 2012,139(1):312 - 320.

[168] Arya A,Mittendorf B,Sappington D E M. The bright side of supplier encroachment[J]. Marketing Science,2007,26(5):651－659.

[169] Gümüş M. With or without forecast sharing: competition and credibility under information asymmetry[J]. Production and Operations Management, 2014,23(10):1732－1747.

[170] Feng Q, Lai G, Lu L. Dynamic bargaining in a supply chain with asymmetric demand information[J]. Management Science,2014.

[171] Karray S. Modeling brand advertising with heterogeneous consumer response: channel implications[J]. Annals of Operations Research, 2014. doi:10.1007/s10479-014-1656-9.

[172] Lau H S, Lau A H L. Manufacturer's pricing strategy and return policy for a single-period commodity [J]. European Journal of Operational Research, 1999, 116(2): 291-304.

[173] Cachon G P, Lariviere M A. Contracting to assure supply: How to share demand forecasts in a supply chain[J]. Management Science, 2001, 47(5): 629-646.

[174] Akan M, Ata B, Lariviere M A. Asymmetric information and economies of scale in service contracting [J]. Manufacturing and Service Operations Management, 2011, 13(1): 58-72.

[175] Wang H, Zhou J. Optimal strategies of dual channel with risk averse members[J]. Computer Integrated Manufacturing Systems, 2009, 15 (11): 2241-2246.

[176] Wei J, Zhao J, Li Y. Pricing decisions for complementary products with firms' different market powers [J]. European Journal of Operational Research, 2013, 224: 507-519.

[177] Amir A J, Pooya H. On a cooperative advertising model for a supply chain with one manufacturer and one retailer[J]. European Journal of Operational Research, 2012, 219(2): 458-466.

[178] Xie J, Wei J C. Coordinating advertising and pricing in a manufacturer-retailer channel[J]. European Journal of Operational Research, 2009, 197 (2): 785-791.

[179] Berger P D. Vertical cooperative advertising ventures[J]. Journal of Marketing Research, 1972, 9(3): 309-312.

[180] Dant R P, Berger P D. Modelling cooperative advertising decisions in franchising[J]. Journal of the Operational Research Society, 1996: 1120-1136.

[181] Yue J. Coordination of cooperative advertising in a two-level supply chain when manufacturer offers discount [J]. European Journal of Operational Research, 2006, 168(1): 65-85.

[182] Yang J, Xie J X, Deng X X, et al. Cooperative advertising in a distribution channel with fairness concerns[J]. European Journal of Operational Research, 2013, 227(2): 401－407.

[183] Chintagunta P K, Jain D A. A dynamic model of channel member strategies for marketing expenditures[J]. Marketing Science, 1992, 11(2): 168－188.

[184] 傅强,曾顺秋.纵向合作广告的微分对策模型研究[J].系统工程理论与实践,2007,11.

[185] He X, Prasad A, Sethi S P. Cooperative advertising and pricing in a dynamic stochastic supply chain Feedback Stackelberg strategies[J]. Production and Operations Management, 2009, 18(1): 78－94.

[186] Jørgensen S, Sigue S P, Zaccour G. Dynamic cooperative advertising in a channel[J]. Journal of Retailing, 2000, 76(1): 71－92.

[187] Jørgensen S, Taboubi S, Zaccour G. Cooperative advertising in a marketing channel[J]. Optimization Theory and Application, 2001, 110(1): 145－158.

[188] Jørgensen S, Zaccour G. A survey of game-theoretic models of cooperative advertising[J]. European Journal of Operational Research, 2014, 237(1): 1－14.

[189] Giovanni P D. Quality improvement vs. advertising support: Which strategy works better for a manufacturer? [J]. European Journal of Operational Research, 2011, 208(2): 119－130.

[190] Bass F M, Krishnamoorthy A, Prasad A, et al. Generic and brand advertising strategies in a dynamic duopoly[J]. Marketing Science, 2005, 24(4): 556－568.

[191] Karray S, Martín-Herrán G. A dynamic model for advertising and pricing competition between national and store brands[J]. European Journal of Operational Research, 2009, 193(2): 451－467.

[192] Zhang J, Gou Q, Zhang J, et al. Supply chain pricing decisions with price reduction during the selling season[J]. International Journal of Production Research, 2013.

[193] Aust G, Buscher U. Cooperative advertising models in supply chain

management: a review[J]. European Journal of Operational Research, 2014,234(1):1-14.

[194] Yan R, Ghose S, Bhatnagar A. Cooperative advertising in a dual channel supply chain [J]. International Journal of Electronic Marketing and Retailing, 2006, 1: 99-114.

[195] Sethi S P, Thompson G L. What is optimal control theory? Optimal control theory: applications to management science and economics [M]. US: Springer, 2000.

[196] Nair A, Narasimhan R. Dynamics of competing with quality-and advertising-based goodwill[J]. European Journal of Operational Research, 2006, 175(1):462-474.

[197] Sigué S P, Chintagunta P. Advertising strategies in a franchise system[J]. European Journal of Operational Research, 2009, 198(2): 655-665.

[198] Zhang J, Gou Q L, Liang L, et al. Supply chain coordination through cooperative advertising with reference price effect[J]. Omega, 2013.

[199] Dockner E, Jorgensen S, Long N V. Differential games in economics and management science [M]. Cambridge: Cambridge University Press, 2000.

[200] Kalish S. Monopolist pricing with dynamic demand and production cost[J]. Marketing Science, 1983, 2(2): 135-159.

[201] Gan X, Sethi S P, Yan H. Coordination of supply chains with risk—averse agents[J]. Production and Operations Management, 2004, 13 (2): 135-149.

[202] Rubinstein A. A sequential theory of bargaining[D]. Institute for Mathematical Studies in the Social Sciences, Stanford University, 1985.